国家出版基金项目
NATIONAL PUBLICATION FOUNDATION

朱旭东　丛书主编

# 中国教育改革开放 40 年

## 课程与教学卷

王本陆　王永红　等 著

China
Education Reform
and Opening-up
40 Years

北京师范大学出版集团
BEIJING NORMAL UNIVERSITY PUBLISHING GROUP
北京师范大学出版社

# 丛书编委会

---

# 本书编写名单

王本陆　北京师范大学教育学部研究员，教育学博士

潘新民　河北师范大学教育学院教授，教育学博士

王永红　北京教育学院副教授，教育学博士

任海宾　人民教育出版社政治编辑室副编审，教育学博士

戴双翔　华南师范大学教师教育学部副教授，教育学博士

汪　明　首都师范大学教师教育学院讲师，教育学博士

霍　巍　萍乡学院外语系讲师，教育学博士

贾彦琪　北京师范大学教育学部博士生

陈婷婷　北京师范大学教育学部博士生

# 总　序

今年是改革开放 40 周年，40 年来我国教育取得了辉煌的成就。现在各个教育研究机构和出版机构都在总结 40 年的经验，出版各种丛书。这 40 年的成就是写多少书也说不周全的，但我想用五句话来做一个简要的概括。

第一，教育观念的转变。在解放思想的路线指导下，我们对教育的认识越来越深刻、越来越全面。特别是党的十八大以来，习近平总书记提山以人民为中心、教育公平是社会公平的重要基础、教育强则国家强的主张。今年教师节时，习近平总书记在全国教育大会上的讲话中首先强调教育对新时代坚持和发展中国特色社会主义的战略意义。他指出，教育是民族振兴、社会进步的重要基石，是功在当代、利在千秋的德政工程，对提高人民综合素质、促进人的全面发展、增强中华民族创新创造活力、实现中华民族伟大复兴具有决定性意义。教育是国之大计、党之大计。习近平总书记同时指出，教育的根本问题是培养什么人、怎样培养人、为谁培养人。中国共产党领导的社会主义教育，就是要培养德智体美劳全面发展的社会主义建设者和接班人。

第二，教育事业的发展。40 年来，我国全面普及了九年义务教育；学前教育已提前完成了《国家中长期教育改革和发展规划纲要（2010—2020 年）》提出的到 2020 年的指标，2017 年学前毛入园率达到 79.6%；高中阶段教育基本普及，2017 年毛入学率为 88.3%；高等教育，包括研究生教育实现了跨越式发展，2017 年各类高等教育在学总规模达到 3 779 万人，高等教育毛入学率达到 45.7%。2017年，全国有 2.7 亿人在各级各类学校学习，我国成为世界上受教育人口最多的教育大国。

第三，教育制度的创新。改革开放以来，我国逐步制定教育法律法规并不断完善。1980 年通过了《中华人民共和国学位条例》，之后，我国逐步制定了《中华人民共和国义务教育法》《中华人民共和国教师法》《中华人民共和国教育法》《中华人民共和国职业教育法》《中华人民共和国高等教育法》《中华人民共和国民办教育促进法》等，并根据教育事业的发展进行了修订或修正，使教育治理有法可依。现在希望尽早制定学前教育法、学校法，使幼儿园和学校的发展得到法律保障。

第四，教育科学的繁荣。改革开放之前，教育理论界人数很少，缺乏对教育实践中的理论问题和实际问题的研究。40 年来，中国特色社会主义教育理论体系初步形成，教育理论有了较大发展。教育科学的繁荣呈现出如下一些特点：一是改变了以前一本《教育学》一统天下的局面，恢复和创建了许多新兴学科，如教育哲学、教育经济学、教育社会学、比较教育学、课程与教学论等，研究成果丰硕；二是教育理论研究重视宏观战略研究，为我国教育事业发展的科学决策做出了一定的贡献；三是教育科学研究从书斋走向基层，教育理论工作者与广大教师共同开展教育研究，把教育改革落到实处，不仅提高了教育质量，而且积累了丰富的经验。

第五，从请进来到走出去。改革开放初期，我们打开窗户，发现世界教育已经走向现代化，于是我们如饥似渴地引进西方教育的先进理念、教育改革的经验，逐渐使我国的教育恢复起来，教育事业得到迅速发展。20 世纪 90 年代，我国教育学界开始走自己的路，创造中国特色社会主义教育理论和经验。特别是上海在 PISA（国际学生评估项目）中数次名列前茅，让外国学者对中国教育刮目相看。世界也在学习中国的教育经验。讲好中国教育故事是今后教育工作者的任务。我国多部教育著作已经被译成外文出版。2006 年，高等教育出版社就与 Springer 出版社合作出版了英文版杂志 *Frontiers of Education in China*，至今已 12 年，杂志受到外国学者的重视。这些都是中国教育走出去的标志。我们既要不断吸收世界优秀文明成果，又要讲好中国教育故事，让世界了解中国。

今后中国教育界应以习近平新时代中国特色社会主义思想为指导，贯彻落实党的十九大精神，深化教育改革，发展素质教育，推进教育公平，让每个孩子享有公平而有质量的教育。

北京师范大学出版社组织教育学术界同人，编写这套"中国教育改革开放 40 年"丛书，包括学前教育、义务教育、高中教育、高等教育、教师教育、职业教育、民办教育、终身教育、教育技术、课程与教学、政策与法律、关键数据与国际比较 12 卷。它是 40 年教育改革开放的总结，丰富了教育学术宝库。出版社要我写几句，是为序。

2018 年 11 月 5 日于北京求是书屋

# 目　录

# 第一章
## 课程与教学改革发展的
## 历史背景与基本线索

　　自中共十一届三中全会以来，我国已经走过了 40 年波澜壮阔的改革开放历程。在这 40 年间，我国中小学课程与教学领域（以下简称"课程与教学"）伴随着整个社会的历史变迁，发生了翻天覆地的变化，取得了令人瞩目的成就。我们为 40 年来取得的巨大成就而自豪和欣喜，同时，又深深地感到：对 40 年来课程与教学的发展历程，有必要认真地加以系统剖析和理论总结。应该说，改革开放 40 年是我国课程与教学现代化的深化发展时期，课程与教学领域值得关注、总结和反思的事情实在是太多了，需要各方人士各尽所能、共同努力。作为教育理论工作者，我们主要关注的问题是：如何整体把握改革开放 40 年课程与教学发展变革的基本性质和基本经验？具体包括：改革开放 40 年间，我国中小学课程与教学发展变化的基本方向和主题是什么？推动其发展变化的动力是什么？采取了何种方法与路径？各个参与主体如何在其中贡献力量？课程与教学建设总体上获得了哪些成就？又有哪些历史经验教训？等等。这些一般理论问题是提纲挈领地把握改革开放 40 年课程与教学发展变革的整体格局的关键所在。本书将抛砖引玉，尝试就此展开专题探讨。

## 一、课程与教学发展变革的社会基础

教育作为一个复杂的社会子系统，总是受到社会政治、经济、文化等因素的影响与制约。课程与教学的发展变革，从来都是和社会历史条件密不可分的。探讨课程与教学发展变革的社会基础，明确其拥有的物质文化条件，面临的各种现实问题，是研究改革开放40 年课程与教学发展变革无法回避的重要理论课题。为此，下面试从国际和国内两个基本维度，就此做些初步归纳和分析。

### （一）课程与教学发展变革的国际背景

1978 年以来，随着科学技术的进步、文化观念的更新、各国之间的联系日益紧密，尤其是"对外开放"政策的制定，我国以更加积极的姿态走向世界，国际环境对于我国教育发展的影响也愈加深刻。在这一背景下，国际社会的重大变化和未来趋势成为我国中小学课程与教学必须加以应对的关键课题，是其发展变革的重要社会动因。

改革开放 40 年间的国际社会，可谓风云变幻，千头万绪。而且，各种变化常常杂乱多元，充满矛盾，捉摸不定，很难对其进行全面而细致的梳理。这里，仅从课程与教学发展变革的视角出发，就其中的一些主要线索，进行粗线条的描述。

#### 1. 冷战结束，多极化世界正在形成

20 世纪 80 年代以来，国际政治格局发生了全局性的变化，其集中体现是东欧剧变和新兴经济体的崛起。20 世纪 80 年代末至 90 年代初期发生的东欧剧变，导致由"北约"和"华约"两大集团构成的冷战体系彻底瓦解。冷战结束后，世界和平发展的主题更加凸显，同时，世界政治平衡格局被打破，一方面加大了出现单极霸权的风险；另一方面，又为开辟新的多极化世界创造了机会。随着冷战结束，意识形态冲突开始淡化，而所谓文明冲突则有升级趋势。进入 21 世

纪后，世界政治格局中最令人瞩目的变化是新兴经济体的崛起，其典型代表是"金砖五国"（即中国、印度、巴西、南非和俄罗斯）。新兴经济体以经济实力的增长为基础，在全球事务中发挥着越来越大的作用，是世界格局朝多极化世界演进的一个重大进展。这种全球政治格局的全局性变化，对课程与教学发展变革的影响是非常深刻的，尤其是在民族精神、文化认同、国际意识教育等方面提出了时代性课题，推动了课程与教学的改革探索。

2. 世界联系日益紧密，全球化进程加速

"地球村"作为最近 40 年的一种常见说法，生动地揭示了世界各国相互依存的密切关系。虽然早在 15 世纪末，随着欧洲国家的海外殖民，人类社会就开始了全球化进程，但经济全球化则是最近几十年的事情。全球化主要表现在人们自由地在不同国家间往来，国际交往日益频繁，知识信息在全球快速传播，其最为主要的形态就是全球经济一体化，即形成了全球统一市场、全球劳动分工体系、国际性产品标准、全球金融结算体系。在经济全球化的影响下，文化、环境等方面的全球化趋势也日益凸显，关注全球问题、树立全球意识已经成为人们的共识。就其价值而言，一方面，全球化过程促进了世界各国、各地区的经济与文化交流，加强了世界各国的联系，有利于实现资源在世界范围内的共享；另一方面，全球化过程内部也潜藏着各种矛盾，单一与多样、特殊与普遍、合作与竞争、本土与外来等对立面并存其中，难以平衡。具体到课程与教学领域也是如此，全球化的加速推进既为其发展带来了机会，使我国可以在了解世界各国的理论成果和实践探索中，加深对课程与教学的理解；又构成了新的挑战，我国课程与教学在全球教育体系中的自我定位问题，多年来一直困扰着人们，成为课程与教学改革中需要反复考量的主题。是重国际化还是重民族性？是自成体系，还是放弃自我？我国的探索仍在进行中。此外，全球化的推进还引起了人们对课程与教学目标、内容的反思，带动了多元文化教育、双语教育、国际理解教育和环境教育等课程的发展。

### 3. 信息技术快速发展

改革开放40年间，信息技术的发展可谓日新月异。美国微软公司从一家软件小作坊变成全球最大电脑软件提供商的发展史，正是信息技术产业蓬勃发展的生动写照。20世纪90年代初期，以计算机技术为核心的多媒体技术蓬勃发展，到90年代末期，互联网、无线通信技术迅速普及。而今，物联网、3D打印、人工智能等新兴技术的出现，更是为人类生活带来了诸多便利。形式多样的信息技术早已渗透到社会生活的每一个角落，成为人们日常生活的基本平台之一。这是一个非常重大的变化，它不仅改变了人们的生活方式，同时也对我国的课程与教学产生了多方面影响。首先，信息技术在课程与教学领域得到广泛使用，丰富了课程呈现形式和教学手段，出现了学科资源网站、电子教科书、智慧教室、教学信息管理系统、任务分析专家系统等新样式与新工具。其次，信息技术的变革催生了新的学习方式和教学方式。移动终端设备的普及为移动学习、泛在学习、非正式学习的发展提供了契机，而慕课、微课、"翻转课堂"等模式则为课堂教学提供了更丰富的选择。再次，社会信息化促使人们积极探索信息教育，努力提升学生的信息素养。继"计算机操作水平"之后，我国在2003年颁布的《普通高中信息技术课程标准》中明确将"信息素养"作为信息时代公民的必备素养。不少学校积极响应，在中小学设置了计算机编程、计算机动画设计、信息技术道德与伦理等校本选修课程，确保学生掌握各类信息技术的基本知识，引导学生根据特定的目的、问题等合理选用信息技术手段，并帮助学生全面认识信息技术的社会价值，从认知、能力和价值三个层面入手，全面提升学生的信息素养。最后，与社会信息化相伴而生的负面问题，如网络成瘾、不良信息泛滥等，也已成为课程与教学领域，乃至整个教育界亟待解决的新课题。

4. 知识经济方兴未艾

世纪之交，知识经济悄然兴起，发达国家率先实现了后工业化向知识经济的转变。所谓知识经济，就是"以知识作为资本，从根本上改变传统农业和工业经济的产业结构，把知识作为生产要素应用于生产过程中，使知识成为一种现实生产力推动经济全面增长的新型经济"①。邓小平同志所说的"科学技术是第一生产力"②的精辟论断，实际上就是对知识经济最为本质的概括，突出了科学技术这一特定知识形式的极端重要性。在知识经济这一新兴经济形态下，经济发展日益依赖于知识的创新、传播、分享和应用，而知识的生产、传播与运用又需要依靠广大社会劳动者。为此，人们越来越清楚地认识到人才培养的重要性，也明确了教育在知识经济发展中的基础性地位。增加教育投入、提升教育质量，在进一步普及教育的同时，培养一批高素质创新型人才已经成为各国政府的共同政策。为了适应知识经济发展的需要，我国教育界对于知识创新问题给了了高度关注，并掀起了以创新教育为主题的课程与教学改革探索，旨在充分激发和提升学生的创新精神和创新能力。但是，中小学课程与教学的主要职责是什么？在知识经济时代，谁主要承担知识传播和知识分享的职能？这些问题，仍需冷静思考。

5. 文化思潮此起彼伏

20 世纪 80 年代迄今，全球文化领域也发生了诸多变化，各种富有影响力的理论学说接连登场。在哲学方面，围绕现代性问题，出现了后现代主义思潮，以及对后现代主义的反思与批判。政治哲学、

---

① 刘苍劲：《知识经济的兴起和应采取的对策》，载《北京大学学报（哲学社会科学版）》，1998(4)。

② 《邓小平文选》第 3 卷，274 页，北京，人民出版社，1993。

道德哲学、科技哲学、文化哲学等均获得了快速发展，并受到了广泛关注。这些各式各样的学说和主张，通过多种途径，在我国迅速传播开来，并成为人们思考课程与教学问题的重要理论基础。其中，人本主义、后现代主义、建构主义等学说，曾经在一段时间内成为课程与教学理论研究中的显学。的确，国际流行的文化思潮为我们提出了许多有价值的信息和问题，丰富了思想观念，开阔了知识视野。同时，流行的东西未必是先进的东西，如何提高鉴别力，沙里淘金，也是值得反思、探索的问题。

### 6. 教育改革不断推进

教育改革是当今国际社会普遍关注的大问题。联合国教科文组织围绕教育改革发表了一系列影响深远的报告，如 1972 年的《学会生存——教育世界的今天和明天》[①]提出了"终身教育是学习化社会的基石"，认为人只有不断学习才能适应科学技术飞速发展所带来的社会变革；1996 年的《教育——财富蕴藏其中》提出了学会认知、学会做事、学会合作、学会生存的理念，这四个"学会"也被称为"教育的四大支柱"，以更好地促进经济的可持续发展及社会矛盾的有效解决；2015 年的《反思教育：向"全球共同利益"的理念转变?》提出教育应以人文主义为基础，超越狭隘的功利主义和经济主义，将教育视为实现全球共同利益的事业。此外，联合国教科文组织还在 20 世纪 90 年代与联合国儿童基金会、联合国开发计划署和世界银行联合发起了"世界全民教育大会"，倡导使每个人都有均等的机会享受适合其能力发展的教育。如今，随着教育需求的变化，"全民教育"思想已逐渐升级为"全民优质教育"追求。除了国际组织层面的宏观探讨外，各国也纷纷基于自身的国情，推出了许多重大的教育改革措施，

---

① 该报告虽然发表于 1972 年，但直到改革开放后才翻译成中文出版，并对我国产生影响。

比如，美国发起的课程标准运动、英国推行的国家课程改革、日本倡导的以个性发展为中心的教育改革等。此外，众多教育家不懈探索，创造了各种特色鲜明的教学理论和教学模式，如赞科夫的发展教学理论、阿莫那什维利等人的"合作教育学"、班杜拉的社会学习理论、加德纳的多元智能理论和"零点项目"等。这些不同层面的教育改革探索，不仅促进了世界教育理论和实践的发展，同时也构成了我国课程与教学改革发展的重要思想资源和参照体系。

我国40年的课程与教学探索是全球教育改革的重要组成部分，同时又深受世界教育改革理论和行动的影响。一些国际上普遍认可的先进教育理念，如学会认知、学会做事、学会合作、学会生存等，在我国得到了广泛传播，并在教育实践中发挥了积极影响。有些教学改革项目直接推广到我国的中小学，如法国的"做科学"项目。有些教学理论经过改造加工，成为我国课程与教学的具体元素，如布卢姆的掌握学习理论和教育目标分类学、洛扎诺夫的暗示教学法等。可以说，积极学习和借鉴国际教育理论和实践探索的新成果，促进了我国课程与教学的发展变化，并取得了可喜的成果。如何切实把握国际教育发展的大趋势，真正做到洋为中用，避免食洋不化、削足适履，其经验和教训都值得认真总结。

总之，改革开放40年是中国面向世界的40年。应对国际社会风云变幻所提出的新课题，抓住自我发展的新机遇，这是全体中国人共同面对的历史境遇。对中小学课程与教学而言，关键问题是全面把握国际社会发展变化的基本问题和总体趋势，并在此基础上寻找自我完善的方向和路径。这正是我国40年课程与教学发展变革的一条核心主线。

**（二）课程与教学发展变革的国内背景**

改革开放以后，我国在社会主义现代化建设道路上探索前行，进入了新的历史转型期，社会各领域均发生了史无前例的变化，取得了举世瞩目的成就。40 年课程与教学的发展，是伴随着整个社会的全面变革而实现的，社会变革的方方面面，会直接或间接地折射到课程与教学上，从而使 40 年课程与教学的发展深深地打上了时代烙印。

从理论上说，社会生活的方方面面都影响着课程与教学，但是，有些影响是短暂的、局部的、表层的，而有些影响是持久的、全面的、根本的。探讨课程与教学发展变革的社会条件，主要就是分析哪些社会因素对课程与教学产生了持久的、全面的、根本的影响。换言之，就是要在众多社会因素中，找出发挥关键性作用的主要社会因素。对此，我们的基本体会是，解读 40 年社会全面变革必须抓住两个关键词：一是"改革探索"，二是"现代化"。其中，改革探索是现代化的形式和手段，而现代化是改革探索的目标和灵魂。也就是说，从最抽象的层面看，改革开放 40 年就是中国社会通过改革探索，逐步走向现代化的过程。这是课程与教学发展变革最一般的社会基础，也是指引课程与教学发展变革的关键性社会力量。

### 1. 全方位改革与社会急剧变迁

改革开放 40 年间，我国从农村改革到城市改革，从经济体制改革到政治体制改革，从摸着石头过河到以科学发展观为指导，改革探索波澜壮阔，经济社会发展成就斐然，谱写了快速发展、急剧变迁的历史篇章。改革是消除积弊、探索创新的过程，也是各方博弈、利益调整的过程。我国的改革开放随着社会历史条件和主要矛盾的变化而逐步深入。最初，改革的根本任务是拨乱反正，即消除长期以来极左思潮的影响及畸形的社会模式，使国家走向健康发展的轨道。通过开展"实践是检验真理的标准"的大讨论，我国树立了解放思想、实事求是的思想路线，抛弃了阶级斗争路线，采取了以经济建设为中心的基本国策等转变观念和调整路线的措施。而在教育文化领域，中断了 10 年之久的高等学校统一招生考试制度得以恢复，举国上下读书学习蔚然成风，教育界一改沉闷的状态，重焕生机。

到 20 世纪 80 年代初期，我国基本完成了拨乱反正的历史任务，并将经济改革调整为新的关注点和着力点，其主要任务是加快经济发展，解决温饱问题。受我国城乡二元制结构的影响，经济改革也主要从两方面开展：第一，以农村地区为切入点，进行大规模的经济体制改革，具体包括农村包产到户的探索，并确立了我国农村经济发展的基本模式——家庭联产承包责任制；第二，在农村经济改革取得成效后，紧接着在城市地区进行了类型多样的综合改革，如开辟经济特区、发展民营经济和个体经济、招商引资、合资办厂、探索价格体制改革等，这些城市综合改革的探索有力地促进了经济快速发展。但是，权钱交易和贪污腐败等负面问题也日益暴露出来，引发了人们对改革的反思。

随着 20 世纪 80 年代末 90 年代初国内政治风波和东欧剧变的发生，社会各界对改革的方向和前途产生了迷茫和困惑，甚至有所动摇。针对改革的困境，1992 年春天，邓小平同志的南方谈话，提出了走中国特色社会主义道路、建设社会主义市场经济的战略思想，在关键时刻消除了人们的迷茫心理，坚定了举国上下继续改革的信念。以此为契机，我国开始了以建设社会主义市场经济为主题的全面改革探索。建立健全现代企业制度，建立多层次资本市场，积极加入世界贸易组织，社会服务领域市场化（如住房改革、医疗改革），企业和事业单位人事制度改革，加快城市化、工业化、信息化进程……这些以市场化为导向的改革探索，激发了人的活力和主动性，促进了经济大发展，也导致了社会结构和社会生活的深刻变革。除了"建立和完善社会主义市场经济体制"的战略决策外，中共第十四次全国代表大会还首次明确提出了将教育摆在优先发展的战略地位，推动了教育领域的改革。

截至 20 世纪末期，依靠 20 年的持续改革，中国综合实力明显增强，温饱问题基本解决，创造了人类脱贫致富的历史奇迹。但是，粗放型经济发展的代价也相当沉重，环境污染和资源短缺日益成为制约我国生存发展的根本问题。为了破解这一难题，中共十六大报告提出了坚持科学发展观、建立社会主义和谐社会的指导思想，为我国深化改革进一步指明了方向。科学发展观与和谐社会思想的确立，规定了 21 世纪初期我国改革的根本方向和新任务，这就是探索可持续发展道路、建立创新型国家、让人民共享改革开放成果、改善民生、促进社会和谐。围绕这些新课题，我国进行了积极尝试，积累了科学发展、持续发展、和谐发展的宝贵经验。为了巩固并深化新时期的发展成果，中共十九大正式确立了"新时代中国特色社会主义思想"，明确了将我国建设成为富强民主文明和谐美丽的社会主义现代化强国的基本目标，并指出随着我国生产力水平的总体提高，各地区发展不平衡、不充分的问题已经成为制约人民美好生活实现的主要因素。我们相信，在"新时代中国特色社会主义思想"的指引下，中国的改革道路将越走越好，并最终实现中华民族的伟大复兴。

我国 40 年的改革探索，带来了整个社会的急剧变迁。试想一下，40 年前，手表和自行车是奢侈品，而今天不少人早已拥有了小汽车和私房；40 年前，出国旅游就像天方夜谭，而今天中国游客已经满世界跑了；40 年前，买米买油都需要凭票供应，而今天超市物品琳琅满目，任君挑选。这些发生在我们身边的小事，都是社会快速发展和深刻变革的有力表现。整体来说，变革范围广、程度深、速度快，是改革开放 40 年中国社会变迁的基本特点。就变革的广度而言，这次社会变迁波及中国社会的每个角落，社会结构（阶层）、文化观念和行为方式都发生了天翻地覆的变化；在变革的深度上，东方生活模式和西方生活模式激烈碰撞，传统计划经济体制向社会主义市场经济体制艰难转型，精神追求和物质享受此消彼长，形成了令人眼花缭乱的复杂态势；从变革的速度看，数年间，乡间小路变成了柏油马路，砖瓦平房变成了高楼大厦……变化之快，令人目不暇接。不断面对变革，不断超越现状，构成了40年间人们生活的基本元素。在这40年里，中国就像一辆高速行驶的越野车，裹着滚滚烟尘，一路不断颠簸而又坚持不懈地奔向远方、奔向未来。

在全社会40年持续不断的改革探索中，课程与教学不是简单的旁观者，它是改革的参与者、实践者。如果把40年持续改革视为一部宏大的历史剧，那么，课程与教学则是剧中的小角色，它跟随整个剧情的发展而进行表演。也就是说，它是社会大变革的一部分，为社会大变革所左右。社会大变革赋予了课程与教学鲜明的时代气息，为课程与教学的发展设定了独特的社会条件。具体来说，首先，全方位的改革探索培育了大胆改革、积极进取的时代精神，创造出了一种求新求变的社会氛围，这就为课程与教学的改革探索营造了有利的心理环境。其次，持续不断的改革有效地解放了社会生产力，创造了大量物质财富，为课程与教学的发展、完善提供了坚实的物质保障。再次，改革探索引起了社会大变革，也引发了许多新问题、新矛盾，课程与教学如何适应社会变革成为时代性的大课题，为课程与教学发展提供了动力，开辟了空间。最后，全面改革和急剧变迁还意味着人们时刻面对着不确定性，这可能削弱课程与教学的整体性、计划性和稳定性，加大了课程与教学改革探索的风险和代价。综合这些不同侧面的分析，我们的基本看法是：改革开放以来，我国全方位的改革探索与社会急剧变迁为课程与教学的发展提供了历史性机遇，但是，各种风险与挑战也相伴而生。在把握机会的同时规避风险，是课程与教学改革成功的关键。

2. 现代化与社会进步

不断的改革和社会变迁给人以生生不息的流动感、时不我待的紧迫感。但是，在急剧变迁的背后，是否还有恒定不变的东西呢？应该说，答案是肯定的。改革的行动虽然多种多样，但改革的价值追求是相对稳定的，这就是促进社会进步、全面实现现代化。这是改革探索的根本目标，是社会变迁的主导方向。

现代化是一百多年来中国人民梦寐以求的理想。所谓现代化，是以大工业生产、科学技术和民主政治为基础而建立起来的社会发展形态，是人类社会发展的一个重要阶段，包括器物现代化、制度现代化和人的现代化等不同层次，其典型表现是工业化、市场化、城市化、法治化、民主化。中国的现代化之路始于洋务运动，其核心追求是发展产业，如办工厂、开矿山、修铁路等，主要属于器物现代化的范畴。中日甲午战争的失败，使人们意识到制度现代化的重要性，于是便有了尝试君主立宪的百日维新，发生了推翻帝制、民主共和的辛亥革命。但是，辛亥革命的胜利果实很快被北洋军阀攫取，全国陷入军阀混战局面。这促使知识界反思人的现代化、文化的现代化问题，于是，一场以思想启蒙、个性解放为主题的新文化运动应运而生。新文化运动冲击了根深蒂固的封建文化，大量引入了包括马克思主义在内的各种西方理论。新文化运动促进了思想开放，引领一大批热血青年投身革命和自我解放，揭开了人的现代化的序幕。此后，中国的现代化便逐步在器物层面、制度层面和文化层面整体展开。北伐战争、国共内战、抗日战争、解放战争的相继发生，使救亡图存和政权争斗成为主线，现代化的探索基本停顿。1949 年，中华人民共和国成立，这是民族解放的里程碑，使独立自主的现代化探索成为可能。在中华人民共和国成立初期，国家积极恢复生产，加快发展工业，用较短的时间完成了经济体系的社会主义改造，为全面现代化建设打下了有利基础。但令人遗憾的是，三年"大跃进"造成了经济倒退，而持续十年之久的"文化大革命"更使整个国家陷入崩溃的边缘，彻底中断了现代化的进程。"文化大革命"结束后，我国逐步走上正常发展的轨道，而中共十一届三中全会做出的以经济建设为中心的战略决策，使现代化再次成为中国发展的主旋律。

改革开放 40 年是中国全面探索现代化之路的重要历史时期。首先，现代化是这一时期始终不变的核心价值追求。从 20 世纪 70 年代提出实现"四个现代化"，到 20 世纪 80 年代确立分三个阶段逐步实现现代化的发展战略，再到当前分两步走，全面实现社会主义现代化，现代化始终是我国社会发展的战略目标，是统领改革开放的基本主线。其次，现代化取得了全面进展。在器物现代化方面，改革开放创造了世界经济发展的奇迹，整个社会的物质条件大大改善，国家综合实力大大增强，经济总量跃居世界第二，可谓成就卓著。在制度现代化方面，积极探索建立有中国特色的社会主义市场经济体系，大力推进依法治国，实行中国共产党领导的多党合作和政治协商制度，探索基层民主道路，促进了社会的和谐与民主，取得了重要成果。在人的现代化方面，国民受教育程度明显提高，人的主体性、创造性有了更大的发挥与发展空间，思想进一步解放，现代意识和现代文明逐渐深入人心，成绩也很突出。最后，我国基本确立了符合国情的现代化模式。改革开放 40 年的现代化探索，创造了富有特色的"中国模式"，其核心经验是：以经济建设为中心、以人为本、科教兴国、依法治国、对外开放、积极改革。这意味着我们已经基本找到了现代化建设的有效途径，解决了现代化的路径选择问题。这是更值得自豪的事情。

40 年的现代化探索，促进了中国社会的整体进步。在物质领域，这似乎毫无争议。高耸入云的摩天大楼、风驰电掣的高速列车、四通八达的互联网络，这些 40 年前大多数人无法想象的东西，今天对大多数人来说已经司空见惯，眼前的事实已经说明了一切。但是，在精神领域，我们是否取得了进步？或者说，精神领域的变化是真正的进步吗？这恐怕就见仁见智了。有人指责社会生活中物欲横流、人情淡薄、追逐私利，有人担心道德滑坡、信仰危机、社会失范，似乎物质进步带来的更多的是精神瓦解和心灵荒芜。的确，如何看待精神领域的变化，是更复杂的问题。这是因为精神文明涉及不同的价值取向、多种多样的生活方式，不同的人往往有不同的评判标准。关于 40 年来中国人精神领域的变化，我们的总体判断是：虽然消极因素和负面问题不少，但主流是健康的、积极的。精神领域最大的变化是：人们的思想更加解放，冲破了大量僵化思想的束缚，现代意识明显增强，人性和权利得到了必要的尊重，社会生活更加包容、多样和理性。也就是说，从人的解放的角度来讲，精神领域的进步是非常明显的。

中国现代化的成功探索，物质文明和精神文明的整体进步，对 40 年课程与教学的发展变革具有决定性意义。首先，现代化规定了课程与教学发展变革的性质和方向。在中国全面建设现代化的探索中，教育既要面向现代化，更要实现现代化，它是现代化进程中的重要一环。因此，课程与教学的发展变革，就必然打上现代化的印记，只能沿着现代化的方向前进。其次，促进人的现代化成为社会对课程与教学的内在要求。在现代化的三个层面中，人的现代化具有最为关键的作用，也更为复杂，对此，学校教育负有义不容辞的责任。为了促进人的现代化，我们必须重新审视课程内容，改进教学模式，调整师生关系，全面提升教学质量，这就自然形成了课程与教学发展变革的动力和主题。再次，现代化的不断推进从物质和精神层面为课程与教学的进步创造了条件。在物质层面，现代技术手段在课程与教学领域的广泛使用，丰富了课程与教学模式。在精神层面，人性、权利、尊重、平等、发展、效率、包容、多样性等现代意识，在课程与教学领域受到重视，并成为指导行动的重要原则。人们日益关注课堂文明和教育效能，力图使科学与人文比翼齐飞。最后，在现代化的过程中，后现代主义思潮质疑现代性，客观上促成了人们对现代化的辩证认识。在后现代主义的影响下，课程知识的建构性、教学过程的对话性，以及师生关系的平等性等观念一时非常流行，引发了人们对课程与教学发展偏差的集中反思。虽然我国在现代化道路上已经取得了诸多成就，但对于21世纪人类需要什么样的现代化、中国当前和未来需要什么样的现代化仍需要谨慎应对。就课程与教学而言，同样需要回答类似问题，包括走向21世纪的现代课程与教学，其本质特征是什么？基于中国国情，有何特殊表现？如何实现？等等。站在现实的起点上，围绕这些关键问题进行探索，未来之路将逐渐铺开。

总之，改革开放40年课程与教学的发展变革，是在复杂多变的国际背景下，在不断改革探索、社会急剧变迁的国内背景下，伴随着中国现代化的坚定步伐，依托社会进步的有力支持而展开的。国际和国内的诸多社会因素以种种形式对课程与教学产生影响，既带来问题和挑战，也带来资源和机会。迎接挑战求生存，抓住机遇求发展，是课程与教学发展的重要机制。

## 二、课程与教学发展变革的历史定位

40年课程与教学的发展变革，究竟如何进行历史定位呢？这是我国原有课程与教学体系的自我完善，还是另起炉灶、创建新的体系？这是现代课程与教学的历史性发展，还是从"传统教育"向"现代教育"的根本转型？长期以来，围绕课程与教学发展变革的基本定位、定性问题，一直存在着各种各样的争论，有必要加以认真分析，做出符合事实的合理判断。

### (一)基本坐标：中国现代课程与教学体系的百年演进

为了对40年课程与教学发展变革进行合理的历史定位，我们需要把40年的改革探索放到更大的历史过程中去审视。这是因为：教育发展一方面受到外部社会历史条件的制约，另一方面又有内部自我演化的历史脉络，是内、外部双重动力共同作用的结果。每个阶段的教育发展，都是教育历史演进的一个具体环节，是历史链条中的一个片段。如果脱离教育历史演进的大背景来评判 40 年课程与教学的改革探索，就可能陷入"不识庐山真面目，只缘身在此山中"的尴尬处境。因此，把 40 年的改革探索与中国教育的整个历史联系起来，从而建立起历史定位的坐标系，是非常重要的方法论问题。

数千年中国教育的历史演进，用最简单的话来概括其特点：古代教育悠久灿烂，现代教育方兴未艾。我国古代教育可谓源远流长，现代教育则刚走过了百余年的历程。现代教育在我国的兴起与发展，和整个国家的现代化进程是相伴相随、命运与共的。"教育现代化的实质是以社会现代化的客观需要为动力，同时又使教育自身具备推进社会现代化的能动力量，就其过程而言，它是教育的现代化不断增长的历史过程。"①1902 年《钦定学堂章程》的颁布，是我国建立现代教育制度的界碑，是古代教育转向现代教育的分界线，自然也是我国现代学校课程和教学体系的历史起点。从清末开办新式学堂到今天，课程与教学体系植根于我国的现实土壤和传统文化，学习、借鉴国外先进理论经验，围绕着"中国特色"和"现代化"两个主题，走过了艰难曲折的百余年演进的过程，取得了历史性成就。从教育内部来看，其探索主要遵循三条基本线索，即学习西方、整理历史和实践探索。通过这三方面的努力，中国现代课程与教学体系逐步建立并不断完善。

首先，学习国外的教育教学理论和模式是我国现代课程与教学体系演进的重要途径。我国现代课程与教学体系并不是从古代教育中自然演化而来的，而是直接从西方引入的。从 20 世纪初到 20 世纪 50 年代末，学习西方可以说是我国现代教育探索的主旋律。清朝

---

①　胡金平：《教育传统：教育现代化无法割断的联系》，载《华东师范大学学报（教育科学版）》，2001(2)。

末年，我国通过日本引入了以赫尔巴特为代表的德国教育理论，并由此引发了课程与教学领域的一系列变革。1903 年的《大清教育新法令》就明确规定了学校必须采用赫尔巴特的阶段式教学法，它促进了我国课程教学程序的规范化，为我国现代课程与教学体系提供了原始框架。在 20 世纪二三十年代，我国又引入了以杜威教育思想为代表的美国课程与教学体系，进行了广泛的理论传播和一定的实践尝试。据统计，1921—1924 年，在主要教育刊物上介绍设计教学法、道尔顿制的论文达 200 多篇，专著 25 种。[1] 1919 年俞子夷在南京高等师范附属小学主持的设计教学法和 1923 年廖世承在东南大学附属中学进行的道尔顿制实验开创了我国严格意义上的教学实验之先河，此后更是有上百所学校投身于设计教学法和道尔顿制的实验之中。到了 20 世纪 50 年代，我国对苏联教育模式展开了全面学习。1949 年 12 月召开的第一次全国教育工作会议明确提出要记住苏联经验，对旧教育进行坚决改造。1950 年翻译出版凯洛夫主编的《教育学》，成为我国教育研究者和教育工作者的必读书目，凯洛夫的教育学也由此成为当时的主流教育思想。除此之外，斯卡特金、加里宁、马卡连柯等人的著述也先后被引入。在此背景下，我国当时十分重视系统知识的学习、教师主导作用的发挥及课堂教学规范，还直接引入了苏联教育学制、课堂教学结构和教学大纲，初步形成了现代课程与教学体系。虽然此后在极左思潮的泛滥下，我国曾在一段时间内全面否定了各种国外教育理论与教育模式，但仍无法磨灭其对我国现代课程与教学体系构建产生的深远影响。改革开放以后，随着对外开放政策的确立，我国不仅端正了对待国外教育的态度，还进一步开阔了视野。自邵瑞珍和杜殿坤于 1978 年在《外国教育资料》上发表《布鲁纳的课程论》和《列·符·赞科夫的教学论思想》两篇文章

---

[1]  盛朗西：《介绍中国学者关于设计教学法与道尔顿制之主要著述》，载《教育杂志》第 16 卷第 10 号。

之后，研究者们对外国教育理论与实践研究投注了更多的热情，广泛介绍了英、美、德、法、日等发达国家课程与教学研究的前沿成果。布鲁纳的学科基本结构、赞科夫的发展性教学理论、巴班斯基的教学过程最优化理论及罗杰斯的非指导性教学理论等均在我国产生了很大反响，为我国的教学实践提供了切实指导。比如，北京教育科学研究院在制定小学语文教学目标体系的过程中，就参照了布卢姆的观点，将认知领域的教学目标分为识记、了解、简单应用、综合应用四类，而情意领域则分为接受、兴趣、热爱、形成品格和习惯四类。总而言之，在我国现代课程与教学体系的百年演进中，人们一直非常重视跟踪国外课程与教学发展的态势（"文化大革命"时期除外），及时引入各种有影响的新理论、新模式，这样，我国课程与教学体系的演进就获得了持续不断的思想资源，并基本保持了与国际教育发展的同步性。

其次，合理对待中国教育的历史与传统是我国现代课程与教学体系演进的必然选择。虽然我国现代学校教育的历史比较短暂，但我国在四千余年的发展历程中，积累了丰富的教养国民、传递文化的方法和精神，只是和现代有所不同罢了。[①] 因此，如何处理我国悠久的教育传统与教育现代化的关系，始终是构建我国现代课程与教学体系无法回避的关键问题。在这一问题上，大致有两种解决方式：一是以革命的方式，彻底与教育传统决裂，完全抛弃古代教育的理念与模式。比如，新文化运动就带有明显的"全盘西化"倾向，认为中国传统的便是落后的，西方传入的则是先进的，但事实证明，适合西方的，并不一定就适合我国。比如，20 世纪二三十年代在我国广泛兴起的道尔顿制实验，仅保持了短暂的繁荣，此后便销声匿迹；而 20 世纪 50 年代初，对于苏联教育学的全面模仿，最终也同

---

① 孟宪承：《孟宪承文集 卷九：新中华教育史·西洋古代教育》，150 页，上海，华东师范大学出版社，2010。

样以失败告终。这说明无视自身传统，完全向西方看齐的做法是行不通的。由于我国的教育现代化进程一开始就带有后发性和外源性的特征，更加剧了我国教育传统与现代化之间的对抗与冲突。时至今日，这种将我国古代教育传统与现代教育主张视同水火的心理与行为仍未绝迹，并在百余年间不断发作。二是以批判反思的方式，自觉地继承优秀的历史传统，借鉴历史智慧来解决现实问题。中国的教育传统是个博大精深的体系，有其独到之处，且最符合我国的现实情况，尤其是一些经过历史检验的宝贵教学思想，更是极具启发意义。改革开放以后，随着我国国内环境及国际关系的转变，我国的文化自信也随之增长，越来越多的学者开始关注我国古代教育的共性与规律，并结合现代社会的特殊要求，对其加以阐释与发展。早在 20 世纪初，陶行知先生就在其《以教人者教己》一文中对我国古代教学相长的思想加以继承与发扬，后又在《创造宣言》中表明"学生先生合作而创造出值得彼此崇拜之活人"[1]。如今，包括文以载道、教书育人、学思结合、知行合一、启发教学、因材施教等经典古代教学思想，均经过整理而成了我国现代课程与教学体系的有机要素。实际上，西方国家在构建现代教育的过程中也会从古希腊文化中汲取营养，任何教育思想与实践都会带有特定的时空局限，但其精神内核有着持久的生命力。这种古为今用的探索，使中国现代课程与教学体系得到了民族文化的滋润，彰显了东方文明的个性，是其历史演进的重要资源。

最后，广大教育工作者的实践探索是我国现代课程与教学体系演进的关键因素。课程与教学的制度框架、学术思想和技术方法可以从国外或古人那里拿来，但课程与教学实践是别人无法代替的，实践中的具体问题必须由自己来解决。就此而论，真正支撑课程与

---

　　① 华中师范学院教育科学研究所：《陶行知全集》第 3 卷，428 页，长沙，湖南教育出版社，1985。

教学体系运转的力量，还是我国千千万万普通的教育工作者。正是广大教育工作者不懈的实践探索，推动着课程与教学活动的丰富和完善，并最终汇集为大体系的历史演进。我国教育工作者的实践探索可以分为模仿性应用、创造性改进和自主性探索等不同类型。模仿性应用即仿照别人的经验来解决自己的问题。例如，在新式学堂创办之初，学校规模普遍较小，学生人数较少，班级教学难以开展，为此，我国从日本学习了单级教学法（即复式教学法），并推而广之，有效地解决了这一矛盾。创造性改进是以别人的理论或经验为基础，结合本国的实际加以改造，形成一些新的观点和模式。陶行知先生把杜威"从做中学"的教学理论发展为"教学做合一"的教学思想和教学方法，就是创造性改进的范例。而自主性探索则是以我为主，独立自主地提出新的教育思想、开发教学模式、解决实际问题。例如，为了培养适应社会主义市场经济新时代的现代人，我国教育工作者提出了主体教育思想，开展了大规模的主体教育实验，它是一种可贵、富有创新性的自主探索。此外，进入 21 世纪后，随着我国新一轮基础教育课程改革的推进，"教师即研究者"的观念被普遍接受，越来越多的教师投身于自觉的教学实践中，开展了大量课堂教学研究，自觉的实践探索逐渐成为常态。正是依托教育工作者的实践探索，我国课程与教学体系从依附走向自主，从简单走向丰富，从历史通向未来。这是改变课程与教学面貌的内在力量，是自立自强的信心之源。

通过一百多年的学习借鉴和实践探索，我国现代课程与教学体系发生了巨大的变化：规模显著扩大，水平明显提高，设备更新换代，模式日渐丰富。前后对比起来，真有天壤之别。但是，这是否意味着课程与教学的性质发生了根本变化呢？对此，我们的判断是：这种变化的实质是发展，即现代课程与教学体系从草创到定型、从低级到高级，逐步走向成熟的过程。也就是说，百年演进并没有改变现代课程与教学的核心理念和基本模式。就此而论，改革开放 40

年课程与教学的发展变革，不是一段开疆辟土的争霸史，而是一段建设提升的成长史。

**(二)基本定位：中国现代课程与教学体系的深化和完善**

综上所述，改革开放 40 年的发展变革是我国现代课程与教学百年演进史的重要组成部分。也就是说，40 年的探索是关于现代课程与教学的探索，而不是在现代课程与教学之外重建新体系的其他尝试。这是一个关于 40 年探索基本性质和大方向的基础性判断，是对 40 年探索进行历史定位的关键。这里涉及两个重要问题：一是改革开放前的课程与教学属于"传统教育"吗？二是后现代课程与教学是我国课程与教学发展的未来方向吗？为了更好地判定 40 年探索的基本性质，我们有必要对这两个问题加以简要的分析。

1. 从"传统教育"走向"现代教育"：一个似是而非的命题

在 40 年课程与教学的发展变革中，所谓"传统教育"和"现代教育"的对立，是贯穿始终的一个大众化命题。人们经常批判"传统教育"，似乎改革开放前的中国课程与教学属于"传统教育"，甚至现实的教育都是"传统教育"，认为变"传统教育"为"现代教育"乃改革探索的时代主题。事实上，人们对"传统教育"的理解一直歧见纷呈，大体可归纳为三种观点：一是在时间维度上，根据人类社会历史发展的进程，将中国古代社会的教育形态称为"传统教育"，而将现代社会的教育形态，即从资本主义大工业和商品经济发展起来到共产主义社会完全实现这一历史时期的致力于与生产劳动相结合、培养全面发展的个人的教育①，称为"现代教育"，它主要批判读书做官、师道尊严、死记硬背、等级尊卑等观念和做法，提倡民主的师生关系、多样的教学方法等；二是在流派主张上，将德国赫尔巴特教学体系和苏联凯洛夫教学体系视为"传统教育"，主要批判分科课程、

---

① 黄济、王策三：《现代教育论》，165 页，北京，人民教育出版社，1996。

课堂教学、教师主导等观念和做法，主张采用美国杜威的"现代教育"模式，倡导生活经验、活动教学、学生中心等观念和做法；三是在性质定位上，把"传统教育"等同于落后、保守，应当予以淘汰的教育形式，如将灌输式教学、应试化教学作为"传统教育"的代名词，而"现代教育"则是完美无缺的，是应当追求的理想教育状态。我们认为，无论采用哪种"传统教育"与"现代教育"对立的逻辑，都无法合理把握 40 年探索的时代主题。

首先，中国古代教育不是 40 年探索的起点和主要变革对象。在 20 世纪初期，清政府就出台了一系列除旧布新的教育政策，如兴办新式学堂、改革科举制度等，此后又进行了各种学制系统、课程设置等方面的改革。经过上述变革，从制度层面上看，中国古代教育作为一种体系已经退出了历史舞台；从观念层面上看，诸如读书做官、师道尊严等带有浓重封建色彩的思想意识在现实中虽然还有一定影响，但早已不是社会的主流，并非矛盾的主要方面。由此可见，40 年探索的确还在一定层面上面临着消除中国古代教育消极因素的任务，但这早已不是中心工作。因此，把发展改革的目光主要对准中国古代教育的消极影响，这一定位是不准确的。

其次，不少学者把中国教育的诸多问题归因于赫尔巴特、凯洛夫的教学体系，而把杜威的教学体系视为解决问题的灵丹妙药，是经不起事实考验的。在我国课程与教学体系的百年演进中，赫尔巴特教学体系、凯洛夫教学体系的确发挥了较大作用，得到了全面推广应用，但中国教育并不是它们的简单翻版，而是众多因素融合而成的体系。中国教育出现的问题，也不能主要由赫尔巴特教学体系、凯洛夫教学体系来承担。杜威教学体系在 20 世纪 20 年代就已经进入中国，但它没有成为中国教育实践的主流，这是历史自然的选择。赫尔巴特教学体系—杜威教学体系—凯洛夫教学体系（美国的要素主义、永恒主义）的激烈论争，是世界现代教育演进史的重要组成部分，在我国也基本重演了相似的历史。从一般理论上讲，它们各具特色，优势互补，都是有重大影响力的现代课程与教学流派；但相对来讲，赫尔巴特教学体系、凯洛夫教学体系更多地反映了现代学校课程与教学的基本共性，而杜威教学体系更多地反映了消除现代课程与教学局限性的改革探索，因而又有一定主辅之分。① 综合这些方面可知，把 40 年改革探索理解为从凯洛夫教学体系转向杜威教学体系，不仅误读了中国教育国情，而且难免有历史倒退之嫌，毕竟杜威教学体系出现在先，进入中国更早，而且经过实践检验，被认为是不符合我国教育特点和发展需要的。

最后，一些论者习惯于把现有的东西说得一文不值，并称之为"传统教育"；把自己的改革主张则夸大得无所不能，并常借用"现代教育"的旗号以论证其合理性。这种"传统教育"与"现代教育"的对立，更多的是一种情绪化的符号表达，即反映着人们对现实的本能不满和对未来的美好期望，如此而已。但是，理性告诉人们，现实存在总有其合理性，未来也不会十全十美。改革自然是对现实的改造，但把现实妖魔化往往不利于改革的成功。那些主张横扫一切现有教育秩序的激进改革往往只能对教育造成更大的破坏。另外，教育的发展具有明显的内在延续性，没有传统教育，又何谈现代教育，完全否定我国教育的先期探索，无疑是自毁根基的偏激之举。总之，改革开放 40 年的发展变革的确是除弊兴利的过程，但从"万恶"的"传统教育"走向"至善"的"现代教育"这个主题则更多的是改革"愿望"的非理性表达，无法论证我国的教育走向。

从上述分析来看，改革开放 40 年的改革探索，主要不是为了从中国古代教育传统中解放出来，也不是为了从凯洛夫教学体系转向杜威教学体系，更不是为了打倒现有体系、建造完美无缺的教育天

---

① 王策三：《"新课程理念""概念重建运动"与学习凯洛夫教育学》，载《课程·教材·教法》，2008(7)。

堂，简言之，不是从"传统教育"走向"现代教育"。这是因为在改革开放之初，我国已经在现代教育的道路上探索了 70 多年，早已建立了现代课程与教学的基本体系。拨乱反正是改革开放的起点，其实质就是恢复现代学校教育的基本秩序。换言之，就是返回现代学校教育的正常轨道、正确轨道，纠正各种违背现代学校教育本性与规律的言行偏差。这恰恰说明，改革开放不是我国现代教育的起点，而是现代教育进程的延续，是重回现代教育道路并探索前行的实践。坚持和发展现代教育，是 40 年探索的基本主线。坚持意味着要继续消除古代教育的残留思想，抵制各种非学校化运动的侵蚀；发展意味着不断面对社会现代化的新挑战，完善自我，开拓新天地。围绕这两个相辅相成的方面，改革开放 40 年谱写了课程与教学发展变革的华美篇章。

### 2. 走向后现代课程与教学：一个脱离实际的未来谋划

20 世纪后半叶以来，随着后工业社会的来临，一股以反思、批判现代化为主题的后现代文化思潮开始在世界各地兴起并迅速蔓延开来。后现代文化思潮（又称"后现代主义"）涉及众多学科，哲学、社会学、文学、教育学、心理学、历史学等学科领域均深受其影响，并形成了不少相关的后现代主义学说。在这种大背景下，我国教育界自 20 世纪 90 年代起开始研究和传播后现代文化思潮，并在 20 世纪 90 年代末和 21 世纪初形成高潮，对这一时期课程与教学的理论与实践产生了全面影响，对话、交往、创生、体验、多元等理念的出现频率日益增多。后现代课程与教学理论可谓备受青睐，成了左右课程与教学实践的强势话语。有人甚至认为，我国基础教育课程与教学改革必须转变思维方式，拥抱后现代主义这一"当代思维方式的代表"和"崭新的学术追求"。[1] 相似的论断还有很多，如从实体思

---

[1] 郝德永：《课程认识论的冲突与澄清》，载《全球教育展望》，2005(1)。

维转向关系思维，从主客关系转向主体间性，教育回归生活世界，由预设走向生成，大破大立，概念重建，等等。后现代文化思潮对于我国课程与教学体系构建的影响可见一斑。这不禁引人深思，课程与教学现代化的追求是否过时？走向后现代课程与教学，是否可以成为中国课程与教学的未来出路？对此，我们的基本看法是：走向后现代课程与教学是一种脱离实际的谋划和探索，并不能成为未来的出路。

首先，后现代主义的理论合理性迄今仍未得到普遍认同，无法为我国课程与教学体系的发展提供有效指导。后现代主义作为在现代化进程中出现的文化思潮，深刻揭露了西方社会现代化的局限性和存在的问题，对于辩证地认识现代化是有理论启发的。但是，与其深刻批判性相伴的是理论的片面性，"解构的后现代主义只讲解构而不建构，给世界留下一片破碎与荒芜；建构的后现代主义在解构的基础上进行了建构，然而又因理想色彩过于浓重而无法实现"[1]。而且，后现代主义内部的主张也十分庞杂，彼此之间的矛盾冲突比比皆是，德国学者科勒就曾在《后现代主义》一文中表示："人们至今对什么是'后现代'仍然没有一致的看法。"[2]其局限性可谓十分突出。甚至一些被称为后现代主义代表的人都不承认自己是后现代主义者。上述内容均说明，迄今为止，后现代主义并不是成熟的理论。作为并不成熟的理论，"不要希望它能成为某种指导思想"[3]，课程与教学领域同样概莫能外。

其次，实现现代化是中华民族的世纪课题，推行后现代主义在我国不合时宜。后现代主义的产生主要源于西方国家对资本主义高度发达的科学理性的反动，是对现代化进程的一种集中反思，这在已经实现现代化的西方发达国家具有历史合理性。但是，我国作为

---

① 靳玉乐、于泽元：《后现代主义课程理论》，277 页，北京，人民教育出版社，2005。
② 转引自刘放桐：《新编现代西方哲学》，615 页，北京，人民出版社，2000。
③ 冯俊等：《后现代主义哲学讲演录》，25 页，北京，商务印书馆，2003。

发展中国家，经济发展尚不充分，国民素质有待提升，我们的时代课题是如何更快更好地实现现代化，虽然我国在现代化建设中也出现了很多后现代批判的现象，后现代主义的一些观点有助于我们在推进现代化的过程中保持清醒，尽量避免现代化可能产生的负面影响；但是，从总体上说，后现代主义并不符合我国"以市场经济的建构为中介，从传统农业文明向现代工业文明转型"①的特殊国情，其理论缺乏现实性和针对性，因而在我国广泛推行后现代主义实属无的放矢，意义不大。

最后，具体到课程与教学领域，后现代课程与教学理论的价值是相对有限的。一方面，后现代课程与教学理论总体上还是一些后现代哲学、心理学概念和命题的简单移植和逻辑推演，缺少真正源自课程与教学理论传统及实践经验的原创性理论；另一方面，后现代主义的课程与教学研究主要停留于一般性的理念，比如，将教学视为生命历程、即席创造等，看似令人神往，但没有严密的概念范畴和理论系统，更缺乏操作性的规范、技术与方法，难以在实践中有效运用。此外，后现代主义的一些观点过于偏激。比如，在教学内容上否定了系统学科知识的重要性，在教学过程上贬低了接受式学习的价值，在师生关系上消解了教师的主导作用，似乎一夜之间，学校教育的基本理念都过时了，而这些片面的理解也给我国课程与教学实践带来了诸多负面影响。有研究者指出："一些地区因为倡导新课程改革理念淡化了教学和知识传授，进而导致了学生成绩下降、考试成绩不理想、家长愤愤不平、怨声载道等局面。"②因此，试图通过引进后现代课程与教学的若干理念来解决中国教育的问题，使

---

① 丛立新、陈荟：《当前我国基础教育课程改革理论问题研究》，5 页，重庆，重庆大学出版社，2013。

② 于伟等：《现代性的省思——后现代哲学思潮与我国教育基本理论研究》，168 页，北京，教育科学出版社，2014。

其产生脱胎换骨的变化，不过是一种不切实际的幻想。

总之，虽然在一段时间内走向后现代课程与教学似乎是一种不二选择，但理论和实践均表明，在举国全力实现现代化的时代，这种选择是没有前途的。而且，后现代主义本身也不是对现代社会未来走向的全面预测，只是对现代社会时弊的局部反思。有学者曾表示，后现代主义的读法应该是"后/现代主义"，而不是"后现代/主义"，后现代主义应当作为现代主义的一个分支。[①] 可见，不论是从我国的现实情况出发，还是从后现代理论自身的特点来看，所谓从现代教育向后现代教育转轨的说法都是不科学的，不能代表我国课程与教学体系的未来发展方向。我国改革开放 40 年的探索，只有一个基本方向，那就是现代课程与教学的深化和完善，只有紧紧围绕中国现代化的这一主题，努力促进课程与教学的现代化，才是符合现实的理性选择。

3. 深化和完善现代课程与教学体系：40 年探索的基本使命

改革开放 40 年来，中国课程与教学体系的发展变革是双重力量共同推进的结果。一方面，国际环境的变化、中国社会的大变革和现代化探索，是引领课程与教学发展变革的宏观因素。这已在前文有所分析，在此不重复。另一方面，我国中小学规模扩张与质量提升的双重需要，构成了这一时期课程与教学发展变革的主要内部矛盾，成为推进现代课程与教学体系深化和完善的内部动力。下面围绕这两大主题，对 40 年来我国现代课程与教学体系的深化和完善工作加以分析。

首先，通过改革开放 40 年的艰苦探索，我国基础教育规模扩张的任务得到了历史性完成，教育普及程度大大提升。1902—1922 年，《钦定学堂章程》《奏定学堂章程》、1912 年学制、1922 年学制等几个

---

① 冯俊等：《后现代主义哲学讲演录》，2～3 页，北京，商务印书馆，2003。

重要的学制法案的颁布施行，基本解决了我国现代课程与教学的体制框架问题。制度建设的中心任务暂告一段落之后，规模扩张的迫切性就日益凸显，成为我国 20 世纪 20 年代到 21 世纪初课程与教学体系演进的主导因素。20 世纪二三十年代兴起的平民教育、乡村教育思潮，20 世纪三四十年代南京国民党统治时期颁布的一系列义务教育实施方案，如《改进全国教育方案》《实施义务教育暂行办法大纲》等，20 世纪五六十年代中华人民共和国继续开展普及义务教育的工作，并大力推进工农教育，20 世纪 80 年代推行的普及九年义务教育，以及 20 世纪 90 年代末以来的高校扩招和示范高中建设工程，都是围绕扩大教育规模这一主题展开的重要探索。统计资料表明，改革开放之初到 21 世纪初是我国中小学教育规模扩张的高峰期，中小学教育始终保持庞大的规模（见表 1-1）。

表 1-1    1949 年以来我国中小学在校学生数①                    /万人

| 时间 | 普通高中 | 普通初中 | 普通小学 |
|------|---------|---------|---------|
| 1949 年 | 20.72 | 83.18 | 2 439.10 |
| 1978 年 | 1 553.08 | 4 995.17 | 14 624.00 |
| 1980 年 | 969.79 | 4 538.29 | 14 627.00 |
| 1985 年 | 741.13 | 3 964.83 | 13 370.20 |
| 2000 年 | 1 201.26 | 6 167.65 | 13 013.25 |
| 2006 年 | 2 514.50 | 5 937.38 | 10 711.53 |
| 2011 年 | 2 427.34 | 5 275.91 | 9 940.70 |
| 2016 年 | 2 366.65 | 4 329.37 | 9 913.01 |

从表 1-1 的数据来看，1978 年我国普通中小学在校生人数超过

---

① 教育部：《2016 年教育统计数据：各级各类学历教育学生数》，http://www.moe.gov.cn/s78/A03/moe _ 560/jytjsj _ 2016/2016 _ qg/201708/t20170823 _ 311668.html，2018-07-10。

2.1 亿人，是 1949 年的 8 倍以上。数据显示：小学生人数在 20 世纪 70 年代末 80 年代初达到高峰，随后由于出生率降低而逐步回落；初中生人数在 2000 年达到高峰，近年来出现下降趋势；高中生由于世纪之交的大发展而呈现人数剧增之势，但在最近十年也基本丧失了继续扩张的潜能。总体来看，改革开放的前 30 年是我国中小学教育规模扩张的高峰期，基本达到了中小学受教育人数的峰值水平。而随着出生率的下降，教育规模扩张压力将逐步消失或明显缓解，教育总体规模将长期保持相对稳定。从表 1-1 中不难看出，最近十年来，我国中小学在校生人数已基本保持不变，甚至有所缩减，改革开放初期"无学可上"的问题已得到有效解决。

其次，在教育规模扩张的同时，教育质量问题不断凸显，逐渐成为我国中小学教育的中心问题。一方面，规模扩张带来了质量滑坡的隐忧。世界各国的教育实践均表明，教育规模的迅速扩张容易造成生源质量相对下降、学生间差异扩大、教师队伍跟不上、教育支持条件不足、教育管理混乱等诸多问题，从而对教育质量产生消极影响；另一方面，随着入学机会的增加，国家和人民对教育质量的要求也将越来越高。当前中小学的择校热潮，实质上就是人民群众对优质教育需求的集中反映。有鉴于此，我国教育的中心工作开始从规模扩张向质量特色转移，质量提升、内涵式发展成为人们普遍关注的课题。从政策上看，2010 年颁布的《国家中长期教育改革和发展规划纲要（2010－2020 年）》就明确规定"把提高质量作为教育改革发展的核心任务"，2015 年通过的《中共中央关于制定国民经济和社会发展第十三个五年规划的建议》也将"提高教育教学质量与公平"作为教育发展的总体目标，质量提升已成为新时期教育发展的基本方向。从研究上看，21 世纪以来，对教育质量的相关研究大幅增长，有研究者曾以文献数量为标准，对中华人民共和国成立以来基础教育质量研究现状进行过考察，发现从 1949—1978 年，有关基础教育质量的文献每年不超过 100 篇，且主要以定目标式的宣传文献为主，缺乏实质性内容；1979—1999 年，在"两基"和"普九"战略的推动下，教育机会公平和质量公平受到特别关注，每年的相关文章增至 1 700 篇左右；而 2000—2015 年，随着我国经济社会的高速发展，"卓越而公平"的基础教育成为众望所归，基础教育质量研究直线上升，仅年度文章增幅就接近 1 000 篇。[①] 从实践上看，旨在提升教育质量的探索也是与日俱增，如建立国家教育质量标准和质量评估制度、提升教师队伍素质、推动学校特色化发展、创新教育教学模式、开展薄弱学校改进等，均是为了给学生的发展提供更优质的教育资源。

由此可见，完成教育规模扩张、质量提升两大任务，并妥善处理两者的关系，在满足人民群众日益增长的教育需求的基础上，进一步满足人民群众与日俱增的优质教育需求，是改革开放 40 年教育发展面临的主要矛盾，也是中国现代课程与教学体系研究面临的主要矛盾。从根本上说，教育规模扩张的实质是教育全民化，即教育面向全体国民，培养现代国民；而教育质量提高的实质则是更好地促进个人全面发展，即实现国民德智体美等各方面和谐发展，促进人的解放和现代化的实现。也就是说，教育规模和教育质量的挑战都是现代教育发展与完善的内在矛盾，是现代教育不同发展阶段必然遭遇的基本问题。我国改革开放 40 年的课程与教学探索，正是围绕解决现代教育发展的内在矛盾而展开的，是现代课程与教学体系的完善和深化过程。

这一主要矛盾规定了课程与教学探索的核心主题：一是发展，二是提高。发展主要表现为扩充从事课程与教学工作的人力资源，改善课程与教学的物质条件，丰富课程与教学的资源系统，从而有效应对规模扩张的压力；提高则表现为加强对课程与教学理论的探

---

① 易兰、陈恩伦：《中国基础教育质量研究：现状与启示——基于 1949 至 2015 年的文献计量分析》，载《教育科学研究》，2017(4)。

索，优化课程体系，改进、丰富教学模式，探索推广新方法和新手段，从而力求大面积提高教育水平和质量。40 年的课程与教学探索中出现了若干持续而有影响的专门议题，如促进学生全面发展，提高学生主体性，大面积提高教学质量，减轻学生的过重负担，提升教学有效性，更新与丰富教学模式，推进教学信息化，开发与管理校本课程，构建学校课程体系，引领教师专业发展，等等。从某种意义上说，这些专门议题都是由规模扩张和质量提升这一基本矛盾演化而来的。举例来看，中华人民共和国成立以来，减轻学生过重负担便在我国教育政策中反复提及，如 1955 年的《教育部关于减轻中小学学生过重负担的指示》，1988 年《国家教育委员会关于减轻小学生课业负担过重问题的若干规定》等，到了 20 世纪 90 年代末和 21 世纪初，减轻学生课业负担问题更是引起了社会各界人士的高度重视，但时至今日，学生课业负担过重的问题仍未得到有效解决。作为长期以来存在于课程与教学领域的大难题，其要害在于随着基础教育普及化，学生总体的学习能力和学习意愿呈现下降趋势，客观上要求改变原来以学术性为主要取向的教育标准，降低总体要求；而与此同时，国家现代化和人民群众对优质教育的需求，又在客观上强化着以学术性为主要取向的教育标准，提升了总体要求。这样，学校课程与教学就处在一个左右为难的尴尬境地，甚至出现负担越减越重的被动局面。有鉴于此，解决这一问题的根本出路就是促进课程与教学体系现代化，通过课程与教学科学性和艺术性的整体提升，努力实现质量、效能和人性化的统一，最终达到减轻负担和提高质量的双重目标。也就是说，这些产生于课程与教学的现代化进程中，受规模扩张和质量提升双重因素作用的问题，最终也只能依靠深化和完善课程与教学的现代化而逐步解决。

通过对我国课程与教学体系百年演进历史的梳理，以及基本定位的分析，我们认为：改革开放 40 年来课程与教学探索的主要使命，不是克服所谓"传统教育"的弊端，也不是用后现代主义来拯救处于绝境的现代课程与教学，而是继续中国课程与教学的现代化征程，在积极应对社会发展与教育发展的时代性挑战中，不断实现自我超越，深化和完善现代课程与教学体系。这是 40 年课程与教学探索的历史定位，也是其面向未来的基本起点。

4. 课程与教学现代化探索的重要问题

进一步深化和完善现代课程与教学体系，实际上就是要解决两个核心问题：一是课程与教学体系的科学化问题，主要关注的是质量与效益，重点在于揭示课程与教学现象背后的共同本质和客观规律，探寻课程与教学实践优化的各种机制和原理；二是课程与教学体系的民主化问题，主要聚焦于文明与均衡，关键在于体现对人之权利的尊重与人之需要的满足，并不断促进教育公平和社会公平的实现。由这两大主题生发出的各种具体问题，构成了改革开放 40 年来我国课程与教学体系建设的多重任务，需要在观念、制度和行动等层面加以解答。

第一，在课程与教学目标体系变革方面，中华人民共和国成立以来，便确立了"个人全面发展"的根本追求，但"全面发展"这一理念含有非常丰富的内涵，它首先意味着学生在德、智、体、美等多个领域的发展，其次代表着学生个体充分、自由地成长，最后还与社会发展有着千丝万缕的联系。因此，"全面发展"究竟关涉哪些内容？在社会的不同发展时期，又展现出怎样的特点？应当如何处理"全面发展"各要素，如知识与能力、智力与非智力因素、科学素养与人文素养、统一要求与个性成长之间的矛盾关系？如何在各个不同层面将这些目标要求落到实处？这些都是课程与教学目标体系在建构过程中需要考虑的关键问题。

第二，在课程体系方面，如何适应我国地域辽阔，各地经济、文化发展极不平衡的特殊情况，建立规范、统一而又灵活多样的课程体系，提升课程内容的适应性、课程结构的完整性及课程资源的丰富性，可以说是改革开放 40 年来我国课程体系建设的主要任务。为了完成上述任务，我国进行了多次大规模的课程改革，坚持何种课程改革方向，采取何种课程改革模式，是采取激进的革命还是进行稳健的改革，也都需要进行理性反思。此外，相对于教学领域而言，我国独立进行课程研究起步较晚，且多借鉴国外的相关理论，在此背景下，推动中国本土的课程论学科建设，形成富有中国特色的现代课程理论，并进行相应的实践，也是我国课程体系发展面临的重要问题。

第三，教学作为我国学校教育工作的核心，其体系建设也面临着诸多问题，其解决更是直接关系到我国课程与教学现代化的进程。就教学观念而言，需要认真思考确立何种教学质量观和教学发展观作为我国教学实践的指导思想。就教学理论而言，应当在继承我国古代教学思想精神内涵、借鉴现代西方教学理论合理成分的基础上，构建富有中国特色的现代教学理论，以提升教学实践的科学性。就教学过程而言，应进一步探寻教学活动的内部机制与原理，充分调动学生的主体性；丰富和优化教学结构，实现教学模式的多样综合；分析信息化教学手段的运用策略，为教学提供有利的辅助条件等。而就师生关系而言，应当从哪些层面对其加以分析，如何构建民主和谐的新型师生关系，也都需要广大教育理论研究者和教育实践工作者的共同努力。

第四，课程与教学评价在教育改革过程中发挥着关键作用。改革开放以来，随着我国高考制度的恢复，以及现代课程与教学体系的深化发展，如何更为客观、公正地选拔人才，并对课程设置、教学实施、学生发展等进行全方位的立体评价，均需要在理论和实践层面加以探讨。一方面，在评价的价值取向上，应超越简单的甄别选拔取向，设法提升评价在激励与促进学生发展上的价值，展现评价的多方面功能；另一方面，在评价方法的运用上，随着评价研究的不断深入，各种评价方法层出不穷，如何针对课程与教学活动的特点进行合理选择与综合运用也值得具体推敲。

总而言之，实现课程与教学体系的现代化是一个长期而复杂的过程，需要在目标体系、课程体系、教学体系和评价体系等方面做出各种努力，以不断推进我国课程与教学体系的科学化与民主化进程。当然，上面所提及的问题并不能涵盖改革开放 40 年来我国在课程与教学领域进行的所有变革，更多的只是一种概括性的说明，具体内容则会在下面各个章节加以展开。

## 三、课程与教学改革的主体构成

在初步解决了 40 年课程与教学探索的基本性质问题后，我们想探讨的问题是：40 年课程与教学探索究竟是如何进行的？哪些力量主导了课程与教学的发展变革？之所以提出这两个问题，是因为在 40 年课程与教学的发展变革中，有各式各样的参与主体，存在着多方的利益博弈，也有不同范围和多种层面的改革探索，构成了多种探索共存、嵌入、竞争的复杂态势。梳理改革探索的不同主体和不同形态，有助于整体把握 40 年发展变革的特点和机制，从而为进一步深化改革提供有益的经验。

根据我们的观察，改革开放 40 年间，直接推动课程与教学改革的力量主要来自三个方面：行政力量、学术力量、学校力量。与此相应，我们可以区分出三种特色鲜明的改革模式，即行政主导的课程与教学改革、学术主导的课程与教学改革、学校主导的课程与教学改革。三种不同力量的改革模式，构成课程与教学发展变革的三种基本形态，共同推进了整个课程与教学体系的不断演化。除此之外，随着教育科学化和民主化的推进，来自民间的各种社会力量虽然难以像上述三股力量那样直接主导课程与教学的改革，但在改革推进的过程中发挥的作用也越来越重要，深刻影响着我国课程与教学改革的整体走向，下面试就此做些具体分析。

### （一）课程与教学改革中的行政力量

在现代社会，国家举办教育是普遍现象。尤其是第二次世界大战后，世界各国为了增强综合国力，占领国际竞争的制高点，积极进行教育改革，形成了持续不断的全球性的教育改革大潮。政府主导和推动教育改革，已经成为当代世界教育发展的重要特征。我国作为一个"大政府、小社会"的国家，政府不仅是教育管理者，而且是最主要（有时是唯一）的举办者，因此，在影响教育变革的诸多因素中，行政力量是首要的推动力量。改革开放40年来我国课程与教学的发展变革，鲜明地体现了这一基本特征。

首先，行政力量对课程与教学发展变革的直接推动作用表现为教育方针和重大教育法规对整个教育的宏观指导和根本约束。改革开放40年间，我国出台了一系列关于教育方针的新表述，颁布了一些重大的教育发展纲领和基本法规。这些教育大政方针的调整与变化，整体决定了课程与教学改革的性质与方向，这是行政力量主导课程与教学改革的最主要形式。具体来说，改革开放40年间，对课程与教学影响较大的政策主要有：教育战线拨乱反正、恢复高考制度、开展教育体制改革、实施普及九年义务教育、制定《中国教育改革和发展纲要》、加强素质教育、实行基础教育课程改革、促进基础教育均衡发展、颁布《国家中长期教育改革和发展规划纲要（2010—2020年）》等。其中，1977年12月恢复高考制度，是我国40年课程与教学发展变革的起点。恢复高考是教育领域拨乱反正的标志性事件，意味着我国教育重新走向学习科学文化知识、培养全面发展人才的正常轨道。以此为起点，更新课程体系、加强教学改革探索、提高教育教学质量，就成为基础教育界共同关注的焦点问题，并逐步引发各种层次的探讨。在教育宗旨上，促进学生全面发展一直是我国基本的教育方针，这一基本方针在改革开放 40 年间得到了进一步体现。同时，在具体表述上也出现了一些新概括，如素质教育、创新教育、立德树人。这些表述上的调整和变化，引发了大量关于素质教育、创新教育的改革探索。在教育体制上，普及九年义务教育标志着教育规模扩张进入全面解决阶段，而基础教育均衡发展原则的确立则意味着质量提升、教育公平已经成为改革探索的主题，这些都直接指引着课程与教学变革的方向。至于《中国教育改革和发展纲要》的制定及基础教育课程改革的推行，本身就是关于改革的整体规划，甚至本身就是课程与教学改革的纲领，其影响更是不言自明了。可见，教育大政方针的确立和调整，是行政力量主导课程与教学改革的基本方式，也是政府职能的有效表现。

其次，全面管理课程体系是行政力量主导课程与教学改革的重要表现。我国中小学课程总体来说是一种中央政府统一管理的课程体系。无论课程计划（教学计划）、课程标准（教学大纲），还是教科书，长期以来都由教育部直接组织力量研制或审定。虽然最近十多年来，国家、地方、学校三级课程管理制度逐步推行，课程管理权开始下放，但教育部作为主要管理者，仍发挥着主导作用。至于教学，虽然与课程相比更个性化，个体探索和掌握的空间较大，很难进行宏观层面的统一管理，但政府可以通过课程体系的管理，控制和引导教学变革的方向，也可以通过省、市、县教研室的教育质量监控，对中小学的教学内容、教学方法、教学手段的运用等进行评价，规范其教学探索行为。

再次，教育行政部门拥有强大的资源，可以通过资源配置的方式，引导课程与教学改革行动的开展。例如，教育行政部门常利用教育专项基金、科研项目委托、成立专门委员会、人员晋升奖励等形式，配置优势资源，支持课程与教学改革项目，并以此带动其他社会资源的投入。在任何时候，资源都是相对匮乏的，它是撬动各方力量的支点；在市场经济社会，善用资源杠杆来推动工作，是教育行政管理的重要策略，也是教育行政力量主导的课程与教学改革的显著特点。一方面，它可以确保行政部门对于课程与教学变革基本方向的把握；另一方面，它能够为课程与教学体系的运行提供充分支持。

最后，行政力量对课程与教学改革的影响还表现在对具体问题的关注和指导上。各级教育行政部门经常会直接对学校教育的各方面工作提出具体的要求和建议，这往往成为学校课程与教学改革的动因。例如，长期以来，教育行政部门高度关注减轻学生过重负担的问题，在学校层面引发了不少具体的课程改革、教法改革、评价改革的探索，如进行课程整合、采取分层作业、实施发展性评价等，积累了不少有益的经验。再如，20世纪80年代中期以来，为破解片面追求升学率的弊端，愉快教育、快乐教育等改革探索曾经风靡一时；21世纪以来，随着基础教育课程改革的推行，自主学习、合作学习、探究学习等教学方式又开始在中小学普遍流行；而近年来，《教育部关于全面深化课程改革落实立德树人根本任务的意见》再次强调了课程与教学的育人价值，将社会主义核心价值观、中华优化传统文化融入课程与教学，成为学校探索的关键点。不难看出，学校课程与教学改革的主题和主管部门的关注与倡导有很大联系。

总之，行政力量对课程与教学改革的影响在我国可谓无处不在。行政部门不仅负有制定大政方针，进行方向引导和思想领导的责任，而且整体掌管课程体系，直接主持改革项目，甚至会对学校具体的教学过程与方法提出意见和要求。可以肯定地说，行政力量强势主导课程与教学改革，是我国40年课程与教学发展变革的突出特征。这既是一种优势，能够确保改革的规模和效率，但也可能产生诸多问题，比如，行政力量是不是事无巨细都要管？统一管理如何适应千差万别的具体情况？如何给其他社会力量留下发挥积极性的空间？

这些问题还大可探讨。

**(二)课程与教学改革中的学术力量**

学术力量积极参与课程与教学改革，是改革开放 40 年我国教育领域发生的可喜事情。现代教育作为理性自觉的教育，其典型标志就是有一支创造、传播教育科学技术的专门队伍，这支队伍的主体是大专院校和研究机构的教学科研人员。改革开放 40 年间，众多高等院校和研究机构的教学科研人员自觉关心课程与教学改革，以各种方式参与课程与教学改革，汇成了推动课程与教学改革的重要力量，甚至局部地主导了课程与教学的改革探索。

学术力量在课程与教学演进过程中扮演着各种不同角色，对国家层面的政策制定和学校层面的实践开展均有着重要影响。

首先，高等院校和研究机构的学者自主设计并发起教学改革实验，在课程与教学改革中担当着创造者的角色。改革开放 40 年间，我国课程与教学领域的一个突出现象是出现了众多教学改革实验，而教学改革实验的中坚力量就是高校和研究机构的学者。我们可以列举一长串的教学(教育)改革实验名单，它们主要可以概括为三类：一是在某一门学科内进行的单项教学实验，比如，卢仲衡针对数学学科开展的"自学辅导教学实验"，张田若围绕语文识字教学开展的"集中识字，分散识字实验"等；二是表现为一种策略或思路的教学实验，如黎世法的"异步教学法实验"、冯忠良的"结构—定向教学实验"、李建刚等人的"目标教学法实验"；三是包含在综合性整体教育实验框架中的教学实验，如裴娣娜的"学生主体性发展教育实验"、叶澜的"面向 21 世纪新基础教育实验"、熊川武的"理解教育实验"、朱永新的"新教育实验"等。这些实验由有影响力的学者主持，针对现实问题进行综合的教学理论创新和教学模式改造，一方面，推动了课程与教学理论的发展，研究者在实践探索的过程中对初步创立的研究框架和理论体系不断加以丰富和完善，形成了颇具特色的理论和方法，有的已经初具教学流派气象；另一方面，实验吸引了一大批基层学校、教师的热情参与，带动了学校实践的改进，不少实验学校面貌焕然一新，成绩显著。诚然，一个教学实验的影响范围是相对有限的，但这些实验产生的总体力量，已经成为 40 年改革探索不可忽视的重要组成部分。

其次，研究者们为课程与教学改革建言献策，扮演着咨询者的角色。教育关乎人的发展，稍有差池就会对学生造成难以弥补的伤害，每一项有关课程与教学改革的决策都应当谨慎为之，因此，大到国家层面的政策制定，小到学校层面的方案设计，都需要征求专家学者的宝贵意见。从国家层面上看，改革开放 40 年来，学术力量在教育政策方针的制定上发挥着越来越重要的作用，我国学者不仅广泛而深入地参与到政府召开的政策调研会、政策咨询会，甚至直接参与了政策文本的起草。比如，在基础教育课程改革中，教育部就曾组织百余名专家参与课程标准的研制工作，此后，还专门成立了"教学专业支持工作组"，以便及时发现并解决实验区教学改革工作的阶段性问题。2010 年颁布的《国家中长期教育改革和发展规划纲要（2010—2020 年）》也凝结了许多学者的智慧。在纲要制定启动之初，由专家组成了 11 个战略专题小组，经过半年多的调研，最后形成了 30 000 多字的调研报告和 8 000 字的摘要，报送纲要工作小组①，成为决策的重要依据。从学校层面看，改革开放以来，学术力量对中小学课程建设与教学实践的影响也不断增强。比如，随着三级课程管理体制的建立，学校逐渐拥有了课程开发权，但是由于校本课程开发活动对于专业性的要求很高，学校很难独立完成这一工作，为了破解这一难题，大学课程研究者经常为学校解读先进的课程编制理念，帮助学校进行 SWOT（优势、劣势、机会、威胁）分

---

① 顾明远：《顾明远教育口述史》，169 页，北京，北京师范大学出版社，2012。

析，并对学校课程方案的完善提供建议，有效推进了学校的课程建设工作。可以说，目前高等院校、科研机构与中小学的合作已非常普遍。除了正式的咨询与合作外，学者们关于课程与教学改革的理论探讨，也对国家的政策制定和学校的实践工作产生了潜移默化的影响。例如，研究者关于分科课程与综合课程的讨论、关于教学模式多样综合设计的研究、关于重视非智力因素的倡导等，都被人们普遍认可，作为政策制定的基础，并转化为教学实践者的行动。可见，学术力量在增强决策科学性和实践理性方面发挥了关键作用。

再次，学者们对于国外课程与教学改革信息，以及国内课程与教学实践有着细致的观察和全面的把握，充当着传播者的角色。一方面，学习国外先进经验一直是我国现代课程与教学体系演进的重要途径，我国学者凭借其敏锐的洞察力，将国外教育改革的动向、理论和方法及时介绍到国内，为教育工作者提供各种有用的信息，从而开拓思路、学习借鉴，为课程与教学改革创造了重要条件。改革开放 40 年间，诸如程序教学、发现教学、范例教学、暗示教学、最近发展区、教学最优化、学科基本结构、掌握学习、形成性评价、教育目标分类学、有意义接受学习、建构主义、多元智能、档案袋评价法，以及最近备受关注的核心素养等，最初都是由我国学者从国外引进的。学者们对这些内容进行了充分的介绍，并结合我国具体情况加以分析，使其成为人们耳熟能详的教育术语和理论。另一方面，我国学者在课程与教学改革中的传播作用还表现在对基层改革探索的论证与推广上。比如，上海育才中学通过实践总结出的"读读、议议、练练、讲讲"八字教学法就经常被写入一些教学论专著，为教学理论研究者高频率引用，在当时产生了较大反响。还有我国语文特级教师李吉林的情境教学法，也是借助学术力量才广为人知，学者们不仅围绕情境教学的理论依据、功能特点、运用原则等展开了广泛探讨，还共同举办了全国"情境教学—情境教育"学术研讨会，由此扩大了情境教学的影响力，使情境教学从一位教师的探索变为众多教师的共识，并由语文学科的专门实践拓展到了数学、自然等其他学科的教学活动之中。这些都是学术力量在我国课程与教学改革过程中传播与推广信息的成就，值得关注与肯定。

最后，需要指出的是，我国学者还经常在课程与教学改革中承担反思者的角色。改革需要决策，需要执行，也需要反思。反思可以发现改革的局限性，总结成功经验，有助于减少决策和执行的失误，是改革进程中不可缺少的基本环节。改革开放40年间，学者们做了大量关于课程与教学改革的反思工作。例如，《教育研究》曾开辟专栏对改革开放10年进行理论反思，人民教育出版社编辑出版了《课程教材研究十年》《课程教材研究15年》等总结、反思课程理论与课程改革的文献，中国教育学会和中国高等教育学会联合编纂了对20年发展改革进行全方位反思的《中国教育改革发展二十年》。[1] 在这种有组织的理论反思中，学者们从不同角度总结改革经验，探讨改革中存在的问题，发挥了积极的作用。此外，学者们还经常自发地反思课程与教学改革中的种种问题。其中，最典型的事件就是近年针对"新课程理念""概念重建运动"而展开的学术争鸣，即所谓"王钟论战"。这场论战参与者众多，涉及课程与教学改革的所有基本问题，是一次全方位的理论反思，影响十分深远。[2] 在实际生活中，有时改革的决策者、倡导者并不喜欢学者冷静的理论反思，甚至认

---

[1] 课程教材研究所：《课程教材研究十年》，北京，人民教育出版社，1993；课程教材研究所：《课程教材研究15年》，北京，人民教育出版社，1998；中国教育学会、中国高等教育学会：《中国教育改革发展二十年》，北京，北京师范大学出版社，1999。

[2] 所谓"王钟论战"，其实是我国一般教育理论工作者对"新课程理念"的理论反思和"新课程理念"倡导者对这些理念的自我辩护，是一场关于课程与教学改革的大型理论争鸣。王策三教授是较早和较全面地进行理论反思的代表人物，而钟启泉教授是那些理念的主要倡导者和辩护者，因而有人把这场论战称为"王钟论战"。有关文献可主要参阅王策三、孙喜亭、刘硕著的《基础教育改革论》（知识产权出版社，2005年版），以及《教育学报》《全球教育展望》等刊物发表的系列论文。

为这是给改革制造麻烦。不过，历史经验表明，学者们关于课程与教学改革的理论反思，本身就是减少改革风险和代价的重要机制。勇于承担理论反思责任，这是学者本色，是学者参与改革的独特方式。

总之，在课程与教学改革中，学术力量的作用是多元的，有直接主持改革实验者，有作为政府决策的智囊和参谋者，还有知识信息的传播者、反思者、评论者。虽然学者们扮演的角色各式各样，但学术是理性和创新的力量，这是根本所在。如何让学者更好地发挥理性思考的优势，如何保护学术的自主创新精神，如何真正弘扬学术良知，都是值得我们继续探讨和认真反思的话题。

### (三)课程与教学改革中的学校力量

作为基层实践者，学校在课程与教学改革中处于旋涡的中心，是各种矛盾的集结点，学校组织及教师群体是改革不可或缺的主体。从某种意义上说，学校的努力决定着课程与教学改革的最终效果，也检验着各种改革方案的成败得失。

从改革发起者与学校主体的关系来看，可以将改革分为外来的改革和自主的改革两大类。所谓外来的改革，是指改革的发起者处于学校外部，是一个由外而内的执行或践行过程，其中最主要的就是行政力量发起的课程与教学改革，我国基础教育课程改革就是典型范例。除此之外，还有由学者主持的教育教学实验，如河南安阳人民大道小学、天津市第二师范学校附属小学等学校便先后加入北京师范大学裴娣娜教授主持的"学生主体性发展教育实验"。相较而言，行政力量发起的课程与教学改革带有更多的强制色彩，而由学者主持的教育教学实验则多为学校自主选择的结果。但无论采取何种方式，第一，学校在外来的课程与教学改革中大多扮演着执行者和检验者的角色。以政府推进的课程与教学改革项目为例，学校首先是一个执行者的角色。它必须按照课程与教学改革的方案，及时培训人员，更换教材，调整教学，改变评价标准和方式，确保切实落实行政部门的各种要求和指示。改革开放 40 年间，我国广大中小学积极执行各种各样的改革方案，为整体推进课程与教学改革发挥了重要作用。但需要指出的是，由于决策是一个有限理性的过程，课程与教学改革方案也会存在各种潜在的问题，会有一些脱离实际的地方，这就需要学校谨慎应对。为确保变革与稳定兼顾、形式与内容统一、冒险与质量平衡，学校在充当执行者的过程中要面对各种各样的压力，常常会陷入积极执行与消极应对的两难境地。第二，作为课程与教学改革的主要实践者，学校客观上担当着检验改革方案的角色。正所谓实践是检验真理的唯一标准，一个改革方案的好坏，最终还要看它在学校实践中的实际表现。如果一个方案受到学校欢迎，提高了教育效能和教育质量，自然就是好的；反之亦然。40 年改革探索中，有些改革措施深入人心，有些改革措施则无人喝彩，诚然，学校本身也存在局限性，有其特殊的利益考量，对学校的具体实践理应辩证认识，不能将其作为唯一依据，但从长远看，成功的实践终究是遵循事物本性的，"那些距离变革实施现场最近的人对如何取得变革成功往往认识得最为清楚，因而也最具有发言权"[1]，学校实践对改革的检验作用是可以信赖的。

　　所谓自主的改革，是指由学校主体，包括校长、教师等自主发起的改革活动，改革的发起者和执行者相一致，均处于学校内部。改革开放 40 年间，众多学校和教师自主进行改革探索，构成了课程与教学改革亮丽的景观。在拨乱反正之初，部分学校和教师就积极行动起来，自发开展教材研究和教学改革，创造了不少有价值的教学方法改革经验。比如，1978 年语文课恢复独立设置之后，北京师范大学实验中学就开始了相应的教学改革探索，编写了以写作为体

----

[1] ［美］吉纳·E. 霍尔、雪莱·M. 霍德：《实施变革：模式、原则与困境》，吴晓玲译，15 页，杭州，浙江教育出版社，2004。

系的实验教材，并创造了五种课型和六步教学过程；辽宁鞍山市第十五中学则主要围绕学生自主能力的培养，编写了初中语文能力过关教材，同时将教师指导学生自学作为教学的基本方式。而后，这种基层自发的改革探索，逐步和学术力量建立联系，探索的主题更加宽广，体系更加完善，影响也更加突出。比如，20 世纪 80 年代末，上海市闸北第八中学为消除"学困生"的挫败心理，提出了以"低起点，小步子，多活动，快反馈"为特征的"帮助成功"教学改革模式；上海第一师范附属小学针对学生课业负担沉重、校园生活单调、师生关系紧张的问题，构思了"愉快教学"的改革方向。这些最初的设计均在不断的实践探索及与学术力量的合作交流中，形成了成熟而完整的"成功教育""快乐教育"体系，成为学校的显著特色。教师个人的探索更多，如李吉林的情境教学法和魏书生的"定向、自学、讨论、答疑、自测、自结"六步教学法也在不断深化的过程中对教学实践产生了广泛的影响。近年来，随着学校层面教育自主空间的增大，以及《国家中长期教育改革和发展规划纲要（2010—2020 年）》对特色办学的倡导，学校自主改革探索逐步演化为校本研究，校长领导的全校整体改革越来越普遍，教师的行动研究也日益走向常态，涌现了一大批特色学校和教学模式。整体观之，这些自主改革探索均立足于学校实际，抓住主要问题，关注学生发展，积极运用教育理论，重视历史传统和经验总结，可以说是个性鲜明、成效显著。当然，这种来自基层学校的自主探索，除了很小一部分已经众所周知外，大量的探索还是不为人知的，它们就像遍地的火种，汇成全国课程与教学改革的热浪，成为课程与教学改革真正的中流砥柱。

就学校在课程与教学改革中的地位而言，它既是弱者，又是强者。这看似矛盾，实则合理。因为在课程与教学改革的权力体系中，学校常常是批评和改革的对象，更多地扮演执行者的角色，就此而论，它是改革中的弱者；但是，学校又是课程与教学改革权力体系中最庞大的主体，是所有改革措施的最终实践者、检验者，是推进改革必须依靠的主力军，就此而论，它又是强者。辩证认识学校在课程与教学改革中的作用，发动学校、信任学校、支持学校、理解学校，是顺利推进改革的重要方法论思想和实践准则。

### (四)课程与教学改革中的社会力量

社会力量广泛参与到课程与教学改革中来，可以说是现代社会和现代教育的突出特点，是社会民主化及市场开放化程度提升的必然结果。改革开放 40 年来，家长、社会、教育公益组织及教育企业等各种社会力量，纷纷以不同方式影响我国课程与教学改革的进程。

首先，社会群体对于教育的期待和评判，在一定程度上影响着课程与教学改革的走向。"客观地看，自 20 世纪 70 年代末 80 年代初起，我国便进入了一个逐步转型的时期，开始朝着开放、平等、民主、自由的方向不断变迁。到了 20 世纪末 21 世纪初，社会的开放、平等、民主、自由的程度已绝非改革开放初所可同日而语，民意的取舍、人心的向背逐渐成为政府部门进行决策的参考依据。"[1]教育作为一项重要的社会资源，不同群体对其都有各自的需求和态度；社会公众的建议主张及舆论影响，都是改革过程不可剥离的重要因素。有研究者表示："来自民间的教育批评往往是最原汁原味的，可能它既没有学院教育批评的理论化，也不具备政府教育批评的那种权威性，但是，这类教育批评往往是教育发展的强大动力，成为教育变革的重要推动力量。"[2]比如，学生的学业负担过重一直是困扰我国教育的难题，1998 年 2 月 9 日的《中国教育报》上便刊登了一封家长来信，信中表达了这位家长对学生负担越减越重之怪象的看法，指出"减负"应从根上"剪"，需从教育思想和教学内容入

---

[1] 吴康宁：《教育改革的"中国问题"》，179 页，南京，南京师范大学出版社，2015。
[2] 刘生全：《论教育批评》，33 页，北京，教育科学出版社，2006。

手，而非仅仅停留在口头上。这一批评可谓一针见血，在社会上引发了强烈反响。此外，在新课程改革推进的过程中，一些科学院院士、人大代表、政协委员以多种方式呼吁、要求停用或修改"新课标"推行的做法①，在推动课程改革的社会反思方面也起到了不容忽视的积极作用。

　　其次，社会力量可以提供形式多样的社会资源，拓展学校课程与教学的内容体系。现代课程与教学愈发强调要同社会生活相联系，提升学生的社会实践能力，而这如果仅仅依靠学校自身的力量，局限在学校有限的空间内，是很难实现的，此时社会资源的支持就显得尤为重要。社区的图书馆、文化馆，以及其他文化资源和场地设施均已纳入学校课程建设的范围，成为学校综合实践活动课程与校本课程建设的重要依托，一些地区和学校还建立了专门的社会实践基地，构建了"学校＋基地"的课程推进模式。比如，为服务于中小学社会综合活动的需求，北京市启动了"社会大课堂"建设项目，确立了首批市级 481 家社会资源基地②，实现了学校教育与社区服务的有机结合。在这样的制度保障下，丰台区东铁匠营第二中学就依托大葆台西汉墓博物馆这一场馆资源，开发了"汉代手绘""汉代瓦当泥塑""汉代画像砖临摹""VR(虚拟实境)体验"四门综合实践活动课。

　　再次，随着我国社会主义市场经济的发展，一些教育企业直接参与到课程与教学改革的进程中，完善了学校教学产品的供应链条。具体而言，它们一方面为学校课程与教学改革提供相应的课程咨询、课程开发等服务；另一方面直接开发相关的教育产品，供学校自行购买和选用。随着我国三级课程管理体制的确立，校本课程开发成为摆在学校面前的新问题。但作为课程决策的中心，学校并不一定

　　① 刘应明：《"思维的体操"在走样》，载《四川日报》，2005-03-12。
　　② 贾美华：《社会大课堂课程教学活动资源开发的实践研究》，载《课程·教材·教法》，2010(6)。

要承担校本课程建设的全部任务，而且有的学校本身也不具备开发校本课程的能力，为此，一些教育企业开始致力于协助学校完成课程建设的任务。比如，北京育灵童科技发展有限公司结合北京市多所学校的特点，为其研发完整的校本课程开发规划及实施方案、配套的校本课程教材，并提供相应的师资培训，为学校课程建设提供了全方位的支持。而近年来，信息技术的进步、信息化手段的更新，更是为社会力量参与课程与教学建设提供了新契机。高新技术产业研发的互动电子白板、录播系统和虚拟实验室等新型信息化设备优化了教学环境，大数据分析工具方便了学校的教学管理，出版社与技术部门合作开发的电子教科书、电子书包拓展了学习资源，教育游戏、教育动漫、虚拟仿真软件等则为学生提供了不同的学习体验。此外，这些单位还创建了各种教育资源共享平台，比如，近年来，微课以教学时间短、主题集中、便于传播等特点受到了教育领域的青睐，出现了各种微课资源网站，适应了辅助教师教学和学生自学的需要。

最后，社会力量还通过开办学校和辅导机构等方式，独立承担起教育教学任务，对学校课程与教学提供了有效补充。改革开放以来，社会力量办学的趋势愈加明显，主要包括公民个人办学、若干人合办、事业单位办学、社团办学等形式，民办教育获得了长足发展。从图1-1"我国中小学民办学校的数量统计"中不难看出21世纪以来，社会力量办学所占比例显著增加，且逐渐趋于平稳。这些社会力量举办的学校可以关注到不同群体对于学校教育的特殊需求，帮助政府分担教育压力。除了举办正式的学校外，各式各样的辅导机构和培训班也不断涌现，"新东方""学而思""学大教育"可谓家喻户晓，"衔接班""精英班""艺术特长班"也屡见不鲜。2004年，一项对中国4 772户城镇居民的调查显示，小学、初中、高中学生中均有超过一半的人参加过课外辅导，比例分别高达 73.8%、65.6%、53.5%。[1] 这些教育机构在满足学生多样化的需求方面具有无可比拟的优势，已成为我国课程与教学改革进程中不可忽视的重要力量。当然，社会力量办学多属于市场行为，在遵循市场规律的基础上，如何提升社会力量办学的教育性，如何使其真正成为学生身心发展的促进力量而不是谋求短期功利的工具，还有大量问题需要研究解决。

■ 民办普通小学　■ 民办普通初中　□ 民办普通高中

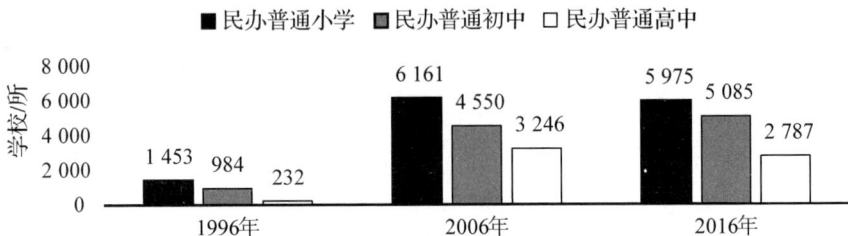

图 1-1　我国中小学民办学校的数量统计[2]

通过上述分析不难看出，在改革开放的推进过程中，学校教育系统的开放性愈加凸显，多元主体的观念逐步确立，更多的社会力量参与到课程与教学的变革中来，为其提供必要的条件支持。但是，由于与行政力量、学术力量和学校力量相比，社会力量的构成更为多元，也显得相对分散，且就现实作用而言，它也很难独立发起并承担课程与教学改革的任务，因此，在探讨这一问题时，社会力量常常处于被忽视的境地。但不可否认的是，社会力量总是以或隐或显、或强或弱的方式影响着我国课程与教学改革的进程，尤其是在这个民主化、市场化、信息化不断提升的时代，社会力量必将作为

① ［英］马克·贝磊：《"影子教育"之全球扩张：教育公平、质量、发展中的利弊谈》，廖青译，载《比较教育研究》，2012(2)。

② 参见教育部：《1996 年全国教育事业发展统计公报》《2006 年全国教育事业发展统计公报》《2016 年全国教育事业发展统计公报》，http://www.moe.gov.cn/s78/A03/ghs_left/s182/，2018-07-10。

教育改革的重要推动力，为我国现代课程与教学体系建设提供资源、贡献智慧。

　　总之，在我国 40 年课程与教学的发展变革中，行政力量、学术力量、学校力量及社会力量都发挥了历史性作用。这四种力量怎样互相尊重、各司其职、优势互补，关乎改革成败，有着深刻的历史经验教训，值得进一步认真总结和研究。

# 第二章
## 课程与教学目标体系的变革

　　课程与教学目标主要回答培养什么样的人，即人才的标准和规格这一问题。它规定着课程与教学活动的基本方向和要求。课程的构建、教学方法和手段的选取及教学评价的实施，都要以这一问题的解决为前提和依据，任何关于课程与教学变革的思考也都应当由此出发。从1978年改革开放至今，我国围绕着"个人全面发展"这一根本追求，从最初对学生基础知识、基本技能的重点关注，到20世纪90年代对学生素质的全面体察，再到近年来"立德树人"理念的深刻影响，我国结合社会发展情况和学生成长需求，在课程与教学目标体系方面进行了诸多有益的理论和实践探索。当前，有必要认真梳理其发展的基本历程，总结40年来取得的成就和存在的问题，并深入探讨其中蕴含的理论问题。这一探讨有助于明晰我国课程与教学目标体系建设的历史脉络，有助于把握课程与教学改革的整体方向，有助于将学生培养成具备高尚道德情操、良好文化基础、优雅审美情趣的身心健康的高素质人才，有助于课程与教学的现代化，可谓意义重大。

# 一、我国课程与教学目标体系变革的历史溯源

作为一种有意识的人类社会活动，课程与教学自诞生之日起便有着明确的目标指向。课程教学目标的确立，一方面受制于当时的社会政治经济条件和认识水平；另一方面具有一定的历史传承性。研究课程与教学目标的演变轨迹，可以更好地明确我国 40 年来课程与教学目标体系建构的起点和基础，并从历史实践中吸取经验教训，提升课程与教学目标体系建构与变革的科学性与合理性。

## (一)我国古代课程与教学的目标指向

我国有着悠久的学校教育史，在西周时期就已经形成了比较成熟的以传授"礼乐射御书数"为主的官学教育体系，意在通过对奴隶主贵族进行伦理道德、军事技能及文化知识等方面的培养，巩固自己的政权。春秋战国时期，随着私学的兴起，我国古代学校教育进入了新的发展时期，在儒家文化传统及农耕型生产方式的影响下，特别注重受教育者人文修养的提升，逐渐形成了以培养"德才兼备""建国君民"的治术人才为旨归的学校教育系统。儒家代表人物孔子明确指出了学校教育就是要培养志道和弘道的"士"和"君子"，认为"士"就要"行己有耻，使于四方，不辱君命"①，"君子"则应具备仁、智、勇三方面的素质，所谓"仁者不忧，知者不惑，勇者不惧"②。在上述三者之中，仁德是方向，智识是基础，勇猛是动力，因此，仁德当居首位。除此之外，孔子还提出将兼具"仁、智、勇、艺、礼、乐"六方面素质的"成人"，作为人之培养的理想目标，继承并深化了西周"六艺"的教学传统。孟子继续发扬孔子的思想，针对当时

---

① 《论语·子路》。
② 《论语·宪问》。

"礼崩乐坏"的混乱局面，明确提出了"申孝悌，明人伦"的教育目的，要求学生坚信并践行"父子有亲，君臣有义，夫妇有别，长幼有序，朋友有信"①的伦理原则，进一步肯定了宗法道德培养的优先性和主导性。儒家"德才兼备，以德为主"的教学目的观基本形成，并在不同历史条件下得到强化与发展。汉代的董仲舒作为儒家学说正统地位的倡导者，认为"君子不学，不成其德"②，教学需要促进学生在德、智、礼、美等方面的发展，"所谓纲常名教是为德，典章历史之教是为智，文之以礼，冶情于乐是为美"③，学生的道德养成是教学活动的首要目的，其他各育都要为其服务。当时的官学也均以儒家学说为主要教学内容，以道德教化为主要教学任务。到了宋代，理学和心学逐渐兴起，二者虽在理论主张上有所别异，但均强调伦理道德对于人之发展的重要意义，无论是"格物致知"还是"自存本心"，其最终目的都是教人做人，指向的都是良好的道德修养。与之相应，宋代的各大书院在开展教育活动时无不"重在陶冶人的品格，反对以追逐科举及第为直接目标的官学教育和社会风气，强调教育的首要任务在培养人的德性"④，朱熹制定的《白鹿洞书院学规》就明确提出了为学、修身、处事、接物等重要原则，以实现其"明人伦"的教育目标。

当然，在我国古代教育的发展历程中，也有一些注重学生生产及科学技能培养的理论和实践，但更多的只是部分思想家的理论探讨和小范围的实践尝试，并没有成为当时社会的主流。就整体而言，古代的课程与教学目标体系涵盖了道德、智力、艺术、体能等多方面内容。其中，德育占据首要地位，是学校课程与教学活动的核心

---

① 《孟子·滕文公上》。
② 《汉书·董仲舒传》。
③ 毛礼锐、沈灌群：《中国教育通史》第 2 卷，152 页，济南，山东教育出版社，2005。
④ 郭齐家：《中国古代学校》，136 页，北京，商务印书馆，1998。

目标，起着绝对的统领作用。学校所授知识多以社会伦理道德为核心的纲常规范，所予技能偏向"修己安人"的治世之术，即使是艺术教育也要以陶冶人格、完善道德为依归，以便培养出"德才兼备，以德为先"，具有"齐家、治国、平天下"之能的贤士和君子。

**（二）我国现代课程与教学的目标指向**

1902 年，清政府颁布《钦定学堂章程》，标志着我国现代教育制度的建立。迄今为止，我国现代课程与教学的发展变革大致经历了清朝末年、中华民国及中华人民共和国三个不同的发展时期。由于所面对的社会矛盾和社会发展条件各不相同，课程与教学的目标体系也展现出了截然不同的时代特点。

清朝末年，封建统治岌岌可危，有识之士纷纷从教育改革入手，探寻救亡图存之方法。其中，洋务派以"中学为体，西学为用"为指导思想，即视"中学为内学，西学为外学"，由"中学治身心，西学应世事"[①]，要求学生一方面掌握中国传统的"四书五经"和伦理道德，另一方面还要学习西方近代的社会制度和科学技术。当时兴办的新式学校，如京师同文馆、天津水师学堂、福建船政学堂等，均致力于精通西学人才的培养，颠覆了以往"君子不器"的传统观念，"新旧兼学""术德兼优"成为当时理想人才的标准和课程与教学的目标指向。到了 19 世纪末，康有为、梁启超等人发起维新运动，对教育进行了大规模的革新。在梁启超看来，国民教育的任务就在于养成一种"特色之国民"，即"新民"，其与"旧民"的区别就在于"'新民'的精神是进取的，思想是自由的，行动是自立的，团体生活是有组织的，是重公德的，是爱国家的，是有毅力尽义务的，是勇敢尚武的"[②]。当时，"万木草堂的课程，不仅讲解孔学、佛学、周秦诸学、宋明理

---

① （清）张之洞：《劝学篇》，李凤仙评注，罗炳良主编，147 页，北京，华夏出版社，2002。

② 毛礼锐、沈灌群：《中国教育通史》第 4 卷，239 页，济南，山东教育出版社，2005。

学，而且传授西洋哲学、社会学、政治原理学，及中外史学、中外语言文字学、地理学、数学、格致学。它的'科外学科'有演说、体操、音乐、图画、射击、游历等"①，既凸显了西学的重要性，也体现了对于学生多方面和谐发展的关注。

民国时期，时任教育总长的蔡元培在 1912 年发表的《对于教育方针之意见》中，由"养成共和国健全人格"的目标出发，集中批判了清末"忠君、尊孔、尚公、尚武、尚实"的封建主义教育宗旨，提出了军国民教育、实利主义教育、公民道德教育、世界观教育、美感教育"五育并举"的教育宗旨，并最终由教育部确定为"注重道德教育，以实利主义教育辅之，更以美感教育完成其道德"的教育方针。这里所说的道德不同于古代教学中强调的伦理纲常，而是指以自由、平等、博爱为要旨的公民道德，反映了资产阶级对于摆脱封建旧教育束缚，实现个性解放、自由发展的愿望。

从鸦片战争到中华人民共和国成立的百余年间，虽然我国在政治上动荡不安，但从未停止过对教育变革的探索，关于课程与教学目标的认识同古代相比，也产生了许多新的变化。首先，随着封建统治的日趋瓦解，以及资本主义工商业的不断发展，人才培养目标由维护统治阶级政权的"治术人才"向促进社会政治经济发展的各种"专业人才"转变，面向少数贵族子弟的"英才教育"逐渐转变为旨在提升全体国民素质的"国民教育"。其次，在人才培养的具体规格上，我国明确提出了德、智、体、美和谐发展的教学目的观，并在古代教育的基础上对相关内容加以更新和扩展，比如，在德育中加入了自由、平等、博爱等公民道德要求。最后，就课程与教学目标中各要素的关系和地位而言，现代教学目标虽然仍强调学生的道德养成，但进一步突出了实用技能的掌握，由此撼动了古代教育中德育的绝

---

① 毛礼锐、沈灌群：《中国教育通史》第 4 卷，167 页，济南，山东教育出版社，2005。

对统领地位。

　　1949 年 10 月 1 日，中华人民共和国成立，在社会主义政治经济制度和马克思主义的指导下，我国教育进入了新的发展时期，课程与教学目标体系也出现了新的特点。1951 年 3 月，教育部在北京召开了第一次全国中等教育会议，提出普通中学的宗旨和教育目标是使青年一代在智育、德育、体育、美育各方面获得全面发展，使之成为新民主主义社会自觉的积极的成员。1952 年，教育部颁布的《中学暂行规程（草案）》《小学暂行规程（草案）》也指出实施智育、德育、体育、美育全面发展的教育。①② 一方面，它明确将培养全面发展的社会主义新人作为学校的教学目标；另一方面，它将智育摆在了优先发展地位，中小学普遍将"双基"，即促进学生掌握现代科学的基础知识和基本技能作为学校智育工作的核心内容。20 世纪 50 年代中期，教育界围绕全面发展问题进行了集中讨论。对此，毛泽东发表讲话，指出："我们的教育方针，应该使受教育者在德育、智育、体育几方面都得到发展，成为有社会主义觉悟的有文化的劳动者。"③同之前的教育方针相比，此教育方针具有如下特点：一是将"德育"置于学生各方面发展之首，并特别强调了对受教育者社会主义觉悟的培养；二是未明确提及"美育"，化"四育"为"三育"；三是将体脑结合的"劳动者"作为人才培养的最终定位，以克服当时轻视体力劳动的错误倾向。这一教育方针明确了我国教育的根本性质、培养目标及人才规格，为我国的教育教学建设指明了方向。虽然在后期的执行过程中，曾一度出现将"劳动者"片面理解为"体力劳动者"，进而以生产劳动代替学习的严重偏差，破坏了学校的正常教学秩序，

---

　　①　《中学暂行规程（草案）》，见何东昌：《中华人民共和国重要教育文献（1949—1975）》，139 页，海口，海南出版社，2003。

　　②　《小学暂行规程（草案）》，见何东昌：《中华人民共和国重要教育文献（1949—1975）》，142 页，海口，海南出版社，2003。

　　③　毛泽东：《关于正确处理人民内部矛盾的问题》，载《人民日报》，1957-06-19。

但很快得到了纠正。1976 年，历时十年的"文化大革命"宣告结束，邓小平同志重申了毛泽东提出的"三育两有"教育方针，并进一步提出了培养有理想、有道德、有文化、有纪律的"四有"新人这一教育教学目标。概言之，中华人民共和国成立后，总体上确立了德、智、体全面发展，培养"有社会主义觉悟的有文化的劳动者"的教学目标，符合马克思主义的基本精神及我国当时的社会现实，由此成为我国改革开放 40 年来课程与教学目标体系变革的逻辑起点。

## 二、改革开放 40 年我国课程与教学目标体系变革的基本历程

改革开放 40 年来，我国教育事业的各个领域都取得了长足进步。总体来说，我国课程与教学目标体系 40 年的改革探索，大致经历了三个阶段，这三个阶段虽然都以促进学生的全面发展为旨归，但受制于当时的社会环境及人们的认识水平，所关注的侧重点也有所差异。第一个阶段从改革开放初期至 20 世纪 80 年代末，它是以"知能培养"为核心的全面发展阶段，强调"双基"及学生智力发展和能力提升，进而实现"向科学进军"的社会发展需要；第二阶段从 20 世纪 90 年代初到 21 世纪初，是以"素质提升"为核心的全面发展阶段，强调面向全体，全面构建学生的内在素质，以适应经济社会的快速发展；第三阶段从 21 世纪初至今，是以"立德树人"为核心的全面发展阶段，它强调教学的教育性，力求实现"教书"与"育人"的有机结合，在提升学生科学文化水平、实践能力和创新精神的同时，对其进行中华传统文化、革命精神与时代精神的教育，引导学生树立为实现中国梦而奋斗的崇高志向。

### （一）以"知能培养"为核心的全面发展阶段

我国的现代课程与教学一直非常注重对学生基础知识和基本技

能的培养。1952 年 3 月，教育部颁发的《中学暂行规程（草案）》便将使学生获得"现代科学的基础知识和技能"[①]作为中学教育的重要目标之一，首次在政策层面确立了"双基"概念。与此同时，《小学暂行规程（草案）》也确立了"使儿童具有读、写、算的基本能力和社会、自然的基本知识"[②]这一小学教育目标。此后的十余年时间，"双基"一直作为我国学校课程与教学的核心追求，指导着学校的教育实践活动。改革开放初期，针对"文化大革命"时期教育探索的偏差，以及国家对于"多出人才""快出人才"，实现"向科学进军"的迫切要求，我国重新认识到"双基"在人才培养方面的重要作用与价值，并在恢复"双基"的基础上，对其原有内涵加以拓展和丰富，突出了学生智力发展和能力养成的重要性，形成了由基础知识、基本技能和基本能力组成的"三基"目标体系，但不论是"双基"还是"三基"，都特别强调学生在"知"和"能"方面的发展，力求在短时间内有效地提升学生的科学文化水平。因此，我们可以将改革开放之初到 20 世纪 80 年代末的十余年时间称为以"知能培养"为核心的全面发展阶段。

在宏观政策层面，1977 年，全国中小学教材编写工作会议召开，提出了编写教材需要"十分重视和精选基础知识""为了加强基础，必须重视基本技能的训练"等要求。1978 年，《全日制十年制中小学教学计划试行草案》、各科教学大纲和教科书的先后出台，无不突出了"双基"在课程与教学中的重要地位。例如，《全日制十年制中小学教学计划试行草案》就规定中小学的数学课要"加强数学基础知识和基本技能的训练"，物理课要"加强现代科学技术所需要的物理学基础知识的教学""加强物理实验技能的训练"，体育课则要"加强体育基

---

[①] 《中学暂行规程（草案）》，见何东昌：《中华人民共和国重要教育文献（1949—1975）》，139 页，海口，海南出版社，2003。

[②] 《小学暂行规程（草案）》，见何东昌：《中华人民共和国重要教育文献（1949—1975）》，142 页，海口，海南出版社，2003。

础知识的教育和基本技能的训练"等。① 与改革开放之前对"双基"目标的描述相比，它更为具体、详细。到了 20 世纪 80 年代初期，随着我国教育教学秩序的恢复及教学质量的提升，人们愈加认识到培养学生智力和能力的重要性，提出了"加强基础、发展智力、培养能力"的目标指向。对此，1986 年的《中华人民共和国义务教育法》分别规定了小学和中学的培养目标，认为小学生应当具有阅读、表达、计算的基本能力，学到一些自然常识和社会常识，培养学生的学习兴趣，养成良好的学习习惯，培养观察、思考和动手的能力；初中生则要掌握必需的文化科学基础知识和培养必需的基本能力，初步掌握正确的学习方法，发展独立思考和动手的能力，初步掌握一些生产劳动或职业技术的基础知识、基本技能等。② 学生的能力发展被摆在了十分突出的位置，改变了改革开放初期过于注重知识传授的倾向，强调将学生的知识学习、能力提升和智力发展有机结合，实现由"学会"向"会学"的转变。

在理论研究层面，杭州大学教育系的董远骞教授等人较早对"双基"教学问题展开了系统研究，并在其《教学论》中指出："双基论"是依据我国教育的目的和中小学的任务、教育和教学的实践经验、教学的规律而提出的。③ 作为一种课程与教学目标，"双基论"对于"编好教材、加强'双基'教学、提高教学质量起了重大的作用"。④ 在其他一些富有影响力的教育教学专著中，也同样有将"双基"作为学校课程与教学中心任务的观点。如王道俊、王汉澜在其主编的《教育学（新编本）》中就明确提出："教学的首要任务是引导学生掌握科学文

---

① 《全日制十年制中小学教学计划试行草案》，见何东昌：《中华人民共和国重要教育文献(1976—1990)》，1 594 页，海口，海南出版社，1998。

② 教育部基础教育司义务教育实施处：《义务教育法规文献汇编(1900 年—1998 年)》，34 页，北京，中国社会出版社，1998。

③ 董远骞、张定璋、裴文敏：《教学论》，126 页，杭州，浙江教育出版社，1984。

④ 董远骞、张定璋、裴文敏：《教学论》，126 页，杭州，浙江教育出版社，1984。

化基础知识和基本技能。"①唐文中等在其主编的《教育学》中也明确提出："在中小学，它必须保证传授和学习系统的科学基础知识和基本技能，使学生获得认识世界和改造世界的一般本领。任何学科的教学，都不能忽视这项最基本的任务。"②与此同时，随着对苏联赞科夫、美国布鲁纳等人以促进学生智力发展为核心的教学理论与实验成果的广泛介绍，研究者们明确了知识学习与能力发展并非必然同一的过程，由此对"双基"问题进行了集中反思，并重点对"双基"与智力和能力发展的关系进行了深入探讨，指出在处理"双基"与智力发展的关系问题上，"教学中不仅要向学生传授知识，培养技能，更要着重于发展学生的智力。我们要打破那种认为教学就是传授知识的旧观念，把发展学生的智力作为重要的教学任务来抓，才能使学生学得更多、更快、更好，从根本上提高教学质量"③。这既肯定了"双基"的重要性，同时也看到了其局限性。王策三先生还进一步分析了"双基"与能力发展和道德成长之间的关系，认为教学的一般任务有三，彼此不可分割。但是，传授和学习系统的科学基础知识和基本技能是其他两个基本任务（发展学生的智力和体力，培养学生共产主义世界观和道德品质）的前提和基础。④

　　在实践探索层面，当时各个中小学以教学大纲的内容为基准，要求教师将教材中涉及的基本概念、公式定理讲清楚、讲透彻，并使学生能够熟练、灵活地加以运用，形成了"精讲多练"的教学特色，学生对于基础知识的掌握在较短时间内得到了明显提升。此外，一些教育工作者还围绕加强"双基"、发展智力、提升能力等问题开展了不同规模的教学实验。比如，1977 年，顾泠沅为改变初中生数学

----

① 王道俊、王汉澜：《教育学(新编本)》，180 页，北京，人民教育出版社，1989。
② 唐文中、刘树范、王福均等：《教育学》，119 页，哈尔滨，黑龙江人民出版社，1983。
③ 黄明皖：《知识的掌握与智力的发展》，载《广西师范学院学报》，1980(1)。
④ 王策三：《教学论稿》，101 页，北京，人民教育出版社，1985。

基础知识薄弱的现状，在上海市青浦县（现上海市青浦区）组织了以"尝试指导，效果回授"为基本策略的数学教改实验，通过抓起点、抓基础，大面积提升了教学质量。在实践进行的前三年，5 所参与学校的实验班各个阶段测试成绩的合格率和优秀率均高于对照班。经过后期推广，到了 1986 年，青浦初中毕业生在全市统考中的成绩大大超出了当年上海市的平均值。不仅数学，其他学科的教学质量都有所改善，学生的素质也获得了相应提升。1979 年，魏书生在辽宁盘山三中进行培养学生自学能力的教改实验，认为教学的关键就在于培养学生自主学习和自我教育的能力，并在此基础上提出了由"定向、自学、讨论、答疑、自测和自结"构成的六步教学法，在全县语文统考中，首轮实验班初中毕业生的平均成绩高出了重点中学学生 8 分之多，在全国引起了很大反响，也证实了培养学生学习能力的积极效果。1981 年，张熊飞组织的"诱思探究教学"实验，将学生的思维能力培养作为课堂教学的主要着眼点，提出了以掌握知识为中心，诱导学生全身心地参与到知识学习中，通过体验和探究，不断发展能力、陶冶品格的实验目标。在推进过程中，不仅大面积提高了教学质量，还涌现出了一大批名师、名校，成果斐然。

  总而言之，在改革开放初期，面对学校教学秩序亟待恢复、学生文化基础薄弱的状况，我国课程与教学目标的实践与研究主要集中于如何更好地促进学生的知识学习、技能掌握和能力提升，这既符合当时学校教学与学生发展的普遍情况，也适应了我国"向科学进军"的现实需求，在较短的时间内，有效地提升了人民群众的受教育水平，为我国社会主义建设提供了大量的可用人才。可见，以"加强基础、发展智力、培养能力"作为当时的课程与教学目标，无疑是科学、正确的选择。

**（二）以"素质提升"为核心的全面发展阶段**

  随着改革开放的深入，以及我国社会主义市场经济体制的健全与发展，个人在经济、社会生活中的权利和自由逐渐被放大，人们由过去习惯了计划经济体制下的他主他控的生活状态逐渐过渡到市场经济体制下的自主自控的生活状态，个体的主体性、创造性和实践能力成为时代发展的必然要求。20 世纪 90 年代之后，促进学生素质的全面发展、发挥学生的主体性、培养学生的创新精神和实践能力逐渐成为我国课程与教学的核心追求。实际上，早在 1985 年颁布的《中共中央关于教育体制改革的决定》中就明确指出："在整个教育体制改革的过程中，必须牢牢记住改革的根本目的是提高民族素质，多出人才、出好人才。"①它特别关注了国民的素质问题，但在当时并没有产生广泛的反响，只有少部分学者对此加以探讨。然而，随着过分追求升学率、片面强调学生知识掌握的弊端不断暴露，人们愈加认识到提升学生综合素质、尊重学生主体性的重要性。在前期酝酿与现实需求的推动下，全面提升学生素质的课程与教学目标应运而生。

在宏观政策层面，1993 年，中共中央、国务院颁布的《中国教育改革和发展纲要》，在"教育事业发展的目标、战略和指导方针"中明确规定："基础教育是提高民族素质的奠基工程，必须大力加强……发展基础教育，必须继续改善办学条件，逐步实现标准化。中小学要由'应试教育'转向全面提高国民素质的轨道，面向全体学生，全面提高学生的思想道德、文化科学、劳动技能和身体心理素质，促进学生生动活泼地发展。办出各自的特色。"1994 年，《国务院关于〈中国教育改革和发展纲要〉的实施意见》坚持了《中国教育改革和发展纲要》中有关基础教育要促进学生素质全面发展的思想。1999 年，《中共中央、国务院关于深化教育改革全面推进素质教育的决定》颁布，文件进一步明确提出"实施素质教育，就是全面贯彻党的教育方

---

① 教育部基础教育司义务教育实施处：《义务教育法规文献汇编（1900 年—1998 年）》，30 页，北京，中国社会出版社，1998。

针，以提高国民素质为根本宗旨，以培养学生的创新精神和实践能力为重点"，"要让学生感受、理解知识产生和发展的过程，培养学生的科学精神和创新思维习惯，重视培养学生收集处理信息的能力、获取新知识的能力、分析和解决问题的能力、语言文字表达能力以及团结协作和社会活动的能力。"而 2001 年颁布的《基础教育课程改革纲要（试行）》则对学生的素质构成做出了更详细的规定："新课程的培养目标应体现时代要求。要使学生具有爱国主义、集体主义精神，热爱社会主义，继承和发扬中华民族的优秀传统和革命传统；具有社会主义民主法制意识，遵守国家法律和社会公德；逐步形成正确的世界观、人生观、价值观；具有社会责任感，努力为人民服务；具有初步的创新精神、实践能力、科学和人文素养以及环境意识；具有适应终身学习的基础知识、基本技能和方法；具有健壮的体魄和良好的心理素质，养成健康的审美情趣和生活方式，成为有理想、有道德、有文化、有纪律的一代新人。"

在理论研究层面，1990 年 2 月，燕国材教授发表了《论素质教育》一文，此后又写了"二论"至"九论"，先后发表于《解放日报》与《中小学教育管理》，并撰写了《素质教育论》一书。该书对素质教育的发展逻辑与基本特点进行了较全面的分析，同时将人的素质划分为身体素质、心理素质、政治素质、思想素质、道德素质、业务素质、审美素质和劳技素质八大类别。[①] 当然，在学生的素质方面，研究者们的看法并不完全一致，有人对此进行了综述，认为可以将其概括为四个维度：一是思想品德素质，大致包括道德修养、思想修养和政治修养；二是文化素质，大致包括文化知识修养、智力结构水平与技能结构倾向；三是身体素质，即体魄与体能；四是心理素质，即情感意志素质及性格特征。[②] 而在实施的要点和目标方面，

---

① 燕国材：《素质教育论》，南京，江苏教育出版社，1997。
② 曹雪雅：《关于当前素质教育研究概述》，载《中小学管理》，1992(3)。

原国家教委副主任柳斌曾在《关于素质教育的再思考》一文中指出，提升学生的素质要注意面向全体，要德、智、体、美全面发展，要让学生主动发展。① 孟宪平则在其主编的《素质教育新论》中提出了教育要全面提升学生素质就需要面向全体、全面育人、以学生为主体、发展学生个性并给予学生成功体验的观点。② 当时的一些学校在确定自己的课程与教学目标时，也主要依据上述思路，如有学校提出了"三主六学会"的构想，具体表述为"发展学生的主体性，引导学生主动地学会做人、学会学习、学会生活、学会审美、学会健体、学会创造，做 21 世纪的新主人"③。一方面，它充分肯定了学生的主体性；另一方面，它突出了学生的多方面发展。

　　在实践探索层面，20 世纪 90 年代后，重视学生的主体性，面向学生全体，促进主体素质的全面发展，尤其是关注学生的心理健康问题，以便实现学生生动活泼、积极主动的个体成长，成为我国教学实践领域备受关注的几个问题。在学生的主体性培养方面，我国强调通过构建多种主体活动，培养学生的主体意识、主体能力和主体人格，增进学生的自主性、主动性和独立性。其中，北京师范大学原教育系与河南省安阳市人民大道小学联合开展了"小学生主体性发展实验"，在"严格进行基本训练""诚心诚意把学生当主人"原则的指导下，依据《小学生主体性发展大纲》制定了各学科和各学段的小学生主体性发展目标，经过三年的实践与探索，实验班学生的学科成绩及知识面、表现欲、思维创造能力和实际动手能力均优于普通班的学生，学生的认知发展水平也明显高于全国常模④，实验成果斐然。在学生创造性培养方面，一些学校敏锐地发现了我国中小学

①　柳斌：《关于素质教育的再思考》，载《人民教育》，1996(6)。
②　孟宪平：《素质教育新论》，4～5 页，徐州，中国矿业大学出版社，2000。
③　郑艳玲：《构建素质教育的三大体系》，载《吉林教育科学·普教研究》，1998(3)。
④　姚文俊：《培养发展小学生的主体性》，载《人民教育》，1995(5)。

生创新能力欠缺的问题，将发掘学生的潜能和创造性、培养学生的问题解决能力、促进学生的自我实现等作为学校课程与教学的主要目标，力求以此为突破口，全面提升学生素质。其中，天津市和平区中心小学在天津市教育科学研究院张武升院长的指导下，开展了"创造性思维与个性教学模式实验"，制定了"三自、两创、一专"的创新人才培养目标。其中，"三自"是指自我教育能力、自主学习能力、自理生活能力，"两创"是指创新精神、创造能力，"一专"则指学习一种专长。在这一目标的引领下，学生的创造素质和学业成绩都获得了显著提升。在给予学生成功体验方面，上海市闸北区早在20 世纪 80 年代中期就进行了相关探索，其基本思想在于相信每一个学生都有成功的潜能和愿望，成功不是少数"优等生"的专利，每个学生都有其不同的成功路径，要承认学生之间的差异，为学生创造多方面的成功机会。其中，中兴路第二小学于 1990 年加入成功教育的探索队伍，将学校的教育教学目标修订为："以培养成功心理为核心，在完成包括文化知识在内的小学各项任务的同时，更重视学生思维、语言的发展，学习习惯、方法的培养，知识网络结构的完善，正确归因模式的建立以及身体素质的提高。"①这一面向全体、关注学生良好心理品质的教学实践很快取得了效果，学生的精神风貌、课堂参与、自主学习能力等都获得了明显改观。当然，与之类似的实践探索还有很多，它们对于全面提升学生素质，促进全体学生的自由、自主、多方面发展这一总目标均做出了有益贡献。

### （三）以"立德树人"为核心的全面发展阶段

进入 21 世纪，随着经济的飞速发展、社会的不断转型，以及技术的持续更新，人们的文化心态也产生了诸多变化。"未来社会新的

---

① 上海闸北区小学"成功教育"扩大研究课题组：《成功教育在小学扩大研究的报告》，载《上海教育科研》，1995(9)。

伦理问题的挑战和困惑，要求年青一代应有正确的社会态度、价值标准和伦理道德，有参政意识、民族意识和法制观念，能对社会负责，对时代负责。"[①]在这一背景下，我国明确提出了"立德树人"的培养目标，用极其简洁的语言回答了当前时代应"培养什么人"和"怎样培养人"的问题，重申了"德"在学生全面发展过程中的统领地位。此外，在关注学生道德情操、文化素质、身心健康和审美情趣等方面的同时，我国还特别强调了学生在传承中华传统文化及坚守中国特色社会主义共同理想方面的应有担当，力求实现"成才"与"成人"的和谐统一。

2007 年 8 月，胡锦涛同志在全国优秀教师代表座谈会上发表讲话，提出"要坚持育人为本、德育为先，把立德树人作为教育的根本任务"[②]，引起了教育领域的广泛讨论，"立德树人"由此成为人们思考课程与教学目标问题的新的立足点。2010 年，《国家中长期教育改革和发展规划纲要(2010—2020 年)》明确将育人为本作为教育工作的根本要求，并围绕坚持德育为先、能力为重、全面发展做出了重点部署，切实突出了德育的优先关注地位。2012 年，中共十八大报告首次在政策层面提出"把立德树人作为教育的根本任务"[③]；2013 年，中共十八届三中全会又在此基础上进行了补充，强调"坚持立德树人……形成爱学习、爱劳动、爱祖国活动的有效形式和长效机制，增强学生社会责任感、创新精神、实践能力"[④]。这些论断集中反映了我国教育对于学生人格养成、品德提升方面的高度重视。2014 年，《教育部关于全面深化课程改革落实立德树人根本任务的意见》正式

---

① 裴娣娜：《现代教学论基础》，30 页，北京，人民教育出版社，2012。

② 胡锦涛：《在全国优秀教师代表座谈会上的讲话》，http://www.gov.cn/ldhd/2007—08/31/content_733340.htm，2018-05-31。

③ 胡锦涛：《坚定不移沿着中国特色社会主义道路前进 为全面建成小康社会而奋斗——胡锦涛同志代表第十七届中央委员会向大会作的报告摘登》，http://cpc.people.com.cn/18/n/2012/1109/c350821—19529916.html，2018-05-31。

④ 《中共中央关于全面深化改革若干重大问题的决定》，载《人民日报》，2013-11-16。

颁布，它一方面重申了"立德树人是发展中国特色社会主义教育事业的核心所在，是培养德智体美全面发展的社会主义建设者和接班人的本质要求"；另一方面又明确提出了将"立德树人"落实到课程与教学层面的要求，指出"课程是教育思想、教育目标和教育内容的主要载体，集中体现国家意志和社会主义核心价值观，是学校教育教学活动的基本依据，直接影响人才培养质量"。2017 年，中共十九大报告进一步提出教育"要全面贯彻党的教育方针，落实立德树人根本任务，发展素质教育，推进教育公平，培养德智体美全面发展的社会主义建设者和接班人"[1]。可见，"立德树人"与党的教育方针一脉相承，它规定了现阶段我国课程与教学活动的基本方向，而为了实现这一教育总目标，理论研究者和教育实践者纷纷在"立德树人"的细化和转化问题上做出了各种有益的探索。

对于"立德树人"教育目标的理论研究，大致可以归结为三个方面：一是对"立德树人"内涵的分析；二是对"立德树人"实现方式的探讨；三是对"立德树人"目标的展开与细化。

首先，在"立德树人"的内涵上，有研究者从"立德树人"本身出发，认为可以从两个方面加以理解：一方面，"立德"，即"确立品德、树立德业"；另一方面，"树人"，即"培植成长、培养成才"[2]。但两者并非并列关系，"立德"是"育人"的重要组成部分，在人的全面发展中起着灵魂作用，被视为"做人"的最高价值标准。还有研究者倾向于从"立德树人"所处的文化环境入手，如在特殊性维度上，认为"立德树人"是一个典型的中国式概念，"蕴含着古往今来中国人对于教育及德性的独到理解与深刻把握"；而从一般性维度看，"立

① 习近平：《决胜全面建成小康社会 夺取新时代中国特色社会主义伟大胜利——在中国共产党第十九次全国代表大会上的报告》，http：//www. gov. cn/zhuanti/2017－10/27/content_5234876. htm，2018-05-31。

② 张力：《纵论立德树人——教育的根本任务》，载《人民教育》，2013(1)。

德树人"所指涉的便是"道德、教育、人三者之间的内在关系，这是任何文明与社会始终都要面对和处理的基本问题"。①

　　其次，在"立德树人"的实现路径上，研究者认为应当特别加强"社会主义核心价值教育体系"，并"完善中华传统教育"。② 社会主义核心价值体系是对我国社会主义优秀思想文化的高度凝练，从国家、社会和公民三个层面明确了当前阶段"德"的科学内涵，代表了全国人民的共同追求，以此作为"立德树人"的价值标准，有利于将学生培养成具有爱国意识和民族意识的现代公民。而我国历来有着悠久的文化传统，"5 000 多年的中华文明滋养中华民族形成了勤劳、善良、文明、勇敢、朴实的品格"③，这些优良的传统既需要被继承，也孕育着"立德树人"的文化基因，理应作为落实"立德树人"的重要途径之一。

　　最后，研究者还从"立德树人"这一根本任务出发，结合我国教育现实及国际核心素养的相关成果，研制了中国学生发展核心素养框架，将"立德树人"这一目标指向进一步细化。2016 年 9 月，在北京师范大学林崇德教授团队的不懈努力下，课题组发布了由自主发展、社会参与和文化基础三大领域，学会学习、健康生活、责任担当、实践创新、人文底蕴、科学精神六大素养构成的总体框架。自此以后，"党的教育方针可以通过核心素养这一桥梁，转化为教育教学可运用的、教育工作者易于理解的具体要求，进而贯穿到各学段，体现到各学科，最终落实到学生身上，明确学生应具备的必备品格和关键能力，从中观层面深入回答'立什么德、树什么人'的根本问

---

　　①　高地：《立德树人：文化基因、世界经验与中国道路》，载《东北师大学报(哲学社会科学版)》，2018(1)。

　　②　田慧生：《落实立德树人根本任务　全面深化课程教学改革》，载《课程·教材·教法》，2015(1)。

　　③　高继宽、黄玉红：《从历史视域看"立德树人"价值观教育的实现》，载《中国成人教育》，2016(11)。

题，用于指导人才培养具体实践"①。目前，教育学界还在致力于各科核心素养的研制，以便在微观层面上更好地指导教师的教学实践，真正落实"立德树人"这一根本目标。与此同时，人们又在核心素养的基础上，进一步提出了"关键能力"的概念。中共中央办公厅、国务院于 2017 年印发的《关于深化教育体制机制改革的意见》就明确指出"要在培养学生基础知识和基本技能的过程中，强化学生关键能力培养"，关键能力包括认知能力、合作能力、创新能力和职业能力。它对于人才培养的目标做了合乎学理而又简明扼要的概括。实际上，不论是核心素养还是关键能力，都是对"立德树人"的进一步深化。

在实践方面，"德育"一直是学校教育教学的关键，"立德树人"理念提出之后，便有越来越多的学校明确将其作为自己在教育教学上的追求。比如，湖北省襄阳市第五中学就在"德育为先，育人为本"观念的指导下，确立了"三高文化"和"四种品格"。"三高文化"即高境界地做人、高效率地学习和高品位地生活，"四种品格"即忠、雅、诚、健。课堂教学视为人文教育的平台，将其打造为促进学生"知识、身心、人文"三维发展的阵地，以此来强化对学生理想信念、思想品德、行为规范和心理健康的教育，进而成就学生的优秀品格，为其终身发展奠基。② 江苏省锡山高级中学则要求学校各个学科都围绕"立德树人"的根本任务提出相应的教学目标，像语文就确立了"培养终身阅读者，培养负责任的表达者"这一基本方向。③

总之，近年来，我国对于课程与教学目标的探索在坚持学生全面发展的同时，着重突出了"育德"与"成人"的价值，以及对中华民族传统文化的继承与发扬。"立德树人"作为发展中国特色社会主义

---

① 林崇德：《中国学生发展核心素养：深入回答"立什么德、树什么人"》，载《人民教育》，2016(19)。

② 谢先成：《立德树人：推动学校从优秀走向卓越——访襄阳市第五中学党委书记、校长曹荣葆》，载《教师教育论坛》，2015(10)。

③ 张民生：《"立德树人"新行动：核心素养教育》，载《教育参考》，2016(4)。

教育事业的核心所在，已经成为现阶段我国课程与教学目标体系的根本立足点，必将引领我国课程与教学不断向前发展，更好地完成促进学生自由、全面发展的这一历史使命。

## 三、改革开放 40 年我国课程与教学目标体系变革的主要成就

经过改革开放 40 年的探索，我国在课程与教学目标体系建设上取得了多方面的进展，大体可以分为四个方面：首先，在目标的价值取向上，确立了"个人全面发展"的根本追求，并结合不同社会发展时期的现实情况，不断对"全面发展"理念加以深化，既坚持了其精神内涵，又赋予了其应有的时代内涵。其次，在目标的结构体系上，构建了由教育总目标、学校教学目标、课程目标、单元目标和课时目标组成的完整系统，在为学校的课程与教学提供统一标准的同时，也给其留下了灵活处理的空间。再次，围绕"全面发展"的各个要素进行广泛探讨，在争论中逐渐达成共识，由此提升了课程与教学目标的综合性和协调性，为促进学生全面、和谐的持续成长奠定了基础。最后，为了更好地将宏观和中观层面的目标落到实处，我国教育工作者还深入探讨了各种课程与教学目标的操作机制和原理，找到目标落地的必要抓手，促成了其由理想层面向现实层面的转化。

### （一）确立并深化了"个人全面发展"的价值取向

通过改革开放 40 年的探索，我国在课程与教学目标领域进一步确立了"个人全面发展"的价值取向。人的全面发展学说建基于马克思主义人学理论，具有非常丰富的内涵。有研究认为，马克思主义学说中关于人的全面发展应包括人的本质的全面发展、人的需要的

全面发展和人的素质的全面发展。① 就个体而言，人的全面发展是指个人潜能的最充分、最自由、最全面地发掘和调动，"即作为主体的人在各个方面的全面发展。包括物质生活和精神生活的全面、充分、自由的发展，身体素质和心理素质的全面发展，人格、智力、体力、创造力的全面发展等"②。而只有每个人的个性得到充分、自由、全面的发展，才能有整个社会成员的千差万别和丰富多彩的个性，社会的全面发展才能得到实现。可见，以"个人全面发展"作为课程与教学目标体系的价值取向，既明确了人的发展是一切发展的基础和根本，体现了"以人为本"的发展理念，又较好地解决了个人发展与社会发展之间的矛盾，可以为我国人才培养和教育发展提供正确的指引。

实际上，中华人民共和国成立以来就特别注重人的全面发展问题。1957 年 6 月，毛泽东在《关于正确处理人民内部矛盾的问题》中指出："我们的教育方针，应该使受教育者在德育、智育、体育几方面都得到发展，成为有社会主义觉悟的有文化的劳动者。"③自此之后，"个人全面发展"作为我国课程与教学目标的基本思想和指导原则，一直贯穿始终，但这并不意味着我国的课程与教学目标是一成不变的。在实际探索过程中，随着人们对于"个人全面发展"的认识逐渐由浅显到深刻、由单一到丰富及社会条件的不断变化，"个人全面发展"在课程与教学目标体系中也表现出了不同的内涵与层次，呈现出了动态变化的特征。

首先，在对"个人全面发展"内涵的理解上，人们最先关注的主要是"完整发展"这一维度，即人在德、智、体、美等方面均有所提

---

①　石书臣：《人的全面发展的本质涵义和时代特征》，载《河北大学学报（哲学社会科学版）》，2002(2)。

②　潘琦：《努力促进人的全面发展》，载《光明日报》，2001-09-11。

③　毛泽东：《关于正确处理人民内部矛盾的问题》，载《人民日报》，1957-06-19。

升，不能存在缺失，在课程与教学的设计和实施上强调统一要求。经过一段时间的实践探索，研究者和教育工作者又意识到如果仅仅关注"全面发展"的"全"，很可能会造成对学生个性的忽视，并为其带来过重的负担，因而开始重点强调人的"和谐发展"，即主张各种素质在个体内部的协调统一，允许各个方面的发展在符合基本要求的前提下有所差异。而今，随着人的主体性不断提升，人们更多地从"自主发展"的维度对"全面发展"要求加以理解，强调对学生个性的尊重和创新精神的培养。

其次，不同时期的课程与教学目标体系中"全面发展"的指涉范围和侧重点也有所差异。就政策而言，1978 年，第五届全国人民代表大会第一次会议通过的《中华人民共和国宪法》中规定："国家大力发展教育事业，提高全国人民的文化科学水平。教育必须为无产阶级政治服务，同生产劳动相结合，使受教育者在德育、智育、体育几方面都得到发展，成为有社会主义觉悟的有文化的劳动者。"1993 年的《中国教育改革和发展纲要》也指出要"培养德智体全面发展的建设者和接班人"，并强调教育要"与生产劳动相结合"这一要求。1995 年第八届全国人民代表大会第三次会议通过的《中华人民共和国教育法》，以法律的形式对我国的教育方针做出了规定："教育必须为社会主义现代化建设服务，必须与生产劳动相结合，培养德、智、体等方面全面发展的社会主义事业的建设者和接班人。"将"德智体全面发展"改为"德、智、体等方面全面发展"，强调以"德智体"为基准，但并不限于这几方面。1999 年发布的《中共中央、国务院关于深化教育改革全面推进素质教育的决定》则指出："实施素质教育，就是全面贯彻党的教育方针，以提高国民素质为根本宗旨，以培养学生的创新精神和实践能力为重点，造就'有理想、有道德、有文化、有纪律'的、德智体美等全面发展的社会主义事业建设者和接班人。"在原有的"德智体"基础上加入了"美"这一维度，并重点突出了"创新精神"和"实践能力"两大要素。2010 年发布的《国家中长期教育改革和发展规划纲要（2010—2020 年）》再次强调："全面贯彻党的教育方针，坚持教育为社会主义现代化建设服务，为人民服务，与生产劳动和社会实践相结合，培养德智体美全面发展的社会主义建设者和接班人。"它进一步指出，要注重三方面工作：一是"坚持德育为先。立德树人，把社会主义核心价值体系融入国民教育全过程"；二是"坚持能力为重。优化知识结构，丰富社会实践，强化能力培养"；三是"坚持全面发展……促进德育、智育、体育、美育有机融合，提高学生综合素质，使学生成为德智体美全面发展的社会主义建设者和接班人。"2014 年，《教育部关于全面深化课程改革落实立德树人根本任务的意见》则围绕"立德树人"的理念，指明要"着力培养学生高尚的道德情操、扎实的科学文化素质、健康的身心、良好的审美情趣，努力使学生具有中华文化底蕴、中国特色社会主义共同理想、国际视野，成为社会主义合格建设者和可靠接班人"。它突出了"德""能"及"文化素养"在新时期的"全面发展"中的重要地位。可见，虽然就整体而言，促进人的全面发展，培养德智体等全面发展的社会主义建设者和接班人一直是我国课程与教学的基本追求，但随着社会的发展及人民总体素质的提高，课程与教学目标中对于"全面发展"的具体规定也在不断丰富和完善。

最后，"全面发展"的各个要素，随着改革的深入，也被赋予了新的内涵。课程与教学目标中提到的德智体美只是规定人的发展的宏观方面，而其内部还有更为多样而具体的构成。有研究者在论述"人的多方面发展"时就指出"人的各种基本素质中的各素质要素和具体能力在主客观条件允许的范围内应力求尽可能多方面地发展"[1]。随着课程与教学探索的不断深入，我国对于人的"基本素质"也有了

---

[1]　扈中平：《"人的全面发展"内涵新析》，载《教育研究》，2005(5)。

更为细致的理解。以"德"为例，在要素构成上，课程与教学由最初的偏重学生道德认识的发展，不断拓展为对其道德认知、道德情感、道德意志和道德行为等方面的综合关注；在内容层次上，德可以分为中华传统道德、现代公民道德等内容，在中国特色社会主义建设的当前环境下，则强调以爱国主义为核心的民族精神和以改革创新为核心的时代精神，由富强、民主、文明、和谐、自由、平等、公正、法治、爱国、敬业、诚信、友善构成的社会主义核心价值观则成为学生道德发展的又一重心。此外，虽然各个时期都提出了提升学生"能力"的课程与教学目标，但其具体内容也有所不同。比如，在改革开放初期，人们关注的主要是与智力发展密切相关的能力，如思维能力、观察能力等；而今，在人际交往日益广泛、知识技术更新加速的情况下，合作能力、创新能力等又被纳入课程与教学目标体系之中，成为当前着力培养的关键能力之一。总而言之，改革开放 40 年间，我国以"人的全面发展"为基本价值取向，并对其内涵进行不断丰富和深化，确保了先进教育价值观对课程与教学目标体系建设的引领作用。

**(二)构建了层次清晰且相对统一的课程与教学目标体系**

课程与教学目标反映着国家对于人才培养的期待，同时也是学校课程教学的起点。改革开放 40 年来，我国从国家层面的教育总目标出发，自上而下，构建了完整的课程与教学目标体系。在这个目标体系中，居于最高层的是教育总目标，它是最一般意义上的目标，对于整个教学活动都具有指导意义。不论是初等教育、中等教育、高等教育，还是理、工、农、医，抑或是普通教育、职业教育、成人教育，都要按照这个教育总目标去培养人，去指导教学活动。教学总目标一般根据国家的教育总目标制定，如在促进学生德智体全面发展的教育总目标指导下，我国教学领域一直将促进人的全面发展作为教学总目标，只不过在不同的历史时期，表现往往有所不同。

如前面提到的改革开放初期注重的"双基"培养，到后来的注重智力和能力的发展，强调学生素质的全面提升，以及当前在"立德树人"理念的指导下，对于核心素养和关键能力的关注等。

在教育总目标之下，是各级各类学校的教学目标。教学目标是根据教育总目标制定的某一级、某一类学校或者某个专业人才培养的具体要求，是课程与教学总目标在不同教育阶段、不同教育类型或者不同专业的具体化。学校课程与教学目标也是一个目标体系，从纵向上看，它包括幼儿学校、初等学校、中等学校、高等学校及成人学校的课程与教学目标；从横向上看，它具体包括普通学校、职业技术学校、特殊教育学校及成人教育学校的教学目标等。学校教学目标一般由国家或地方教育行政部门制定，或在国家或地方教育行政部门的指导下，由各级各类学校自行制定。如根据国家颁布的教学大纲，我国幼儿学校的教学目标是使儿童身心获得正常发展，为入小学学习做好准备；初等学校的教学目标是为受教育者打下文化知识基础和做好初步的生活准备；中等学校的教学目标是为高一级学校输送合格新生，以及为国家建设培养中等专业技术人才和劳动后备力量；高等学校的教学目标是为国家培养各种专门人才；成人学校的教学目标是对现实劳动力进行再教育，不断提高劳动者的政治水平和文化科学技术水平，以适应国民经济发展和个人生活需要。

各级各类学校的教学目标之下，便是更为具体的课程目标，这一层次的目标具有较强的专业性和可操作性。通常，我们把"课程"概念理解为学校开设的各门具体的学科，与"学科"概念同义，如语文课程、数学课程等。按照这种理解，所谓课程目标，就是指一门学科的教学在总体上要达到的结果。从横向上看，它由各门具体的课程组成，如语文课程、数学课程、物理课程等；从纵向上看，它又由不同年级的课程目标所构成，如小学一年级语文的课程目标、高中三年级英语的课程目标等。在我国，课程目标一直是由国家教育行政部门统一制定的，然后各级各类学校和教师按照国家颁布的教学计划和教学大纲严格实施。2001 年，新的基础教育课程改革开始实施，在课程实施方面实行国家、地方和学校三级课程管理，在国家统一颁布的课程标准的指导下，地方和学校可以根据各自的特点，编写和使用地方课程和校本课程，打破了以往由国家教育行政部门全权负责课程管理和开发的局面，在课程目标的实施方面表现出了更大的灵活性。

在明确了课程目标之后，便是单元目标和课时目标的选择。单元目标和课时目标是最基本的教学目标，是每个教师在教学过程中直接运用的目标，直接影响课堂教学的效果和教学总目标的贯彻执行。在我国的学校教学活动中，教师一般按照单元来进行每一具体学科的教学活动。所谓单元，一般指某一学科教材内容的划分单位。如语文课程的单元通常是指一组体裁相同的课文；数学课程的单元大致相当于教材的一章，集中解决某一类相关或相似的数学问题。每一个单元的内容都具有相对独立性和完整性，反映了课程编制者或教师对一门学科的总体看法，以及对学科具体内容之间的内在逻辑关系的认识。2001 年的基础教育课程改革实施之前，我国的单元目标主要由国家教育行政部门制定，通过教学大纲或课程标准具体指导教师的课堂教学活动。课程改革之后，教师被赋予了更多的课程制定和改编的权力，教师可以根据自己的地区、学校和班级学生的特点及自己对教材的理解，灵活地选择和加工教学内容，安排单元目标。这种变化客观上起到了发挥教师的主动性、激发教师创造性的作用，也更有利于教师因材施教地促进学生素质的全面发展。课时目标指每一堂课的目标。课时是我国教学活动最基本的时间单位。课时目标一般由教师参照国家教育部门制定的教学大纲和教学参考书自行制定。相对于其他层面的目标而言，课时目标具有较大的自主性和创造空间。目前，基于课程标准和学生需要对教材进行二次开发，已成为一种常态，这对激发我国课堂教学活动，为每个学生提供更为适合的教育十分有益，但也要注意避免课程教学的无序和随意，在改革的过程中不断提升教师的专业素养。

总体而言，改革开放 40 年，我国课程与教学目标领域已基本建立起从宏观的教学总目标到微观的单元目标、课时目标的课程目标体系，并涵盖了我国学校教育的所有层次和类别，对我国教育教学活动的开展意义巨大。

### (三)围绕"全面发展"问题展开论争，提升了目标的综合性

"人的全面发展"是一个非常复杂的问题，正所谓人生有涯，在有限的时间和精力下，人不可能实现绝对的"全面"和"均衡"发展，只能尽可能充分地提升人的内在力量，这就涉及学生各方面素质的排序问题，即确定优先发展的内容。改革开放 40 年间，我国课程与教学领域从不同视角，围绕着这一问题进行了广泛论争，在某些方面达成了基本共识，并由此提高了课程与教学目标的综合性。概括起来，论争主要可以归结为以下几个方面。

1. 知识学习与能力发展的关系探析

知识学习与能力发展一直是教学研究领域的重要课题。早在 17、18 世纪的欧洲，论者便围绕这一问题展开了激烈讨论，并形成了"形式教育论"与"实质教育论"两种针锋相对的观点。形式教育论者以官能心理学为依据，认为教学活动的目的不应是传授大量知识，而是通过知识来锻炼学生的记忆力和思考力，发展学生的智力。而实质教育论以观念心理学为重要依据，竭力主张教学活动的目的是学习实用知识，否认专门培养学生智力的可能性，强调学生的心灵有如容器，必须充实各种具体知识，获得实际知识的过程就包含了智力训练的作用。

在我国，围绕知识学习和能力发展问题，主要有两次大的讨论。

改革开放初期，在拨乱反正、急需恢复正常教学秩序的背景下，基础知识的学习和基本技能的训练一度成为我国教学关注的重点。随着教学秩序的迅速恢复和教学水平的明显提高，加之国外教育思想的引入，人们逐渐开始意识到，基础知识和基本技能的学习并不一定自发地促进人的智力发展，教学活动在关注"双基"的同时，还必须关注学生智力的发展。为此，人们就知识学习和能力发展，尤其是智力的发展展开了第一次大讨论。在这次讨论中，主要有主知观、主智观和知（识）智（能）统一观三种观点。① 主知观的论者认为，掌握知识和发展智力是同步的，知识是智力的基础，掌握的知识越多，智力发展也就越好。因此，他们认为，掌握知识是教学的首要目的，只有高质量的知识，才有高水平的能力，否则，舍本逐末，能力会成为空中楼阁。② 主智观的论者认为，智力发展是时代的必然要求，尽管知识是发展智力的基础，但是知识毕竟不是智力，不能用知识的学习代替智力的发展，"教学中不仅要向学生传授知识，培养技能，更要着重于发展学生的智力"③。改革开放初期，随着国外有关智力研究的成果被介绍到我国，主智观一度成为学术讨论的主流。当然，随着讨论的深入，越来越多的学者认识到知识的学习掌握和智力的发展同等重要，不可偏废，知智统一观逐渐被大家接受。持这种观点的论者认为，知识的学习和智力的发展是辩证统一的，"智力是掌握知识的能力，掌握知识必须具有一定的智力；而知识又是发展智力的粮食和手段，只有通过领悟知识才能发展智力。可以说，没有相应的智力，掌握知识就有困难，攻克科技尖端就不可能；而没有任何知识，婴儿的发展的可能性就会枯萎，掌握知识达不到一

---

① 吴立岗、夏惠贤：《现代教学论基础》，36 页，南宁，广西教育出版社，2001。

② 瞿葆奎：《社会科学争鸣大系·教育学卷》，250～254 页，上海，上海人民出版社，1992。

③ 黄明皖：《知识的掌握与智力的发展》，载《广西师范学院学报》，1980(1)。

定的数量和质量要求，智力也不可能获得较高的发展。所以，总的来说，两者应当并重，使其相辅相成；不可偏废，一败俱伤"①。通过这次讨论，学界基本达成了知识学习和智力发展辩证统一的共识。

国内第二次有关知识学习和能力发展的大讨论始于 2001 年开始的基础教育课程改革。在这次课程改革中，少数论者借用西方的教育理念和流行话语方式，提倡所谓"概念重建"和"体系重建"，以期对我国现有的教学体系进行全面的解构，并建构一套全新的教学思想和体系。在知识学习和素质发展问题上，这些论者将二者对立起来，并贬低知识学习的重要性，认为"过分注重知识传授的倾向"是导致我国学生素质不高的重要症结之一，因此，必须从根本上改变过分注重知识传授的倾向。② 当然，大部分论者还是从知识学习与素质发展辩证统一的立场出发，坚持认为"知识传授是学校教育的基本功能"③，教学活动"应以知识传授为起点，以知识要素为轴心，推动学生德、智、体全面发展"④。"教学中'注重知识传授'，根本、永远不存在'过于'的问题，而是根本、永远不够、要不断加强的问题。"⑤针对一些论者企图通过知识传授过程中的一些问题来混淆视听、否定知识学习的重要性的论调，有学者指出，不能"把知识传授（理论和实践）中的缺点和错误，归罪于知识传授本身"，"注重传授知识，不等于笼统地肯定、认可迄今一切知识传授的内容和方法，特别是眼睛只盯着知识、单纯传授知识、简单传授知识的现象。恰恰相反，什么样的知识，怎么样传授，大有讲究"，要不断"注重知

① 郭文安：《试论掌握知识与发展智力的关系》，载《华中师院学报》，1981(3)。

② 朱慕菊：《走进新课程——与课程实施者对话》，13 页，北京，北京师范大学出版社，2002。

③ 王策三：《认真对待"轻视知识"的教育思潮——再评由"应试教育"向素质教育转轨提法的讨论》，载《北京大学教育评论》，2004(3)。

④ 孙喜亭：《基础教育的基础何在？（下）》，载《教育理论与实践》，2001(5)。

⑤ 王策三：《认真对待"轻视知识"的教育思潮——再评由"应试教育"向素质教育转轨提法的讨论》，载《北京大学教育评论》，2004(3)。

识内容的研究和改革""注重传授方法的研究和改革""注重教师讲授的研究和改革",从而最终促进学生素质的全面发展。<sup>①</sup> 当然,有关知识与素质的关系,目前仍存在争议,也是困扰我国教学实践的重要矛盾。但是在学校教学活动中,注重知识学习、加强知识学习、改进知识学习的方式与方法、提高知识学习质量、不断提升知识学习对个体素质发展的重要性,却是始终不容忽视的,这是当今各国教育教学改革的一个基本取向。那些否定知识学习的价值,将其置于素质全面发展对立面的观点和做法,势必会引起教学上的混乱。

2. 智力因素与非智力因素发展的关系探析

1935 年,美国心理学家亚里克山大在其《智力:具体与抽象》一文中首次明确提出了"非智力"这一概念,智力与非智力因素的二维划分逐渐为大多数心理学家和教育学家所认可。我国改革开放初期,受赞科夫和布鲁纳等人有关智力发展问题研究的启发,学生的智力发展得到了高度关注,成为我国课程与教学活动的重要追求。到了20 世纪 80 年代,随着课程与教学实践的进一步发展,以及国外教育思想的影响,我国教育工作者逐渐认识到在教学活动中光有智力因素的参与是不够的,还需要学生具有适度的学习动机、浓厚的学习兴趣、饱满的学习热情、坚定的学习毅力等,非智力因素的重要性日益凸显。刘佛年 1981 年就曾撰文指出:智力发展是认识世界的活动,它也不是一个孤立的东西。一个人为什么要认识世界呢? 他总要有个动力吧,总有一个原因、一个需要驱使他去认识世界,去追求知识吧。所以,这就牵涉需要这类问题……除了智力的问题之外,还有一个情感的问题、意志的问题。<sup>②</sup> 1983 年,上海师范大学的燕国材教授在《光明日报》上发表了《应重视非智力因素的培养》一文,

---

① 王策三:《认真对待"轻视知识"的教育思潮——再评由"应试教育"向素质教育转轨提法的讨论》,载《北京大学教育评论》,2004(3)。

② 金一鸣:《刘佛年教育文集》,254 页,南京,江苏教育出版社,2010。

表示人的智力水平相近，但非智力水平存在很大差异，明确提出了教学活动应关注学生非智力因素培养的观点。1985 年，他又进一步提出了智力与非智力因素相结合的学习理论，即 IN 结合论，认为高效的学习活动，既要诉诸智力因素，也要尽可能地调动学习者非智力因素的活跃度，$A = f(IN)$，学习的成功($A$)是由智力因素($I$)和非智力因素($N$)共同决定的。

对于非智力因素的认识，人们存在一些不同的看法。如有人认为，非智力因素包括求知欲、意志力和自信心；也有人认为，非智力因素包括坚强的意志、良好的习惯、和谐的性格、高尚的情感；还有人认为，非智力因素主要指动机、兴趣、情感、意志和性格及它们的升华等。但无论是何种界定方式，无疑都将非智力因素归为意向活动范畴，与属于认知反映活动范畴的智力因素共同构成了影响学生成长的全部心理因素。至于智力因素与非智力因素的关系，人们普遍认为二者是相互作用、相互影响的关系，但更倾向于将智力因素置于主导位置。如申继亮指出："智力因素是影响智力活动的决定性因素，非智力因素不能单独起作用，只有与智力因素一起才能发挥它在智力活动中的作用。"[1]胡中锋、刘学兰认为："智力因素与非智力因素不是一种非此即彼的关系，更不能本末倒置……培养学生的情绪智力能起到'添加剂'的作用，其根本目的是充分发挥学生的智力因素。"[2]鉴于非智力因素在智力活动或学习活动中所起的动力、定向、引导、维持、调节和控制等功能，以及 20 世纪 90 年代人本教育思潮在我国的兴起，将非智力因素，特别是其中的情感、意志的培养纳入教学目的之中，有意识地注重促进学生非智力因素的发展，开始成为我国课程与教学领域新的着力点。学生个体的兴

---

[1]　申继亮：《论智力活动中的非智力因素》，载《北京师范大学学报》，1990(1)。
[2]　胡中锋、刘学兰：《现代智力观及其对教育课程改革的启示》，载《课程·教材·教法》，2002(5)。

趣爱好、情感态度等提到了前所未有的高度，受到我国学者的广泛
关注。一批关注非智力因素培养的教学实验陆续开展起来，如情境
教学、愉快教学、成功教育等，对我国的教学发展及学生的情意发
展都起到了积极的促进作用。在强调"立德树人"的背景下，还有研
究者将非智力因素的发展同社会主义核心价值体系的内化相结合，
认为社会主义核心价值体系的内化必须充分发挥非智力因素的作用，
将需要与社会主义核心价值体系内化过程的任务相结合，将态度与
社会主义核心价值体系内化的目的相结合，将动机、兴趣、气质、
性格与社会主义核心价值体系内化过程的原则相结合，将情感、信
念和意志与社会主义核心价值体系内化过程的本体相结合①，赋予
了非智力因素发展新的时代价值。与此同时，学界对智力因素本身
的外延理解也得到了明显拓展，那种局限于一般性认识，甚至是学
业成绩的智力观早已被淘汰，多元智力理论被普遍认可。智力因素
本身的拓展，以及与非智力因素的结合，均体现了对学生主体价值
的尊重，有利于"完整人"的培养和学生的自我实现。

　　总的来说，在智力因素与非智力因素的关系方面，人们较为一
致的看法是：学生的发展不仅仅是由智力因素决定的，它也受非智
力因素的影响和制约，学生学习成就的取得是智力因素和非智力因
素共同作用的结果。在学习过程中，智力因素和非智力因素共同保
证学习活动的发起、加工、维持和调节，两者相互作用、相互促进、
缺一不可，但智力发展更具有基础性，非智力发展必须以此为依托，
获得自身的生长点。为此，在日常的教学活动中，教师一方面要重
视对学生思维的训练，把培养思维品质作为发展学生智力与培养能
力的突破口；另一方面要重视发展学生的兴趣、爱好，培养学生良
好的性格特征和学习习惯，从非智力因素入手来培养学生的智力和

---

　　①　韩迎春、赵国利：《论社会主义核心价值体系的内化机制——非智力因素的视角
分析》，载《南昌大学学报（人文社会科学版）》，2010(3)。

能力。

### 3. 科学素养与人文素养培养的关系探析

在教育学领域，一直存在着科学与人文的论争，反映在课程与教学目标上，就是究竟应重点培养和发展学生的科学素养还是人文素养的问题。所谓素养，简而言之就是知识、能力和精神等方面的综合。由此出发，学生的人文素养就是指人文知识的掌握水平、人文问题的研究能力，以及由此体现出来的"以人为本"的人文精神，其指向的主要是社会领域诸问题的解决。而科学素养则指了解必要的科学技术知识，掌握基本的科学方法，树立科学思想，崇尚科学精神，并具备一定的应用它们处理实际问题、参与公共事务的能力。从上文对我国课程与教学目标的历史溯源来看，一直到清末，我国推行的都是以儒家伦理道德为主的思想教化，"人文"在教育教学中占据着主导地位，科学及科学教育均处于相对淹没的状态。直到鸦片战争打开了我国的大门，西方的船坚炮利使不少有识之士深刻地意识到只有利用先进的科技才能挽救危难之中的国家，开展科学教育、发展学生的科学素养也因此获得了一席之地。当时开办的新式学堂都非常注重对科学知识的传授和科学技术的训练。此后，人们对于科学的渴望也从未止歇。1956 年"向科学进军"的号召，1977 年"尊重知识，尊重人才"的提出，以及 1995 年"科教兴国战略"的提出，无不突出了科学的重要价值，社会上甚至广泛流传着"学好数理化，走遍天下都不怕"的口号，学生非常重视科学课程的学习。改革开放初期，科学与人文在我国教育领域的交锋之中，科学无疑占了上风。但需要注意的是，当时我国对于学生科学素养的培养具有较为明显的片面性，具体表现为重视科学知识的传授和学习，轻视科学实验，轻视科学方法、科学思想和科学态度的培养；重视科学理论难题的解决，轻视科学在实际问题中的应用。其实，在 20 世纪二三十年代，我国就曾发生过著名的科玄论战。其中，有研究者曾断言：学校中的科学教育只是贩卖知识……学生在年纪轻的时候听惯了这些结论，都以为是推诸万物而皆准的话，结果只是养成了独断的精神。这真是科学教育所得的"最不科学的"结果，绝不合乎科学精神。① 这种现象在改革开放 40 年间也的确是存在的。

第二次世界大战结束以后，面对现代化武器给人类带来的毁灭性打击、生态环境的灾难性破坏，以及道德修养水准的不断下滑，人们开始反思崇拜科学技术带来的后果，并迫切希望从人文教育中获得破解之法，存在主义、人本主义等理论主张渐次兴起，关注人文精神和人文素养成了国际教育的新趋势。而在我国，由于科学教育自身从西方引入，开始就存在着较为明显的局限性，科学精神的缺失使得科学教育缺少了应有的灵魂，因此，自 20 世纪 90 年代以来，人文主义相关理念便逐渐成为我国课程与教学领域的宠儿。21世纪初，受西方人文主义思潮影响，不少论者纷纷撰文，指出中国的课程与教学过分强调自然科学的分量，而忽视了人文教育的重要性。有关人本主义的研究大幅增加，关注人文学科的价值、弘扬人文精神、尊重学生主体性一时成为课程与教学领域的焦点。开展人文教育、培养人文素养又一次被摆在了突出位置，在与科学的第二次集中论争中，人文显现出了极大的优势。

当然，与之前的论争相比，这次论争的目的并不在于简单地判断科学与人文在现阶段谁更重要、应当以谁为主，而是开始重点寻求二者的融合。不少学者都认识到了科学与人文并非截然对立的，而是从不同角度对人类生活经验进行的解读，科学素养和人文素养是辩证统一的，"没有科学精神的人文和没有人文精神的科学都是残缺和扭曲的"②，而教育则"必须以完整的课程全面发展学生的精神，使他们形成完整的经验，使他们了解社会，具有科学的实践精神、

①　张君劢等：《科学与人生观》，204 页，沈阳，辽宁教育出版社，1998。

②　赵汝木、王崇光：《科学教育中人文精神的缺失与重构》，载《教育探索》，2004(12)。

高尚的道德品质和文化修养，成为一个在完满生活中积极创造价值的人"①。将科学素养与人文素养有机结合，以实现学生的"全面发展"已成为人们的基本共识，但如何将二者统一起来，则存在着不同的思路。有研究者认为，鉴于人文教育有着更大的包容性，因为无论何种课程，其最终指向总是"人"的成长，科学课程在某种意义上也是人文主义的，而且我国目前课程与教学领域存在的诸多问题均是由于人文关怀不足造成的，所以，应以人文教育整合科学教育，真正地培养既具有人文精神又具有科学精神的人。② 还有研究者认为，"在我们走向现代化的过程中，传统的人文观念很大程度上已经成为我们前进的障碍，人文传统急需改造。在这种背景下，科学素养和人文素养的统一，着眼点不宜放在人文方面，而应以科学理性为基础，以科学理性带动人文领域的改造和重建"③。上述两种观点的立足点虽然有所差异，但对于提升科学教育的人文性、加强对学生进行科学精神的培养的主张却是一致的，只是后者进一步指出了不能直接以现有的人文传统引领教育的方向，而是需要在当前的时代背景下重新认识人文教育及人文素养的内涵，并对其进行适当改造。也就是说，在对待科学素养与人文素养的融合问题上，一要确保科学素养的完整性。在教学活动中，我们不仅要注意对学生进行科学知识的讲授，还要注意对学生科学精神的培养，即在学习科学知识、科学观念和科学方法的过程中，帮助学生树立敢于质疑、勇于批判的科学精神，使学生养成实事求是、公正严谨的科学态度，习得洞察社会、认识世界的科学方法等。二要明晰人文素养的具体内涵，赋予人文教育应有的时代气息。在教学活动中，教师要通过

---

① 金生鈜：《科学教育与人文教育的整合》，载《教育研究》，1995(8)。
② 金生鈜：《科学教育与人文教育的整合》，载《教育研究》，1995(8)。
③ 王永红：《以科学理性为基点——论科学素养与人文素养的统一》，载《教育研究与实验》，2001(4)。

人文学科的熏陶，以及对学生情感、需要和已有经验的尊重，提升学生的精神境界和道德修养，促使学生以价值理性进行必要的自我约束，同时承担起一定的社会责任，进而达成充分的自我实现。

4. 统一要求与个性成长的关系探析

教学作为有意识地培养人的社会实践活动，历来具备两项功能：一是教学的育人功能，即其在满足个体内在需求、提升个体多方面素质上的作用；二是教学的社会功能，即其促进社会政治、经济、文化发展的功能。由此出发，培养目标也就产生了统一要求与个性成长的矛盾关系。在改革开放初期，面对社会经济发展的迫切要求，我国更多的是站在社会发展的角度上，审视学生的发展，特别强调根据社会发展的需要建构课程与教学目标，突出教学的统一要求，要求制订统一的教学计划和教学大纲，编写统一的教科书，颁布统一的教学要求和考核标准等。这种教育的统一性在改革开放初期，在迅速恢复教学秩序，大面积提高教学质量，帮助学生掌握必需的基础知识和基本技能，使各级教育相衔接，为国家培养数以亿计的各级各类人才等方面做出了显著贡献。但是，由于当时的历史条件和经验不足，在教学实践中，我们往往容易将统一要求和个性教育对立起来，以社会的统一要求排斥学生的个性发展，过分强调用固定的尺度和标准去限制学生的个性发展，要求每名学生都能在德智体等各个方面获得均衡的成长，而忽视了其个性的充分、和谐发展。这无疑是对"全面发展"理解的一种偏差。马克思主义关于人的全面发展学说从来都是内含着社会统一要求和个性充分展现两方面内容的。就共性而言，人的全面发展是指每一个个体都必须具备基本的品质，如我国宏观教学目的中所要求的德智体等方面的品质及其典型表现，这些是社会对所有受教育者的最基本要求。就个性而言，个体的生理素质、心理素质和社会素质有差别，因此，人的个性发展就会有所差异，教育同样应使学生个人的潜能得到最充分、自由和全面的发掘和发展。

随着社会的进步及教育的发展，个体的价值愈加凸显，人们逐渐认识到，真正的全面发展绝不是均衡发展，更不是忽略学生的个性，将学生加工成统一规格的"产品"。正如有研究者指出的那样："人的高级层面或高级形态的全面发展是指人的潜能和特长的充分发展，特别是指人的创造性（创造性素质、创造性能力和创造性需求）的充分发展。"①只有个性得到充分、自由、和谐的发展，人才能产生高度的求知欲和创造灵感，才能提高创新精神和创新能力。因此，正视现代教育价值，确保每个学生在全面打好基础的同时，得到个性充分、自由、和谐的发展，使其能够更好地认识自我、树立信心、发现自我的独特价值，便成为近年来我国课程与教学的重大变革方向。我国教育理论与实践工作者围绕学生的个性发展问题进行了诸多探索，在宏观、微观层面都取得了一定进展。在国家整体的课程管理方面，新一轮基础课程改革正式确立了国家、地方和学校的三级管理模式。也就是由国家制定课程发展的总体规划，包括国家课程的门类、课时和课程标准等；省级教育行政部门根据各个地区的具体情况，在国家总体课程规划的指导下，开发或选用相应的地方课程；学校则需要在执行国家和地方课程要求的同时，开发适合本校学生的校本课程。这一课程管理模式的出台，改变了以往"一纲一本"高度集中和统一的课程管理体系，为促进学生的发展提供了更大的自由空间。目前，各个学校纷纷投身于课程建设活动，形成了各具特色的课程结构，如北京师范大学附属中学就构建了由"基石课程""志趣课程"和"卓越课程"组成的全人格教育课程体系，既为学生发展打造了共同的基础，又关注到了学生个性发展的需要，较好地实现了统一要求与个性发展的协调。此外，一些学校还开展了促进

---

① 胡敏中：《人的全面发展的两个层面》，载《北京师范大学学报（社会科学版）》，2003(1)。

学生个性发展的相关教学实验，如上海建平中学的"学生个性发展综合实验方案"取得了比较好的效果。整体而论，在当今这样一个凸显人的价值和精神的社会，培养完整、丰富的个体已成为课程与教学的必然选择。为学生打好基础，赋予其适应社会的各种基本能力，并使其成长为能够为社会主义现代化建设贡献力量的杰出人才固然重要，但这只是其中的一个方面。课程与教学领域中的"人"并不是抽象的、群体意义上的类概念，而是一个个具体、鲜活的个体，尊重学生的个体价值，为其创造更加合适的教育，使其在达到普遍要求的基础上，尽可能充分地展现个人潜能，顺应了课程与教学现代化对于人本性和民主性的要求及因材施教等教学规律，它必将成为学校课程与教学活动深化发展的重要方向。

改革开放 40 年来，我国的课程与教学围绕"全面发展"问题进行了广泛而深入的论争与探讨，进一步明晰了"全面发展"内部各要素，如知识学习与能力发展、智力因素与非智力因素发展、科学素养与人文素养的培养，以及统一要求和个性成长等之间的关系，增强了课程与教学目标的全面性、综合性与均衡性。可见，促进学生的全面发展不仅成了我国课程与教学活动的基本指导思想和共有思维方式，同时还在实践的过程中不断丰富和深化。在今后的研究与实践中，"全面发展"这一基本目标导向势必会显现出新的特征和要求，进而促进我国课程与教学更好地实现其"成人价值"。

**（四）在实践层面逐步形成了具体、完整的目标落实机制**

课程与教学目标的实现需要逐层推进。经过改革开放 40 年的孜孜探索，我国已基本形成了由理念构建、课程规划、教学实施和评价反馈四个环节构成的相对完整的目标落实系统。借助这一机制，宏观层面的目标设定可以真正融入学校层面的课程与教学活动之中，并转化为学生的内在素质，切实促进学生的全面发展。

首先，课程与教学目标设定包含着丰富的教育理念。对于理念的宣传与解读，是课程与教学目标落实的前提条件。所谓教育理念，是在教育实践过程中形成的有关教育发展的理性认识，任何课程与教学的改革都有先进教育理念的支撑，其成功也需要教育实践者对这一理念的充分理解与认可。只有这样，我们才有可能制定出符合要求的课程与教学目标。正如有学者在论述素质教育实施问题上所指出的那样："实际上，素质教育首先是一种教育理念，然后才能在诸如教育内容、教育方法、教育手段等层面上落实下来。"①因此，为了确保学校层面能够充分把握课程与教学的根本价值指向，教育行政部门和教育研究者都会对其进行详细的文本解读。比如，在素质教育推进过程中，就有不少研究者从不同角度对这一理念的内涵进行了深入挖掘，并提出在课程与教学目标的设定上要体现面向全体，强调多层次性和开放性，凸显学生的主体性，注重挖掘学生的个性等。在学校层面，为了帮助教师更好地领会并自觉践行当前的课程与教学价值观念，减少新旧观念之间的冲突，学校还会为教师提供相应的培训机会，提升教师的变革意愿及其对新观念的理解水平。

其次，课程作为学生获取经验的重要来源，是课程与教学目标落实的基本保障。想要发展学生的何种素养，就要为其提供相应的课程资源，课程与教学目标及其理念的落实都要诉诸相应的课程体系建设。总体而言，中华人民共和国成立以来，逐步确立了促进学生德、智、体、美、劳全面发展的教育目的观，与之相应，也就形成了德育课程、智育课程、体育课程、美育课程和劳动技术教育课程的内容体系。②各类课程下面再进一步细分出了不同的课程门类，如德育课程就包括思想品德课程、思想政治课程等，共同致力于学生的全面发展。这是从较高和较普遍的层次对学校课程内容进行的

---

① 李朝东：《教育理念的反思与人的全面发展》，载《教育理论与实践》，2004(12)。

② 陈侠：《课程论》，183～218 页，北京，人民教育出版社，1989。

规划，而在具体的践行过程中，学校还要结合不同时期的人才培养倾向及学校的特定情况，在课程方案设计标准、学科课程标准和活动课程标准等国家层面要求的指导下，对课程结构，包括课程类型、课程内容和课程安排进行更细致的考察。比如，在当前强调"立德树人"的背景下，成都市棕北中学就从"整体育人"的观念出发，构建了以学生核心素养为统领的"三·三·六"学校课程体系。其中，第一个"三"是指国家课程、地方课程和校本课程三级课程；第二个"三"是指基础课程、拓展课程和特色课程；而"六"则是指人文底蕴、科学精神、学会学习、健康生活、责任担当和实践创新六大核心素养。其具体内容的组成如图 2-1 所示。在此基础上，学校还规定了这三类课程的开设形式，即必修课还是选修课，学科课程还是活动课程，以及课时所占的比例。① 总之，通过回答应该开设哪些课程，为什么要开设这些课程，以何种形式开设这些课程，以及如何将这些课程有机地组织在一起等问题，课程与教学目标能够较好地在课程层面加以落实。

再次，课堂教学作为与学生直接发生联系的活动，是将育人目标转化为学生素质最关键的环节。改革开放 40 年间，我国在教学目标设计、活动组织、方法选择等方面均取得了丰富的研究成果，进一步明晰了教学落实的机制与原理，为课程与教学目标的实现提供了现实抓手。在教学目标设计方面，受到国外相关理论的影响，我国对于教学目标的研究也不断朝着具体化和可操作化的方向努力。比如，顾泠沅就借鉴了布卢姆和加涅的目标分类理论，将教学目标分为教与学的行为及教与学的水平两大类，前者包括知识的获得、知识的作用和评价，后者包括记忆水平、说明性理解水平和探究性

---

① 王鑫：《以学生核心素养为统领的学校课程体系建设——成都市棕北中学"三·三·六"课程体系探索》，载《教育研究》，2017(9)。

| | 人文底蕴 | 科学精神 | 学会学习 | 健康生活 | 责任担当 | 实践创新 |
|---|---|---|---|---|---|---|
| 特色课程 | 文学社：走近红楼梦中人；民俗社：走进宽窄巷、都江堰…… | 数学社：轻松学数学；生物社：探索真相…… | 英语社：快乐学英语；校友社：棕北解惑；文学社：咬文嚼字…… | 武术社：魅力太极；环保社：守护生命；棋社：围棋、象棋…… | 校友社：棕北地海外教师；历史社：成都博物馆，让世界了解川军…… | 科技社：3D打印；摄影社：定格瞬间；工美社：十字绣…… |
| 拓展课程 | 哲学启蒙、成都变迁、声乐飞翔、儒家经典诵读…… | 解读潜能、漫游科技、创客课程、数学思维…… | 文理科学习、方法解读、张景中院士数学实验课…… | 田径长廊、美食天下、心理沙龙、理财与人生…… | 模拟联合国、可爱的四川、国防与军事 | 劳动服务课程、陶艺课程、生活中的小窍门…… |
| 基础课程 | 语文、英语、思想品德、历史、音乐、美术、地理 | 数学、物理、化学、生物、信息技术…… | 语文、数学、英语、物理、化学、生物…… | 生物、体育、美术、音乐、心理健康 | 思想品德、历史、地理、语文、英语、音乐、美术 | 物理、化学、生物、地理、体育、综合实践活动…… |

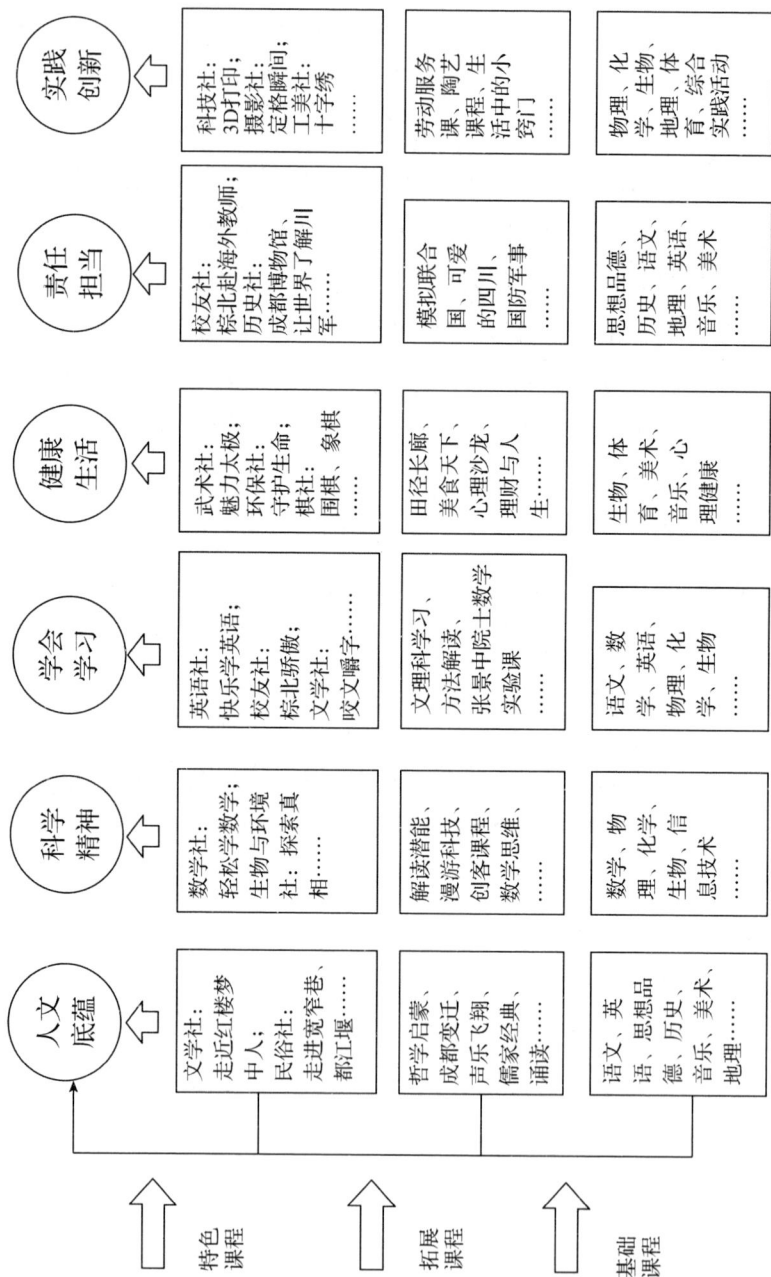

图 2-1　成都市棕北中学"三·三·六"课程体系

理解水平，提高了教学目标的实践性。[①] 在教学活动组织方面，我国逐渐摆脱了完全依赖教师经验的传统，开始基于课程标准进行逐层分析。对此，教师经常采用任务分析的方式，先是基于课程标准向下推演，确定具体、合理的教学目标，再依据教学目标判断学生达标的准则，以此来选择适当的教学方法，规划教学活动，在学生学习内容和行为之间建立联系，引导学生完成相应的学习任务。至于教学活动的具体流程，有研究总结出了 8 个主要环节，即"引起注意—明确目标—激活知识—提供材料—指向引导—行为参与—反馈强化—巩固运用"[②]。在教学方法的选择方面，随着研究的深入，我国对于各种教学方法的特点和适用范围都进行了较为深入的研究，并确立了多样、综合的基本思路，为目标的达成打下了良好的基础。

最后，课程与教学目标的落实情况还需要评价的检验，并由此明确进一步改善的方向。评价可以说是课程与教学目标落实的重要保障。改革开放以来，人们对于评价功能的认识愈发丰富，评价已不再局限于对教学结果的判断，而更多地被看作促进教学改善的工具，发挥着促进学生发展和推动教师专业成长的双重功能。促进学生发展的功能主要通过学生学业评价的方式完成，像北京市教委从 2003 年起就开始重点研制"北京市义务教育教学质量监控与评价系统"，以学科课程标准为基础，依据北京市义务教育教学的实际情况，构建了由学科评价框架、内容标准、评价方式、题型、评价领域分数构成、学业成就水平描述及题目示例构成的基础评价框架[③]，通过对学生学业发展情况的审视，实现对学校教学质量的经常性监

---

① 吴立岗：《教学的原理、模式和活动》，369～370 页，南宁，广西教育出版社，1998。

② 陈耀文、岳亮萍：《基于课程标准的教学目标在课堂中的有效落实》，载《教育理论与实践》，2014(11)。

③ 王云峰、胡进、张咏梅：《北京市义务教育教学质量监控与评价系统的构建》，载《教育科学研究》，2009(9)。

测。推动教师专业成长的功能则主要指对教师的教学行为进行评价，具体包括教学思想、教学目标、教学内容、教学活动、教师素质、教学效果等方面，通过厘清教师在教学过程中需要关注的重点，建立科学的课堂教学评价标准，为教师提供一个相对具体的参考框架，进而帮助其不断地反思和改善自己的课堂教学。当然，除了教学层面的评价，还有着眼于课程的评价，主要涉及对课程内容规划及其结构设计合理性的评判。上述评价系统的监督和引领，不仅可以保障课程与教学目标的落实，还可以对其进行持续的优化与改进，为学生的全面发展创造更优渥的条件。

## 四、改革开放 40 年我国课程与教学目标体系变革的几点思考

### （一）社会变革和课程与教学目标调整的关系问题

教育作为一种有目的地培养人的社会活动，之所以为社会所需要，是因为其可以为社会政治、经济、文化等事业发展培养所需要的人才。每一个社会都会对教育活动提出这样那样的要求。即使是同一社会，在不同历史时期，对教育的要求也往往会有所不同，而这种不同又明显地影响着课程与教学目标的调整。可以说，每一次社会变革，都会带来我国课程与教学目标的迅速转变。

1840 年鸦片战争的爆发使我国逐渐沦为半殖民地半封建社会，19 世纪末 20 世纪初，为了实现国家独立和民族富强，我国不断向西方国家寻求真理，提出了各种形式的救国方案，因此，这一时期制定的教育教学目标也带有强烈的"救亡图存"色彩和鲜明的"向西方学习"特征。如张之洞就在《重订学堂章程折》中写道："立学宗旨，无论何种学堂，均以忠孝为本，以中国经史之学为基，俾学生心术一归于纯正，而后以西学沦其智识，练其艺能，务期他日成才，各适

实用，以抑制国家造就通才、谨防流弊之意。"1949 年中华人民共和国成立，我国开始进入新的发展阶段。1956 年社会主义三大改造的基本完成，标志着我国成功地实现了由新民主主义社会到社会主义社会的伟大转变。在这一特殊的历史阶段，中国共产党根据社会发展的需要，对教育方针曾先后做出了明确的规定，即教育要为无产阶级政治服务，各级各类教育事业要培养德、智、体全面发展的、有社会主义觉悟、有文化的劳动者。1978 年改革开放至今，我国开始了由传统形态的社会主义到具有中国特色社会主义的探索阶段。随着这种历史时空的转换，"文化大革命"之前正确的教育方针被恢复并得以发展。进入 20 世纪 90 年代之后，随着中国社会的迅速发展和知识经济的到来，人的主体性、独立性和创造精神被进一步凸显出来，成为时代发展的必然需求。1999 年，《中共中央、国务院关于深化教育改革全面推进素质教育的决定》中有关教育总目标的论述，就在原有促进学生德智体全面发展的基础上，明确提出了促进学生素质的全面发展的目标，并首次在国家层面提出了教学活动要以培养学生的创新精神和实践能力为重点。2001 年，新一轮基础教育课程改革的实施，则进一步将人的创新精神和实践能力的发展摆在突出的地位，可以说，这都是顺应时代发展的必然选择。而为了更好地挖掘我国优秀的文化传统和民族精神，以应对当前社会上日益凸显的多元文化冲击，2010 年颁布的《国家中长期教育改革和发展规划纲要（2010—2020 年）》又在此基础上强调了"德育"的重要价值。

粗略回顾百余年来的这段历史，我们可以清楚地看到：每一次社会变革和发展，都必然会带来我国教育方针的重大调整，而教育方针的调整又直接影响到我国课程与教学目标的变革。然而，这是否意味着在时代发展与课程教学目标的调整问题上，目标的制定只能在时代变化的后面亦步亦趋，毫无独立性可言呢？

我们知道，教育是一门科学，教学活动是一种科学地促进人的全面发展的活动，它具有自身的规律性。一方面，这种规律性来自教学活动自身的规律性，即教学活动总是按照自身的规律发展的。"教育内部诸因素如教育者、受教育者、教育影响（教学内容、教学方法……）之间结成有机整体，历千百年的反复实践，形成稳定的联系和一套自我运行、自我约束的机制。对于这样一个独立的事物来说，任何外界的要求和影响，是不可能随心所欲地实现其意志的，相反地，必须适应、改造、通过教育内部机制才有可能。"[①]另一方面，教学活动的规律性还来自儿童身心发展的客观规律。儿童的身心发展具有规律性，不同年龄阶段的学生，身心发展所处的阶段和特点也会有所不同，教学活动必须按照儿童的身心发展规律办事，这也是教学活动的一个基本规律或准则。

正因为教学活动具有这种规律性，在处理教学活动与社会发展的关系问题上，我们认为，社会发展对教学活动起决定作用，一定社会的政治、经济、文化水平从根本上决定了教学活动的性质、方向和可能使用的教学技术和手段，即它从根本上决定了教学活动要培养什么样的人、能够如何培养人等问题。因此，教学活动必须与社会的政治、经济、文化等相适应，培养社会需要的人。这一点不可否认。同时，教学活动具有自身的发展规律，这种规律性就决定了在处理教学活动与社会发展的关系问题上，教学活动具有一定的独立性和超越性，对于社会发展的要求，它既不能亦步亦趋、简单盲从，也不能漠然处之、无动于衷，而应该坚持一种客观理性的态度，在对社会的发展主动适应的同时，还要保持某种先导性甚至规范性，通过培养人才，积极促进社会发展和进步。

在过去很长一段时间内，我们较多地强调教学活动的社会制约性和适应性，而忽视了教学活动自身的规律性，在制定课程与教学

---

[①] 王策三：《教育主体哲学刍议》，载《北京师范大学学报（社会科学版）》，1994(4)。

目标时，往往简单地追随现实社会的要求，忽视了其内在规律。社会需要教学发挥政治功能，那么，我们的教学目标就提出教学为阶级斗争服务，培养"政治人"；社会需要教学发挥经济价值，教学目标就提出教学活动为经济建设服务，为国家培养"经济人"服务。这些行为严重忽视了教学活动在社会发展中的独立性和超越性，给正常的教学活动带来了负面影响。因此，现代教学活动必须重新认识教学与社会发展的关系问题，积极发挥教学活动的主体性。在制定现代教学目标时，一方面，要引导教学"面向未来，走在社会发展的前头，不再简单地为已存和现存社会培养人才，而要真正为一个尚不存在而行将出现的社会培养人才"；另一方面，要规范我们的教学活动，"教育不再仅仅为社会生活做准备，被动地接受社会的指令，而是积极干预和参与社会生活及其发展"。① 只有这样，我们的教学活动才能"替一个未知的世界培养未知的儿童"，才能对改变社会和促进社会发展做出巨大贡献。

### (二)课程与教学目标中社会发展与个人成长的关系问题

我国在课程与教学目标的取向上大致经历了从单纯强调社会价值到个体价值逐渐凸显的过程。自中华人民共和国成立以来到20世纪90年代末，服务国家建设、促进社会发展都在学校课程与教学目标体系中占据着主导地位。中华人民共和国成立前夕通过的《中国人民政治协商会议共同纲领》提出的教育方针首次集中反映了国家的教育价值取向。《中国人民政治协商会议共同纲领》第四十一条明确规定："中华人民共和国的文化教育为新民主主义的，即民族的、科学的、大众的文化教育。人民政府的文化教育工作，应以提高人民的文化水平，培养国家建设人才，肃清封建的、买办的、法西斯主义的思想，发展为人民服务的思想为主要任务。"这一思想进一步被

---

① 王策三：《教育主体哲学刍议》，载《北京师范大学学报(社会科学版)》，1994(4)。

1958年《中共中央、国务院关于教育工作的指示》继承和发展。当时的学校课程与教学均严格贯彻上述方针，强调课程设置与教学实施均要以社会发展需要为导向，对学生进行统一的教导与要求。它更多地将学生视为促进社会发展的人力资源，对学生自身的意愿和特点则关注不足。

改革开放以来，越来越多的教育学者认为：教育的个人价值是教育的本体价值，是第一位的价值。如有论者指出："培养人，实现人的发展（教育的本体价值之所在）是促进社会发展（教育的工具价值之所在）的唯一途径……教育工具价值的实现必须以教育本体价值的实现为基础。离开教育的本体价值，教育的工具价值便成为无源之水，无本之木。"[①]"随着社会的进步与发展，以往以发展政治、经济为中心的传统社会发展观，必将让位于以人的发展和完善为首要目的的现代社会发展观……现代教学活动在个人与社会辩证统一的基础上，应该以育人为本，重视个人自我发展和完善的需要，尊重学生的独特个性，把促进学生的身心得到充分、自由、和谐的发展作为教学活动的根本目的和核心，通过培养具有主体性品质、创新精神和实践能力的人才来促进社会的发展与进步。"[②]从20世纪90年代开始，学校在课程与教学目标的设计上也更为强调学生的情感体验与主体实现，比如，上海市第一师范附属小学就将办学宗旨确定为"让孩子们都有幸福的童年"，而其他践行"愉快教育"理念的几所学校也都非常强调对学生自主创新能力的培养，对生命价值与人生意义的启蒙，同时以科学、艺术、交际文化的陶冶，促使学生达到个性化与社会化的和谐统一。[③] 此外，为了更好地将这些关注学生个

---

① 刘复兴：《教育的本体价值与工具价值关系管窥》，载《山东师大学报（社会科学版）》，1991(6)。

② 杨小微、张天宝：《教学论》，209页，北京，人民教育出版社，2007。

③ 刁培萼、吴也显、李敬光：《愉快教育——教育理想的现实道路及其发展走向》，载《教育研究与实验》，1995(4)。

体成长的教育理念落到实处，一些研究者还从理论层面对目标进行了细化，比如，和学新基于北京师范大学裴娣娜教授团队的研究成果，从时相维度、关系维度对学生主体性发展目标进行了具体扩展。他一方面根据人的生命发展阶段，建构了小学、初中、高中三个阶段的学生主体性发展目标；另一方面根据主体与客体的关系，即从人与自然、人与人、人与自我的关系方面来把握学生的主体性发展目标，① 从横、纵两个维度构建了完整的主体性发展目标体系，进而提升了主体性教育目标的可操作性，为学校的践行提供了现实抓手。这些均凸显出个人成长价值的发展趋势。

在课程与教学目标领域，社会发展与个人成长的探讨可以说是长期存在的。从人的本质特征来看，"人是社会实践的主体，既受社会制约，是社会的生成物，又改造社会，是社会历史的创造者。而且，改造和创造是更为根本的，适应的目的在很大程度上也是为了改造和创造"② 。也就是说，人在发展的过程中，首先要适应社会，并在此基础上有所超越。社会因素一方面为个人的发展提出了要求；另一方面也为个人的超越创造了条件，搭建了舞台。而个人的成长处于一定的社会环境之中，它是教育最为根本的追求。因此，学校课程与教学既要努力成就学生的"社会我"，也要帮助其成全"个体我"。这种将社会发展与个人成长相统一的观点目前已经得到了人们的广泛认可。但需要指出的是，社会发展与个人成长的统一并不是简单的折中让步，而是一种具体的、历史的统一，是不同条件下的最优选择。社会要求往往是多种力量作用的结果，反映在政治、经济、文化等不同方面，因此，即便同样是"社会发展"，其内部也存在着较大差异，在分析的过程中需要加以区别。具体而言，中华人

---

① 和学新：《主体性教学研究》，156～169 页，兰州，甘肃教育出版社，2001。
② 扈中平：《教育目的中个人本位论与社会本位论的对立与历史统一》，载《华南师范大学学报(社会科学版)》，2000(2)。

民共和国成立初期，课程与教学目标的社会价值主要体现在政治方面。比如，1958 年的《中共中央、国务院关于教育工作的指示》就明确指出："党的教育工作方针，是教育为无产阶级的政治服务，教育与生产劳动相结合。为了实现这个方针，教育工作必须由党来领导。"其中，"教育为无产阶级的政治服务"的表述无疑凸显了我国教学活动的政治价值取向。

20 世纪 70 年代末至 80 年代中期，伴随着改革开放，教育进入恢复、重建阶段。这一时期的教育具有承前启后的过渡性质，此时的课程与教学目标不仅强调政治取向，同时突出了经济一体化。1978 年的《中华人民共和国宪法》所提出的"教育必须为无产阶级政治服务，同生产劳动相结合，使受教育者在德育、智育、体育几方面都得到发展，成为有社会主义觉悟的有文化的劳动者"的教育方针，以及 1985 年《中共中央关于教育体制改革的决定》所提出的教育任务——"教育必须为社会主义建设服务，社会主义建设必须依靠教育"，便是这一时期教育主导价值取向的集中反映。可以看出，与中华人民共和国成立初期的教学目标相比，此时教学活动的主导价值开始向经济方面转移。到了 20 世纪 90 年代，教育的经济价值被摆在了更为突出的位置，成了当时的主流教育价值观。"提高劳动者素质，培养大批人才""为社会主义现代化建设服务"等作为当时教育政策的关键话语，均体现了强烈的教育经济价值取向。在这一价值取向的指引下，我国教育与经济的联系更加紧密，在为经济发展提供有力保障的同时，也使教育沾染了越来越多的功利主义色彩，学生将更多的精力放在那些所谓"有用之学"上，人文素养有所下降。

21 世纪以来，我国在制定课程与教学目标时，日益突出文化维度。比如，2001 年颁布的《基础教育课程改革纲要（试行）》明确规定："新课程的培养目标应体现时代要求。要使学生具有爱国主义、集体主义精神，热爱社会主义，继承和发扬中华民族的优秀传统和革命传统；具有社会主义民主法制意识，遵守国家法律和社会公德；逐步形成正确的世界观、人生观、价值观；具有社会责任感，努力为人民服务；具有初步的创新精神、实践能力、科学和人文素养以及环境意识；具有适应终身学习的基础知识、基本技能和方法；具有健壮的体魄和良好的心理素质，养成健康的审美情趣和生活方式，成为有理想、有道德、有文化、有纪律的一代新人。"中共十八大报告则明确提出将"立德树人"作为教育的根本任务，强调基础教育的内容就是要在传授基础知识、基本技能的同时，突出社会主义核心价值体系，从而规范人、要求人、提高人。这一目标的提出，实际上就是要求课程与教学活动有意识地"渗透科学发展观和社会主义核心价值体系……突出中华民族优秀文化传统教育……增强民族团结教育的针对性和时代性"①。可见，随着改革开放的不断深入，社会的进步和完善，"人"的因素已经得到了越来越多的重视，教学活动中个体的价值、个体的充分和谐发展也被正式提了出来，如强调教学活动要培养学生"具有初步的创新精神、实践能力、科学和人文素养以及环境意识""养成健康的审美情趣和生活方式"等。这一点，相对于以往过分注重教学活动的政治、经济价值而言，可以说是一个进步。因此，尽管都是社会发展方面的要求，但其对于人才培养的要求，以及同学生个性成长之间的关系并不尽相同，也不可一概而论。

处理社会发展与个人成长的关系，是我国课程与教学目标确定过程中的一个关键问题。通过对中华人民共和国成立以来教育目标发展历程的梳理与分析可以认为，只有处理好下面三对关系，才能更好地实现个体与社会的和谐发展：一是平衡社会发展与个人成长之间的关系；二是统合社会发展内部各要素的关系；三是关注个人成长各方面的关系。

---

① 王定华：《把立德树人作为基础教育根本任务》，载《人民教育》，2012(24)。

　　首先，在社会发展与个人成长方面，应根据不同的历史条件，选取二者适当统一的基点。在我国，党和政府对于教育目标的表述，无论是"劳动者""人才"还是"建设者和接班人"，都带有较强的服务于社会发展的倾向。对此，有研究者指出："由于把教育的目的局限于'社会'这个框架内，并在'社会'这个框架内寻求一个更为狭窄的目的，这种忽视个人发展和完善的教育目的观落实在实践中，便导致了现实教育的极度功利化和受教育者的物化。"[①]确实，对于社会功能的强化，无疑会放大教育的工具价值，掩盖了指向于人之发展的本体价值。但是，在我国政治初步稳定、经济亟待发展的历史条件下，以及集权统一的教育制度下，突出课程与教学目标的政治和经济取向可以说是当时的必然选择，况且也只有国家和社会稳定、昌盛，个体才能获得更为广阔和自由的发展空间，因此，在建设初期，以社会发展为基点，实现个人与社会的统一可以达到较好的平衡。而随着社会政治、经济的持续进步，教育理念的不断更新，以及个性长期压抑的弊端日益暴露，这一暂时的平衡状态就此被打破，此时，在处理教学的社会价值与个体价值的关系问题上，应该逐渐向个人成长向度偏移，突出教学活动中人的重要性，回归教学活动的本体价值，即培养一个完整而丰富的人。正如有论者指出的那样："教育虽然也可以附属于其他考虑（如教育为什么服务，或教育立国、教育救国之类），但它本身的目的只是'成人'。所谓'成人'，也就是人的本质力量的全面实现，它不是附属于任何其他目的的手段，相反，在一个趋向于合理的社会中，人类和社会的其他任何目的都必须成为这一目的的手段。"[②]

　　其次，在社会发展内部，应当注重政治、经济和文化三者的协

---

[①]　岳伟：《促进人的自我实现：一种新的教育目的观》，载《南京师大学报（社会科学版）》，2008(1)。

[②]　邓晓芒：《教育的艺术原理》，载《湖北大学学报（哲学社会科学版）》，2003(2)。

调，不可过分强调其中的某一要素。从 20 世纪 50 年代中后期一直到"文化大革命"结束的近二十年时间内，我国就因为过于强调政治因素的重要性，甚至将其作为唯一因素，而对学校教育教学的正常秩序造成了沉重打击，此后又由于较多地关注经济要素，将教育推向了功利主义的渊薮。学生在这样的课程与教学体系下，虽然获得了安身之术，却往往迷失了立命之本，越来越多的学生变成了斤斤计较的精致利己主义者，这些在很大程度上都是由于课程与教学目标中经济指向过重而造成的。而在当前我国政治环境稳定、经济水平较高的条件下，传承并表现我国的文化特性，树立大国教育的形象便成为课程与教学活动的新追求，社会要求中的文化因素就需要得到更多的关注。实际上，社会发展的不同阶段有不同的主要矛盾，但在现实的践行过程中，我们往往容易将主要矛盾变为唯一矛盾，而忽视其他方面的社会要求，"文化大革命"过分夸大政治因素而造成的教育倒退就是最好的明证。因此，结合目前的国内、国际形势，我国课程与教学目标在社会因素的处理上，一方面，应当继续发挥其对政治、经济发展的促进作用；另一方面，需要进一步增强其文化发展维度，更好地实现三个因素的有机统一。

最后，在学生个体成长方面，应继续坚持"个人全面发展"的总目标，实现学生在德、智、体等方面和谐、充分的发展，在达到基本和普遍要求的情况下，根据自身的需要、兴趣和能力倾向勾勒出适合自己的成长轨迹。有关个人全面发展的内容在上文已有详细论述，这里不再赘述。

总而言之，对待课程与教学目标中社会发展与个人成长的问题，不能简单地进行非此即彼的判断，而要辩证地看待二者的关系，对其进行具体的、历史的分析，同时还要全面理解社会发展的内部要素及个人成长的深层内涵，以便提升课程与教学目标体系的科学性与适切性。

### (三)课程与教学目标体系的整合性问题

课程与教学目标是学校教学活动的出发点和归宿，指导和制约着学校的一切教学活动。改革开放 40 年，是我国课程与教学目标体系不断建构和完善的 40 年。随着经济社会的快速发展及教育改革的稳步推进，人们在课程与教学目标领域进行了丰富的探索，课程与教学目标构建涉及的内容更为广泛，方法、模式也更为多样，在拓展了我国原有的课程与教学体系的同时，也对其整合性提出了挑战。如何避免各种要素之间的冲突，使其较好地结合在一起，便成为课程与教学目标构建需要解决的关键问题。

课程与教学指向的是作为完整个体成长的学生，需要给予学生多方面经验；社会发展对人才培养提出的各种新要求，也都需要课程与教学的目标体系做出相应的安排。这就要求课程与教学的目标体系具有较强的包容性和开放性，以满足各种不同的需求，促进学生的全面发展。但是，完全涵盖上述内容，追求面面俱到，既不现实，还会导致学生的学习负担过重、学习过程难以深入等诸多问题。因此，课程与教学目标体系在构建的过程中，总会结合不同教育发展时期的特点而有所侧重，这本身无可厚非，但在具体践行时，常常会出现顾此失彼的问题，在强调学生发展某一方面的同时，忽视其他方面的发展，甚至将学生在不同方面的发展对立起来。比如，我国在 21 世纪初的课程与教学改革中，就曾出现过分推崇学生学习过程的情感、态度和已有生活经验，而轻视知识学习与掌握，片面强调课程与教学目标中人文性的错误倾向。这种将科学拒之门外的人文必定是脆弱的。正如英国教育家怀特海所指出的那样，既没有纯粹的技术教育，也没有纯粹的人文教育，二者缺一不可。在课程与教学目标体系中，二者显然应当是整合的关系，而非取舍的关系。当然，类似的情况还有很多。改革开放 40 年来，围绕"全面发展"的诸多理论争鸣，实际上就是这些矛盾冲突的显现，而这些矛盾的解决一般都要诉诸各方面的恰当整合。当然，需要明确的是，这里的整合并不是"1＋1"的简单拼凑，而是使各个部分构成相互联系的有机整体，共同发挥作用。为此，在整合的过程中，第一，要明确二者的关系。要明确"双基"掌握与能力发展、科学与人文素养是并列关系还是递进关系，以更好地确定各要素之间的恰当结合点。第二，要对要素本身进行优化。仍以科学与人文素养为例，实现二者的融合已经得到了人们的普遍认可，但不可否认的是，这两个要素本身还存在一定的问题。在我国的科学教育之中，"人们往往以科学知识教育代替科学教育的全部，对于探究实验的科学方法，创新批判的科学精神被排斥在科学教育之外"①，而在人文方面，又存在我国古代人文传统与西方现代人文主张之间的冲突。因此，在进行要素间的整合之前，我们还要对要素内部进行必要的优化，以确保整合达到理想的效果。

除了内容上的整合之外，还有研究者提出了课程与教学目标构建的模式整合问题。经过长期的探索，实践中大致形成了五种课程与教学目标体系的建构模式：一是时序建构模式，即依据个体的学习历程，在不同阶段设置相应的目标要求，并由此构成完整的目标体系；二是层次建构模式，即按照教育目的、学校教学目标、学科目标、课程单元目标和课时目标的层次不断具体化，形成层层递进的课程与教学目标体系；三是领域建构模式，即从认知、情感、动作技能等学习行为从属的不同领域，设定各自的目标，引导学生不同方面的发展；四是职能建构模式，如巴班斯基从教养职能、教育职能和发展职能出发，构想了简明而实用的教学目标体系；五是结果建构模式，主要从期望学生获得的学习结果这一角度出发，对课程与教学目标进行分类。这些模式为我国课程与教学目标体系的分

①　曲铁华、李娟：《中国近代科学教育中科学精神的缺失及启示》，载《东北师大学报(哲学社会科学版)》，2005(6)。

析和建构提供了不同的思维范式和操作方法，但也都存在一定的局限，如忽视了目标的连续性问题、过多关注目标本身、缺乏对"人"的关心等。为此，在构建课程与教学目标体系的过程中，有研究者认为，应以整合取向为统领，对上述各种模式"予以选择性借鉴，以作为制定和形成教学目标体系的依据，并进行适当的改造和整合"①，建立包括课程与教学时序、内容层次、项目领域及结果水平在内的完整的目标体系，为课程与教学活动的开展提供多元而立体的指导框架，更好地促进学生的发展。

　　课程与教学目标是一个复杂的系统，包含着多方面内容和多种层次结构。这些部分既具有相对的独立性，又都围绕着同一个总目标运行，富有潜在的协同性。为了避免目标各个要素之间的冲突，同时满足学生发展和社会进步的多方面需求，并为教师的教学提供更明确的指导，我们需要对其进行整合，使课程与教学目标体系形成一个有机联系的整体，确保体系在包容性与有限性之间获得平衡。当然，如何妥善地解决课程与教学目标体系中各要素内容和层次结构的整合问题，还需要未来更深入的研究与探索。

①　李保强：《教学目标体系建构的理论反思》，载《教育研究》，2007(11)。

# 第三章
## 课程体系的改革与发展

课程主要解决学校"教什么"的问题。它集中体现了教育思想和教育观念，是实施培养目标的施工蓝图，是组织教育教学活动最主要的依据。课程改革是基础教育改革的核心，尤其是自 20 世纪 80 年代以来，面向 21 世纪的基础教育课程教材改革，引起了世界各国政府和社会各界的关注，提到了关系国家未来发展的高度。在我国，课程与教材的改革和研究也有相当长的历史。特别是自国家实行改革开放政策和邓小平同志提出教育要"面向现代化、面向世界、面向未来"以后，课程与教材的改革和研究有了很大发展。21 世纪以来，为全面推进素质教育，国家从实施科教兴国战略、提高民族素质和增强综合国力的高度，积极推进基础教育领域的课程改革。

改革开放 40 年来，发生在我国课程理论和实践领域的变化是有目共睹的，成绩和问题并存。回顾历史，总结成绩，反思问题，从中发现一些有规律性的东西，探索进一步发展的线索，对科学地推进基础教育课程改革健康发展有重要意义。

## 一、我国学校课程的历史渊源

作为一个有着五千年文明的古国，在文明积累和下一代教育上，我国的经验是非常丰富的。

大约在公元前 21 世纪初，我国历史上第一个王朝——夏朝就有了学校，道德伦理与射箭这样的军事技能是学习的主要内容。到公元前 17 世纪的商朝，学校教育制度初见雏形，学校教授的内容除了道德伦理和军事技能外，还开始进行读写算等基础文化的教学。约在公元前 11 世纪至公元前 771 年，西周建立了由小学和大学两级构成、政教合一的完备的官学体系，并形成了文武兼备的"六艺"教育。"六艺"具体包括礼、乐、射、御、书、数，其中，"礼"是政治伦理课，"乐"是综合艺术课，"射"和"御"是军事训练课，"书"和"数"是基础文化课。西周时的科技成果也很丰富，但是当时的贵族们比较鄙视这些知识，认为学习这些东西与他们的贵族身份不相称，所以在西周的官学里，我们看不到科技教育的内容。

公元前 770 年至公元前 221 年，是中华文明辉煌灿烂的历史时期，社会上出现了"士"这个阶层。"士"阶层中有文士、武士及文武双全之士。有些是失去世袭职守的贵族，有些是通过读书新兴的知识分子阶层。当时的王公贵族盛行养士之风，士阶层的人思想自由、行动自由，并且身价很高。年轻人纷纷入学读书，希望有朝一日能成为士，私学因此兴起并得到发展。到春秋末期，以孔子为代表的儒家和以墨子为代表的墨家，成为当时最著名的私学学派。

儒家私学的学习内容主要是"六经"，具体包括《诗经》《书经》《礼经》《乐经》《易经》《春秋经》。"六经"在教育史上被认为是中国第一套较完整的教科书。后来《乐经》散失，只留下"五经"，"五经"在中国古代学校教育中一直作为最基本的教材，沿用了两千多年。

墨家私学的学习内容要比儒家私学广。他们非常重视自然科学知识的传授，具体涉及几何学、力学、光学、声学等方面。战国以后，墨家走向衰微，在西汉之后基本消失，从此湮没在历史的长河中。现存的《墨子》一书是墨子的弟子及其再传弟子对墨子言行的记录，它包括政治、军事、哲学、伦理、逻辑、科技等方面的内容，是研究墨子及其后学的重要史料。

除了儒墨两家，这一时期道家、法家等私学也颇有势力。道家的学习内容是《老子》。法家则主张用法令教育人民，否定一切文化与学说。法家思想深刻地影响了秦始皇，导致了"焚书坑儒"的历史悲剧。

在中国历史上，秦朝的统治时间是短暂的，仅存十余年，但它为中国的政治、经济、军事、文化、教育等各方面的发展奠定了基础。公元前 221 年，秦始皇下令整理和统一了文字，朝中大臣们亲自编写标准文字的范本，供儿童识字之用。

汉朝是第一个令中国人引以为傲的时代。那时，文化统一，科技发达，以儒家为核心的学说被立为正统，成为中华文明坚实的根基。汉朝文教"罢黜百家，独尊儒术"，官学和私学都得到空前发展。学习的内容独尊儒术，经学成为研读的重点。

魏晋南北朝时期，国家由统一转为分裂。长期的动乱影响了学校的正常秩序，学校教育时废时兴，总体上走向衰落。文化上，盛行儒学、佛学、道学、玄学，学习的内容较为驳杂。

581 年，隋朝统一中国。这是一个和秦朝同样短暂的朝代，但它非常重视学校教育，专门设立了管理教育的中央行政机构，选任专门的教育长官。隋炀帝还开创科举考试制度，选用优秀人才，学校教育发展很快，在一些地区如"齐、鲁、赵、魏，学者尤多，负笈追师，不远千里，讲诵之声，道路不绝"[①]。

唐代又是一个很多中国人喜欢回忆并愿意生活的时代。这时的中国颇具泱泱大国风范，在政治、经济、文化、教育及国际交流方面都取得了辉煌的成就，在当时是世界上最为强盛的国家之一，世

---

① 毛礼锐、沈灌群：《中国教育通史》第 2 卷，468 页，济南，山东教育出版社，1986。

界各国人士慕名前来学习交流。唐代以后，海外华人多被称为唐人，华人聚集居住的地方也被称为唐人街。

唐代科学技术和文化上的成就斐然。科技上的成就主要表现在天文学、数学、地理学、医药学和印刷术上。文学上以诗歌的成就最为突出，民间至今还流传着"熟读唐诗三百首，不会作诗也会吟"的说法。在学校教育方面，儒家经典仍是正统。沿袭隋朝的科举制度，为保证标准一致，孔颖达等奉命编订《五经正义》。传闻孔颖达是孔子的第 31 世孙，曾任最高教育行政长官——"国子监祭酒"。《五经正义》于 653 年审定颁行，自此经学教材定于一尊，全国统一使用。《五经正义》具体包括《周易正义》《尚书正义》《毛诗正义》《礼记正义》和《春秋左传正义》。在儿童启蒙教育方面，唐代流行诵读《千字文》《急就章》《蒙求》《太公家教》《咏史诗》等。

至宋代，学校通行的学习内容发展到"十三经"，学习的内容没有变化，然而，随着时代的发展，人们对经学的态度和学习方法发生了变化。宋朝学者不笃信好古，敢于质疑经书，从个人立场对经书进行理解和阐释，一时百家蜂起，各持己见，各有长短。至朱熹作《四书集注》，"四书"风行后世，代替"五经"成为核心教材。在儿童教育方面，影响较大的有《三字经》《小学》《百家姓》和《千家诗》。

可能是因为要学习的东西太多了，所以，宋人在学习方法上非常用心。比如，在苏州、湖州长期从事教育实践的胡瑗，基于自己的经验，总结了"苏湖教法"。"苏湖教法"实行分科教学，分经义和治事二斋，经义斋培养治术人才和学术人才，治事斋又分治民科、讲武科、堰水科、算历科等，旨在培养实用人才。入治事斋的学生至少要学两科，一科为主，一科为副，方便学生将来就业。由于求学的人数众多，胡瑗还实行分组教学，把学生分组，学生先自学，然后由教师召集讨论。朱熹则按照学生的年龄，对小学、大学的学习内容进行了安排：小学阶段从 8 岁到 15 岁，主要学习"洒扫应对进退之节，礼乐射御书数之文"，目标是"学其事"，养成好的行为习惯。他编写的《小学书》被称为"学者入德之门"，"是读书、做人的基本"，还流传到日本、朝鲜，影响深远。大学阶段，朱熹以格物致知及孝悌为主要内容，目标是"学其理""学以明伦"，懂得做人的道理。

自隋朝开科举取才之先河，到唐代时，科举考试严重影响到学习内容，基本上是科举考什么，人们就学什么。针对科举考试带来的忽视学校教育的弊端，宋代先后兴起三次学校教育改革，对学习的具体内容、学习课时、升级考试制度等进行了重大改革，促进了学校教育制度的进一步完善。

元代是中国历史上第一个由北方游牧者建立的统治全国的王朝。北方游牧者的文化并不高，为了维护统治，他们不得不借重历史久远的儒学文化作为社会的精神支柱。儒家经典仍是学校的主流教材，分科、按年龄次第进行教学成为常态。理学教育家程端礼制定了《读书分年日程》，对学习内容及其进程做了详细而周密的安排。为了掌握学习进度，便于教师检查和指导，程端礼还设计了表格，让学生每天填写学习情况。该日程曾由国子监颁发到全国郡县学校实行。

明代是中国历史上最后一个由汉族建立的大一统王朝。开国皇帝朱元璋出身布衣，曾做过和尚、乞丐。他智勇神武，是中国历史上最杰出的君主之一。明王朝建立后，重视复兴汉文化，紧抓教育，开创八股取士制度。官方学校分中央官学和地方官学。中央官学的学生在学期间享有优厚的待遇，但规则约束也很严苛。官府在城镇乡村大兴社学，规定"民间子弟八岁不就学者，罚其父兄"，已有强制性的义务教育的意义。为加强专制统治，明朝对教材及其内容严格控制。比如，在国子监，规定必学的教材有《御制大诰》《大明律令》《御制为善阴骘》《孝顺事实》《五伦书》。其中，《御制大诰》是朱元璋亲自编写的，要求人人必读，家家必备。虽然"四书五经"仍是传统教材，但自实行八股取士后，经书也不再受重视，读书人就只读那些能帮助他们应试取得功名利禄的八股文了。清代仿明代，仍采取八股取士，八股文继续盛行，教材及其内容仍为钦定。

事物总是在矛盾中发展的。明清两代对文化教育的严格控制反而促进了民间对官方的怀疑与批判，涌现出了一批思想独立的学者，形成了求真务实的新思潮。到清朝末年，西方的科学技术、文化教育传入中国，科举制度和"四书五经"的教育内容遭到人们激烈的抨击。一部分思想先进人士极力倡导西学，要求废科举、兴新学。还有一些西方传教士在中国举办教会学校，给传统课程带来了冲击。1861 年，我国带有现代色彩的课程在京师同文馆诞生。以下是 1876 年京师同文馆八年制的课程设置。

> 首年：认字写字、浅解辞句、讲解浅书。
> 二年：讲解浅书、练习文法、翻译条子。
> 三年：讲各国地图、读各国史略、翻译选编。
> 四年：数理启蒙、代数学、翻译公文。
> 五年：讲求格物、几何原本、平三角、弧三角、练习译书。
> 六年：讲求机器、微分积分、航海测算、练习译书。
> 七年：讲求化学、天文测算、万国公法、练习译书。
> 八年：天文测算、地理金石、富国策、练习译书。

现代自然科学和一些实用技术类课程在其中明显占有相当大的比重。

辛亥革命胜利以后，我国结束了封建帝王时代，古代课程从此退出历史舞台，开始全面实施现代课程。1912 年的课程计划是这一转变的典型标志。1912 年学制中开设了国文、修身、外国语、历史、地理、算学、博物、理化、法制经济、图画、手工、家政（女）、缝纫(女)、音乐、体操等课程。①"读经"科在学校课程中不再出现，以自然科学为主、与社会生活紧密联系的现代课程从此确立。

进入 20 世纪以来，中国社会风雨飘摇，经历了军阀混战、抗日战争、解放战争，直至 1949 年 10 月 1 日中华人民共和国成立才稳定下来。在乱世中，学校教育尽管很难保持正常的秩序，但在苦难中挣扎生存的中国人寄予了教育更多的社会责任与使命。一些有志之士希望通过教育来改造社会，实现民主社会的理想。他们倡导教育与生活的联系，用更为实际的生活内容充实、改造学校的课程。他们引进、翻译当时流行的美国杜威的实用主义教育理论，进行设计教学法、道尔顿制实验，移植美国的学制与课程。中华人民共和国成立后，社会各领域全面学习苏联，学校课程又在苏联专家的指导下进行了全面改造。在 1966 年"文化大革命"开始以前，学校课程虽然随着政治而摇摆，但仍坚持了科学化、现代化的大方向。1966年至 1976 年的"文化大革命"彻底否定了学校的科学文化教育，一切以阶级斗争为纲，传统文化是"四旧"之一，不能学，西方的科学文化属于资产阶级文化，不能学，苏联的科学文化属于修正主义，也不能学，学校教育近乎瘫痪。

## 二、课程领域 40 年改革探索的基本历程

在中国历史上，1978 年是值得纪念的一年。它给中国人民带来了希望的春天。这一年是科学的春天，是知识分子的春天，也是学校教育的春天。

从 1978 年到 2018 年，40 年来国泰民安，学校教育很快恢复正常，一代又一代人在学校里享受着系统的、先进的科学文化教育。

---

① 吕达：《中国近代课程史论》，242～243 页，北京，人民教育出版社，1994。

他们成为国家各行各业的栋梁，创造了今日中国的辉煌。在学校课程建设方面，我国先后经历了四个阶段：学校课程恢复重建；实施义务教育课程计划，开展普通高中课程改革实验；全面推进素质教育，加快构建新基础教育课程与教学体系；课程改革全面向纵深发展。

**(一)学校课程恢复重建**

1."文化大革命"结束后，邓小平同志亲自抓教育工作，责成教育部恢复重建人民教育出版社，组织全国统一教材的编写

"文化大革命"期间，我国中小学课程教材建设一片混乱，"文化大革命"前编写的教材被视为"封、资、修大杂烩"；负责课程与教材研发的人民教育出版社"被污蔑为黑据点，被勒令撤销"，取而代之的是各地自编的教材。这些自编教材大多片面突出政治和联系实际，严重削弱了系统知识的教学。"几乎所有教材都有大量牵强附会、'穿靴戴帽'、同本学科知识毫无关系的内容⋯⋯数理教材大多采用'典型产品带知识'，物理教材结合三机一泵(拖拉机、柴油机、电动机、水泵)讲物理知识；化学教材用大量篇幅讲土壤、化肥、农药；生物教材主要讲三大作物(稻、麦、棉)一头猪；数学教材中会计、测量、视图的知识占很大比重。上海、辽宁等地取消了物理、化学、生物课程，改设'工业生产知识''农业生产知识'课程。"①

"文化大革命"结束后，邓小平负责教育战线的拨乱反正，他一开始就敏锐地抓住了教育改革的核心——课程教材问题。他在 1977 年就强调指出："教育制度中有很多具体问题。一个是学制问题。是否恢复小学五年，中学五年，以后再进一步研究。现在意见还不一致，这关系不算太大。关键是教材。教材要反映出现代科学文化的

---

① 叶立群：《回顾与思考——中小学教材建设 40 年(1949—1989)》，见课程教材研究所：《课程教材研究十年》，15 页，北京，人民教育出版社，1993。

先进水平，同时要符合我国的实际情况。"①

　　教育部马上组建教材编写工作组，进行统编教材的编写。据教育部原副部长浦通修同志的回忆，当时的教育部真是一副烂摊子，乱糟糟的。原来编教材的机构和人员没有多少了，人民教育出版社的原班子早已发配到外地。时任党中央副主席的邓小平同志果断地指示："要组织一个很强的班子，编大中小学教材。""教材要组织专门班子编写。"根据邓小平同志的指示精神，教育部党组为尽快增强人民教育出版社的编辑力量，以适应编写教材的急切需要，报请中央批准从各省、市抽调一批编辑出版干部。邓小平同志看到这份报告后，很快就做出了明确批示，指出："编好教材是提高教学（质量）的关键，要有足够的合格人力加以保障。"他还指出："教育部要管教材，不能设想我们国家没有统一的中学教材。"在邓小平同志的亲自关怀下，教育部为人民教育出版社从全国 18 个省、自治区、直辖市抽调了大批干部，连同人民教育出版社的干部共 200 余人，以"全国中小学校教材编写工作会议"的名义，按中小学学科，分 12 个编写组开始工作。②

　　根据邓小平同志的指示，中央在外汇紧缺的情况下，拨给教育部 10 万美元专款，人民教育出版社在我国驻外使馆的协助下，从美国、英国、联邦德国、法国、日本等国家选购了大批教材，并通过空运尽快运回国内，供编写教材参考。人民教育出版社组织人员，认真研究了引进的外国教材，并撰写了报告。教育部于 1977 年 9 月 15 日以"简报增刊"报送中央。邓小平同志对此十分关心，并很快做出指示。9 月 19 日，他在同教育部负责人的谈话中说："我看了你们

　　①　邓小平：《关于科学和教育工作的几点意见》，见何东昌：《中华人民共和国重要教育文献（1976—1990）》，1 573 页，海口，海南出版社，1998。

　　②　人民教育出版社、课程教材研究所：《永远铭记邓小平对中小学教材建设与改革的丰功伟绩》，见课程教材研究所：《课程教材研究 15 年》，1 页，北京，人民教育出版社，1998。

编的外国教材情况简报。看来，教材非从中小学抓起不可，教书非教最先进的内容不可，当然，也不能脱离我国的实际情况。"①到1978年2月，我国引进外国教材达2 200册。

　　1978年2月，全国统一的《全日制十年制中小学教学计划试行草案》颁布实施。该文件明确了中小学的任务和学制，提出制订教学计划的基本原则，要求正确对待"主学"和"兼学"，规定了每周学校统一安排的活动总量、课程设置及有关说明等。该计划虽仍有"文化大革命"的痕迹，但在一些重大问题上明确了立场，比如，明确了中小学教育是基础教育，强调要大力加强文化课教学，要求学生学好先进的文化科学基础知识。学校课程设置恢复正常，门类设置较齐全。文化课程的内容强调反映现代科学成果。要求从全局出发，对"主学"和"兼学"，各门学科的不同要求和相互关系，小学、中学和大学的衔接，城市、农村、少数民族的共同要求和不同特点，统筹兼顾，合理安排。配合该计划草案，教育部颁布了全国统一的教学大纲。

　　1980年，根据新计划和大纲编制的全套教材出齐。这是"文化大革命"后第一套全国通用的中小学教材。这套教材吸收了国际中小学课程改革的经验和教训，进行了教学内容的现代化改革，注重基础知识的选择，清除了"文化大革命"时期出版的教材中的许多谬误，为拨乱反正，正本清源，提高教育质量，稳定社会秩序立下了汗马功劳。

　　2. 重新确定、统一中小学学制

　　学制是一个国家教育制度的重要组成部分。中华人民共和国成立以来，党和政府就一直很重视学制的改革。在1978年以前，中华人民共和国的学制改革和实验就进行了3次，一次是在1952年，一

---

　　① 人民教育出版社、课程教材研究所：《永远铭记邓小平对中小学教材建设与改革的丰功伟绩》，见课程教材研究所：《课程教材研究15年》，2页，北京，人民教育出版社，1998。

次是在"大跃进"时期，一次是在"文化大革命"时期。后两次改革实验的目的都是希望能够通过缩短学制，早出人才，多出人才，结果最后都以失败告终。"文化大革命"期间，各地学制混乱，至"文化大革命"后期，各地中小学实行的学制多为九年制或十年制。

1978 年 2 月，教育部颁发了《全日制十年制中小学教学计划试行草案》，要求在具备条件的全日制中小学试行十年制。

1979 年 4 月初，《人民日报》发表了宫景隆等人的《建议把中小学学制恢复到十二年》一文。文章发表后引起了一定反响，其他一些报刊随后也发表了有关改革学制的文章。1979 年 6 月，教育部发出通知，要求各地讨论学制改革问题。

1980 年 12 月，中共中央、国务院颁发了《关于普及小学教育若干问题的决定》。该文件指出：中小学学制准备逐步改为十二年制。今后一段时期，小学学制可以五年制与六年制并存，城市小学可以先试行六年制，农村小学学制暂时不动。教育部应当尽快提出学制改革方案，确定统一的基本学制。

学制调整的一个直接结果就是我国中小学的学制出现了"六三三""六三二""五三三""五三二"（在一些边远山区还有"五二二"）并存的现象。学制的多样化必然带来教学计划、教学大纲和教材的多样化。考虑到城乡教育发展水平的差异，教学计划有城市小学教学计划和农村小学教学计划之分。一般中学的教学计划可由各省、直辖市、自治区教育厅（局）另行制定。条件好的重点中学经省、直辖市、自治区教育厅（局）批准，还可变更教学计划。

1981 年，教育部颁布《全日制六年制重点中学教学计划试行草案》，并对《全日制五年制中学教学计划试行草案》提出了修订意见。《全日制六年制重点中学教学计划试行草案》规定：五年制中学各年级教材修订本 1982 年秋季开始陆续停止供应。六年制重点中学全国统编教材 1983 年开始陆续供应。中学学制定为六年，由五年制向六年制过渡。多数地区争取在 1985 年前，把中学学制改为六年。

1984 年颁布的《教育部关于全日制六年制小学教学计划的安排意见》调整了小学的课时制度：一节课由原来的 45 分钟改为 40 分钟，也可试行 35 分钟，要求在每节课中间安排 5 分钟的室内休息或活动。

经过上述调整，总体上看，绝大多数具备条件的地区和学校的学制、课程和教材还是统一起来了。但是，由于客观上存在着地区和学校发展水平的差异，所以，全国各地真正实行的学制并不统一，教学计划也因地制宜，教材建设亦呈现多样化。

**(二)实施义务教育课程计划，开展普通高中课程改革实验**

随着我国改革开放的深入发展，1985 年，《中共中央关于教育体制改革的决定》发布。1986 年，国家颁布了《中华人民共和国义务教育法》。《中华人民共和国义务教育法》第一次提出了在全国有步骤地实施九年义务教育，于是，义务教育课程、教材建设成为教育领域的一个中心工作任务。

1. 教材制度打破了"国定制"，开始走向"审定制"

中华人民共和国成立以来，中小学教材一直实行"国定制"。全国使用的教材统一由人民教育出版社编辑、出版。1985 年 1 月，教育部颁布《全国中小学教材审定委员会工作条例(试行)》，规定中小学教材编写和审查分离，除人民教育出版社专业从事教材编写外，各省、自治区、直辖市教育部门及相关学术机构、专家学者均可编写教材；教育部成立全国中小学教材审定委员会，负责审，审定后的教材由教育部推荐各地选用。

1986 年 9 月，首届全国中小学教材审定委员会和各学科教材审查委员会正式成立，聘请了专家、教师和教育行政领导干部 20 余人任审定委员，200 余人任学科审查委员。1987 年 10 月，国家教委正式颁布了《全国中小学教材审定委员会工作章程》，规定了教材审定

的内容、原则、程序和经费来源。这标志着我国中小学教材制度由
"国定制"改为"审定制"，是我国教材体制的一个历史性转变。

2. 颁发《九年制义务教育教材编写规划方案》，进一步推动教材
多样化

同正在酝酿中的义务教育课程方案相配套，原国家教委开始着
手组织义务教育教材的编写，并于 1988 年 5 月召开义务教育教材规
划会议，同年 8 月颁发了《九年制义务教育教材编写规划方案》。

《九年制义务教育教材编写规划方案》指出，"根据我国地域辽
阔，人口众多，经济文化发展不平衡的国情，九年制义务教育的教
材，必须在统一基本要求，统一审定的前提下，逐步实现教材的多
样化，以适应各类地区、各类学校的需要"；"把竞争机制引入教材
建设，通过竞争促进教材事业的繁荣和教材质量的提高"。《九年制
义务教育教材编写规划方案》提出的目标是用四五年时间，逐步完成
以下四种不同类型教材的编写工作：①教材内容的要求和程度，达
到大纲规定，面向全国大多数地区适合一般水平的学校使用的"六三
制"教材。②教材内容的要求和程度，达到大纲规定，面向全国大多
数地区适合一般水平的学校使用的"五四制"教材。③教材内容的要
求和程度，适当高于大纲的规定，主要面向经济文化比较发达的地
区和办学条件较好的小学和初中教材。④ 教材内容的要求和程度，
基本达到大纲的规定，面向经济文化基础比较薄弱的边远地区、农
牧地区和山区，以及教学设备较差学校使用的小学和初中教材。此
外，要在不长的时间内编写出适应小学复式班教学要求的教材等。

据此方案，人民教育出版社等单位报送了教材编写方案。1989
年，国家教委批准人民教育出版社编写第一、第二两种类型的教材；
北京师范大学编写第二种类型的教材；广东省教育厅和华南师范大
学编写第三种类型的教材；教委和西南师范大学编写第四种类型的
教材；八所高师院校出版社协作委员会编写教材。上海、浙江根据

本地区科技、经济、社会发展的需要，制订具有本地区特点的教学计划和课程标准，并编写教材。河北省教委制定编写适合复式教学的课程教材。1989 年，国家开始了新教材的实验。[①]

3.1992 年 8 月，国家教委正式颁发《九年义务教育全日制小学、初级中学课程方案（试行）》和 24 个学科教学大纲

该课程方案努力体现时代要求，吸收新的教育科研成果，具有许多新特点。

第一，培养目标增加了新的要求：结合时代要求，加强思想品德教育；首次提出了个性心理品质的教育目标；首次把科学态度和科学方法列入教学目标。

第二，课程的统一性和灵活性进一步结合。国家课程在整个课程计划中占 90% 以上的比重，以必修的文化基础课程为主，另外安排较少比例的地方课程。地方课程虽然在整个课程计划中所占的比重很小，但这是首次在全国统一的课程计划中明确规定地方课程这一类型。地方课程的设置是课程方案的一项突破性改革。此外，课程的统一性和灵活性的结合还表现在某些教学科目规定了两级教学水准，如外语和数学。

第三，课程结构和学科比例更加科学、合理。

第四，以分科课程为主，适当增设综合课。

第五，革新体例，增加新的构成部分。

新教学大纲和教材也共同体现了义务教育的性质和任务，加强了思想性，重视选取社会主义现代化建设需要的教学内容；注重遵循学生的认知规律；适当降低了难度，拓宽了知识面，使学生过重的学习负担有所减轻；重视打好学生基础，培养学生能力；义务教

---

① 吴履平：《基础教育教材建设回顾：1986—1998》，见课程教材研究所：《课程教材研究 15 年》，14 页，北京，人民教育出版社，1998。

育教材的印刷质量有较大提高。①

4. 开展普通高中课程的实验研究

1996 年，国家教委基础教育司印发《全日制普通高级中学课程计划（试验）》，1997 年在"两省一市"（江西省、山西省和天津市）试验普通高中新课程方案。

该计划与九年义务教育课程方案相衔接。它规定普通高中的课程由学科类课程和活动类课程组成。学科类课程包括必修、限定选修和任意选修三种方式。活动类课程也包括必须参加和自愿选择参加两类。该试验两年之后，教育部又于 2000 年印发了《全日制普通高级中学课程计划（试验修订稿）》。试验修订稿对试验稿进行了较大的修改。

首先，在课程的设置上，不再区分学科类和活动类。

其次，增添了"综合实践活动"这个新科目。国家规定"综合实践活动"为必修课。综合实践活动包括研究性学习、劳动技术教育、社区服务和社会实践四部分。其中，研究性学习时数是每周 9 课时，共 288 课时，仅少于语文、数学、外语和物理。劳动技术教育和社会实践每学年 1 周，社区服务利用校外时间安排。

再次，增加了"课程实施"和"课程评价"两个项目。关于课程实施，《全日制普通高级中学课程计划（试验修订稿）》指出，课程实施主要涉及教材、教师、学生、教学组织等因素。在课程评价部分，它明确提出不允许公布学生的考试成绩和名次。要利用学分制管理综合实践活动，课程管理部分也有变动。

最后，在课程管理体制上仍坚持使用三级管理体制，并对各级管理职责做了调整。如原来由国家教育委员会负责的规划、组织编

---

　　① 　白月桥：《九年义务教育学制课程纵横比较与施教建议》，39～53 页，北京，北京师范大学出版社，1993。

写和审查教材等工作，试验修订稿没有要求。试验修订稿强调了地方课程的开发。有学者把该课程方案的特点概括为"一个目标，两段设计，三级管理，四个结合"。所谓一个目标，是指该方案强化了目标意识，首次把普通高中作为一个独立学段，把"双重任务"和"两个侧重"规定在培养目标之中。所谓两段设计，即九年义务教育是一段，普通高中是一段，过去是小学一段，中学一段，现在这种分段则适应了九年义务教育的要求，是一种崭新的构建。所谓三级管理，是指中央、地方和学校对课程管理都有一定的权限。所谓四个结合，即内容上，德智体美与劳动、技术、职业教育相结合，学术课程与技术课程相结合；形态上，学科类课程与活动类课程相结合，分科课程与综合课程相结合，学期课程与短期课程相结合；类型上，必修课与选修课相结合；范畴上，显在课程（正式课程）与潜在课程（非正式课程）相结合。①

　　到 20 世纪末，我国课程体系有了明显的变化，主要表现在：第一，改变了全国统一的课程制度，形成了统一性和灵活性相结合的课程体制；第二，改变了单一的学科课程体系和课程结构，纳入了活动课程；第三，增设了选修课程，打破了必修课程一统天下的局面；第四，打破了只有"分科课程"的状况，开始发展综合课程；第五，改变了过分集中的管理制度，建立了中央、地方、学校三级管理的课程体制。教材多样化必然导致更多的教育、出版部门参与教材的编写和出版，教材研究工作广泛开展。很多从事教学理论研究的人开始转向课程研究，课程理论研究成果从少到多，课程论学科逐步发展。基础教育阶段的课程体系基本上确立起来。

**（三）全面推进素质教育，加快构建新基础教育课程与教学体系**

　　1985 年《中共中央关于教育体制改革的决定》指出：教育体制改

---

　　①　吕达：《关于普通高中新课程方案的思考》，见课程教材研究所：《课程教材研究 15 年》，31～37 页，北京，人民教育出版社，1998。

革的根本目的是提高民族素质，多出人才、出好人才。1999 年 6 月，《中共中央、国务院关于深化教育改革全面推进素质教育的决定》强调：全面贯彻党的教育方针，全面推进素质教育。2001 年《国务院关于基础教育改革与发展的决定》指出：深化教育教学改革，扎实推进素质教育。中共十六大将"全面推进素质教育"写入工作报告，素质教育被提升为党和国家的重大决策。

为使素质教育的实施能够扎实有效地推进并力争取得突破性进展，李岚清从 2000 年以来，多次召开座谈会，深入基层调研，提出要抓住核心问题和关键环节，推进素质教育。他提出要突出抓好的核心问题和关键环节有四个方面：一是积极推进课程改革；二是改进和加强德育；三是改革考试评价制度；四是建设高素质的教师队伍。2001 年，《国务院关于基础教育改革与发展的决定》进一步明确了"加快构建符合素质教育要求的新的基础教育课程体系"的任务。根据《国务院关于基础教育改革与发展的决定》的精神，同年 6 月，教育部颁布了《基础教育课程改革纲要(试行)》，11 月颁布《义务教育课程设置实验方案》，我国新一轮基础教育课程改革正式启动并进入实施。

这次课程改革是中华人民共和国成立以来的第八次课程改革，俗称"新课改"。新课改聚焦于"六个改变"，即改变课程过于注重知识传授的倾向；改变课程结构过于强调学科本位、科目过多和缺乏整合的现状；改变课程内容"繁、难、偏、旧"和过于注重书本知识的现状；改变课程实施过于强调接受学习、死记硬背、机械训练的现状；改变课程评价过于强调甄别与选拔的功能；改变课程管理过于集中的状况。这"六个改变"构成了新一轮基础教育课程改革的总框架。

2003 年，教育部颁布《普通高中课程方案(实验)》和 15 个学科课程标准(实验)，以及配套的若干版本的新教材。2004 年，山东、广东、宁夏和海南作为首批改革实验区，启动高中阶段的课程改革实验。2012年，全国各地都进入高中阶段的课程改革。至此，我国基础教育阶段的课程体系完成重建。

**（四）课程改革全面向纵深发展**

2010年7月，党中央、国务院召开了新世纪第一次全国教育工作会议，发布了《国家中长期教育改革和发展规划纲要（2010—2020年）》。该文件根据中共十七大关于"优先发展教育，建设人力资源强国"的战略部署，指明了教育事业科学发展的方向为：全面提高国民素质，促进教育事业科学发展，加快社会主义现代化进程。按照"优先发展、育人为本、改革创新、促进公平、提高质量"的工作方针，大力推进教育事业科学发展，努力办好人民满意的教育，课程改革全面向纵深发展。

1. 对十年课改的全面总结和深度反思

新课程改革开展十年之后，各个岗位上的教育工作者，包括行政官员、专家学者、一线教师，都对课程改革进行了全面总结和深度反思。不同角色决定了总结和反思的视角与重点。一线教师主要是基于个人体会进行总结与反思，有成长也有困惑；行政管理者大多以肯定为主，主要看成绩；专家学者重点是发现问题，剖析问题，探寻规律。

张老师说"课改十年，我变了"[①]。课改前的张老师"填鸭式地传授知识""始终站在讲台上，一副高高在上的姿态""给学生一副冷冰冰的面孔"，根据成绩好坏对学生有"明显的界线之分"；课改后，他知道尊重和欣赏学生了，学会了指导学生如何学习，学会了和学生交朋友。江苏省语文特级教师王栋生老师则撰写《十年回顾与忧思》一文，痛陈课改的各种乱象，比如，"吃课改""打宣传仗""包装改革

---

① 张军亮：《课改十年，我变了》，载《教育理论与实践》，2010(9)。

典型""浮夸之风盛行"等，让人警醒。①

　　教育部基础教育二司原巡视员朱慕菊肯定了改革的方向，认为："(我们)经历了十年改革的过程，目睹了改革所带来的深刻变化，感到鼓舞与振奋，(改革)也引发了(人们)深刻的思考，实践证明基础教育课程改革的方向是对的。现在重新审视十年前的文件，从方向到观念到改革目标，与《国家中长期教育改革和发展规划纲要(2010－2020年)》对照，至今也是一致的。"②

　　中国教育科学院院长田慧生认为："进入21世纪以来，特别是党的十六大以来，新一轮基础教育课程改革全面推进，成效显著，具有中国特色的基础教育课程教材体系初步形成。基础教育课程改革与发展适应了我国教育改革总体发展需要，对推动素质教育的全面实施，推动我国由人力资源大国向人力资源强国迈进产生了深远的影响，为探索和建构中国特色社会主义基础教育体系发挥了不可替代的独特作用，积累了丰富的经验。"③

　　四川省社会科学研究院查有梁研究员撰文《十年新课程改革的统计诠释》，通过对广大教师和学生的调查统计分析表明：十年课改，基本失败，其逻辑分析与经验证实的结论一致。逻辑分析和经验证实："不可能"实现新课程改革的"三大转型"；"自主、合作、探究"不可能是中小学生的主要学习方式；教师培训需要"自主、合作、探究"的方式。中国的课程改革必须走中国自己的现代化道路。④

　　北京师范大学教授王策三先生指出十年课改给我们的重要教训是：必须联系社会和国情来观察、对待教育现象；应该尊重教育改

　　①　王栋生：《十年回顾与忧思》，载《基础教育课程》，2011(12)。

　　②　朱慕菊、余慧娟：《十年基础教育课程改革的思考——课改热点问题访谈录》，载《人民教育》，2011(18)。

　　③　田慧生：《中国特色社会主义课程体系的成功探索与实践——十六大以来我国基础教育课程改革回顾与展望》，载《人民教育》，2012(19)。

　　④　查有梁：《十年新课程改革的统计诠释》，载《教育科学研究》，2012(11)。

革发展自身的规律；建设高水平的团结的教育队伍。十年课改给予人们以深刻启示，它以极大的尖锐性和鲜明性再一次说明"学生中心、经验课程、探究学习"不能作为中小学教育的独立或主导模式；要正视学校课程教学固有的内在的矛盾；重视反思历史，正确估量世界范围非理性主义思潮的影响。①

十年课改褒贬不一，争鸣不断。在争鸣中，一些模糊的概念、命题和政策要求逐步得以认识并明确，指导中小学教学实践的课程标准也不断得以修正。

2. 全面修订义务教育课程标准

2003 年，国家启动了课程标准修订工作，至 2010 年，共进行了三次修订，2011 年颁布了修订后的各科课程标准。修订工作在充分调研的基础上确立了原则和重点：坚持德育为先，充分体现社会主义核心价值观；坚持全面发展，进一步精选对学生全面发展、终身发展具有重要价值的课程内容；坚持能力为重，注重培养学生的创新精神和实践能力；坚持以人为本，遵循学生的认知规律和教育教学规律；坚持与时俱进，体现时代发展的新要求和科技进步的新内容。

修订工作还创新审议工作机制，成立了学科审议组和综合审议组，邀请 154 位专家参加了审议工作，其中有院士和著名学者 24 位，一线特级教师 36 位；完善了审议工作程序，审议工作按综合审议、分科审议、再综合审议的程序进行。审议工作进行了两个月。经审议修订颁布的课程标准从整体上看有三个特征：第一，强化了中国特色；第二，突出了时代特征；第三，体现了国际视野，是"面向现代化、面向世界、面向未来"指导思想在新的历史时期的具

---

① 王策三：《应该尽力尽责总结经验教训——评"十年课改：超越成败与否的简单评价"》，载《教育科学研究》，2013(6)。

体化。①

3. 课程改革进入突出"立德树人，全面育人"的新时代

2012 年，中共十八大提出把"立德树人"作为教育工作的根本任务，开始从国家层面更加深入系统地考虑"教育要立什么德、树什么人"或者说"教育要培养什么样的人"这一根本问题。2013 年，为将"立德树人"落实到位，受教育部委托，来自 5 所高校的 96 名研究人员组成"中国学生发展核心素养"课题组，对"立什么德""树什么人"展开研究。2014 年，《教育部关于全面深化课程改革落实立德树人根本任务的意见》进一步提出落实立德树人的根本任务，把立德树人贯穿教育的全过程。同年，《国务院关于深化考试招生制度改革的实施意见》要求对高中课程和高考改革进行统筹谋划。2016 年 9 月，"中国学生发展核心素养"课题组发布研究成果，公布了中国学生发展核心素养的总体框架和基本内涵。

这一阶段，国家层面的举措力度之大，前所未有。2017 年 7 月，国家正式成立国家教材委员会，委员会主任由主管教育的国务院副总理兼任，国家领导直接参与教材建设，强调"教材建设是事关未来的战略工程、基础工程，教材体现国家意志"。为落实中央的重大决策部署，教育部在意识形态属性强，具有极其重要而特殊育人功能的语文、历史、道德与法治三科教材上实行统编、统审、统用。同年 9 月，语文、历史、道德与法治三科统编教材投入使用。同年12 月，教育部印发《普通高中课程方案和语文等学科课程标准（2017年版）》。

新修订的高中课程标准在内容上努力凸显思想性、时代性和整体性等，进一步强化社会主义核心价值观教育，以及中华优秀传统文化、革命文化和社会主义先进文化教育等内容；充分反映马克思

---

① 国家基础教育课程教材专家工作委员会：《坚持与时俱进 巩固发展课程改革成果——关于义务教育课程标准修订与审议工作的说明》，载《基础教育课程》，2012(2)。

主义中国化最新成果及经济社会发展、科技进步的新成就；更加关注学科内在联系及学科间的相互配合，克服碎片化及彼此间的脱节等现象。

## 三、课程领域 40 年改革探索的主要成就

40 年来，在改革开放政策和解放思想、实事求是思想路线的指引下，我国中小学课程改革取得了突出成就。

### (一)建立了规范统一的、高水平的国家课程体系

我国是人口大国，教育规模居世界第一。教育部发布的《中国教育概况》显示，2016 年，我国各级各类学历教育在校生约为 2.6 亿人。其中，小学、初中和高中阶段在校生是主体，约有 1.8 亿人。

我国幅员辽阔，教育的区域差异也很大。为了保证质量，学制上实行的是单轨制，教育管理体制是中央集权制，国家设有最高教育行政机构，统一规划和管理各项教育事业。在课程方面，我们历经多年探索，建立了具有中国特色的规范统一的、高水平的课程体系，从上到下具体包括三个层次，即课程计划—课程标准—以教科书为主的课程资源。

第一层次是课程计划，它是关于中小学课程设置与编排的总体规划，具体规定学校开设的课程门类、各门类课程的学时数量及课程开设的顺序。它是编制课程标准和教科书的基本依据，也是教育行政管理部门进行课程管理的文件依据。根据行政管理的层级，在国家层面有国家课程计划；然后是省级教育行政部门根据国家课程计划制订的适合本地区的课程计划；最后学校根据国家课程计划和地方的课程计划对学校课程进行整体规划，把国家的要求落实到具体的教育教学中。

第二个层次是课程标准，它以纲要的形式对具体学科的性质、

目标、内容、教学实施与评价等进行规定，主要用来指导教科书的编写和教师的学科教学，也是教育行政部门检查和督导教学质量的文件依据。

第三个层次是以教科书为主的课程资源，是每个学科按照课程标准开发的供师生教学使用的各种材料。其中，教科书是基础课程资源，其他还有各种辅助性教学材料，包括学生练习册、教师的教学参考书，以及依托信息技术和互联网开发的各种数字化内容资源等。

当前指导我国义务教育阶段的课程计划是 2001 年颁布的《义务教育课程设置实验方案》，课程标准是 2011 年新修订的义务阶段的各科课程标准。高中阶段的课程计划和课程标准将于 2018 年秋季，按 2017 年 12 月教育部颁布的《普通高中课程方案和语文等学科课程标准(2017 年版)》执行。

课程计划、课程标准和以教科书为主的课程资源构成了完整、统一的课程体系。它为国家教育方针规定的教育目标的层层落实，提供了时间保障、内容保障和资源保障，保证了我国大规模基础教育的基本质量。

首先，在时间上，国家对各年级周课时数、学年总课时数、九年总课时数和各门课程课时比例做出了规定。各年级周课时数为 26～34，学年总课时数为 910～1 122，九年总课时数为 9 522。国家根据人才培养规格要求，对各门课程课时比例进行了分配，其中，思想品德课占 7%～9%，历史社会(或历史、地理)占 3%～4%，科学占 7%～9%，语文占 20%～22%，数学占 13%～15%，外语占 6%～8%，体育占 10%～11%，艺术占 9%～11%，综合实践活动、地方与学校课程占 16%～20%。如此精细的时间分配，在世界范围内都是很罕见的。它为保障我国大规模教育的质量提供了有力保障。其次，在内容方面，国家对各科课程也是层层落实、逐级细化的。

课程计划规定了思想品德、历史社会或地理、科学、语文、数学、外语、体育、艺术、综合实践活动九大门类，课程标准则对这九大门类的具体内容构成及教学要求进行了详细的规定，通行的教科书又严格按照课程计划和课程标准进行内容选择与编排。最后，在配套资源方面，我国有专门服务中小学的出版社、教学设备生产企业、互联网、各种教育教学基地等。

曾有一段时间，我们极度缺乏文化自信，无法客观地认识我们的国情，批评与否定统一的课程与教学，认为千篇一律，没有差异，缺乏特色。随着道路自信、理论自信、制度自信和文化自信的提升，在和西方国家的交流中，我们开始能够理性、客观地进行比较，认识到有些不同是差距，而有些不同则是差异。和西方自由、多元、开放的课程体系相比，规范、统一的课程体系不仅不是缺陷，反而恰恰是我们的优势，符合我们的国情，是实现公平、有质量的、大规模基础教育的基本保障。规范、统一的课程体系不仅是我们的成就，而且是我们对世界学校教育的贡献。

**（二）积极开展课程理论研究，初步构建了中国特色社会主义课程论体系**

课程研究作为一个正式研究领域，在我国始于 20 世纪 20 年代初期。[①]中华人民共和国成立后，学习苏联的教育科学，把课程论作为教学论的一个组成部分来研究，独立的课程论学科就不存在了。改革开放之后，课程论在中国进入了新生阶段。1981 年，《课程·教材·教法》杂志创刊，课程研究全面展开。

尤其是 1989 年以来，课程论学科进入重建，标志性成果是两本课程论专著的先后出版：一是陈侠著的《课程论》，二是钟启泉编著的《现代课程论》。陈侠著的《课程论》结合中国的实际，阐述了课程

---

① 张廷凯：《我国课程论研究的历史回顾：1922—1997》，见课程教材研究所：《课程教材研究 15 年》，51 页，北京，人民教育出版社，1998。

研究的对象、目的和方法，考察了中西方学校课程的演变和课程理论的流派，探讨了制约学校课程的各种因素，论述了课程的编订、实施和评价问题。钟启泉编著的《现代课程论》借鉴国外，特别是日本学者的研究成果，重点探讨了学校课程的发展、课程论的遗产和课程理论的进步，阐述了课程编制的基本理论、教育目标、课程开发、教材教具、课程评价、课程管理等问题，介绍了美国、西欧、苏联、日本的现代课程研究概况，用较大篇幅对美国、苏联、英国、法国、联邦德国及日本等国学校课程的实施及其特点做了比较研究。

重建后的课程论学科发展异常迅速，并且取得了显著的成就。我国翻译介绍了大量有理论价值和代表性的国外课程论著作；出版了我国学者自己撰写的课程论专著；产生了大量针对国内课程问题的专门研究。[①] 1996 年，国务院学位办批准把"课程与教学论"作为教育科学学科下属的二级学科，突出了课程研究的重要性。

课程论专业的教学和研究队伍不断壮大。1997 年 9 月，全国课程专业委员会在广州成立。截至 2018 年，课程专业委员会已召开了 10 次全国性的学术研讨会。历次研讨会都围绕重大课程理论与实践问题展开深入讨论。到目前为止，全国所有省属重点师范院校都有课程与教学论的硕士点，近 30 所高等师范院校设有课程与教学论的博士点，形成了从硕士到博士的高层次人才培养体系。

课程论方面的研究成果也非常丰富。曾有学者对 2002 年《教育研究》杂志所发表的论文进行统计分析，结果表明，在教育学的众多研究领域中，课程与教学的论文数量是最多的。[②] 还有学者认为，改革开放以来的课程论研究成果的质量不仅超过了改革开放前的 30 年，而且超过了自清末中国教育开始现代化至新中国成立的半个世

---

① 丛立新：《课程论问题》，67 页，北京，教育科学出版社，2000。
② 劳凯声：《中国教育学研究的问题转向——20 世纪 80 年代以来教育学发展的新生长点》，载《教育研究》，2004(4)。

纪，也就是说超过了前面两个时期的课程论发展的总和。①

回顾改革开放 40 年来，我们在为课程论研究的新兴而欣慰的同时，也经常为课程论研究的孱弱而惭愧。近年来，为突出国家意识形态，政府加强了主导课程改革的力量。一些理论工作者认为，由于课程改革是政府行为、行政驱动，似乎没有理论思考的空间。其实不然。比如，布鲁纳的结构课程理论就是当时美国课程改革运动的基础理论。一个理性的改革实践背后都是有理论支撑的。实践证明，没有科学理论支撑的改革是走不远的。当前我国的各项社会事业发展进入历史新时代。经过 40 年的学习借鉴、实践探索、学术争鸣，我们有必要重新审视自己的课程理论，到了梳理我们自己的理论成果的时候了。哲学教授韩庆祥认为："中国特色社会主义理论体系是立足中国国情、总结中国经验、运用科学方法、解决中国问题、形成中国道路、促进中国走向成功的我们自己的中国理论。"②同理，寻找中国特色的课程理论也应遵循同样的路径：立足中国国情、总结中国经验、运用科学方法、解决中国问题、形成中国道路、促进中国成功。

尽管我国目前的课程体系存在这样那样的问题，但我们应该肯定，我们的课程体系仍然是成功的课程体系。作为实施我国宏大的教育工程的蓝图、规划，它有力地支撑了世界上最庞大的教育体系，保障了世界上最大规模的学校教育的顺利实施，满足了绝大多数孩子学习科学文化知识的需要，满足了社会各行各业对人才的需求。

那么，我们成功的经验在哪里呢？我们的特色在哪里呢？归纳起来有这样几点，供大家进一步思考。

第一，坚持全面发展的教育目的。全面发展教育是现代教育的

---

①　丛立新：《课程论问题》，66～67 页，北京，教育科学出版社，2000。
②　韩庆祥、田志亮：《"中国问题"与"中国理论"——从学术角度看中国特色社会主义理论体系》，载《中共中央党校学报》，2009(3)。

根本特征。中华人民共和国成立以来，我们的课程体系在大方向上始终坚持这一追求，全面落实培养全面发展的人的教育方针。坚持全面发展教育，不仅是我国社会主义建设的需要，而且是个体实现独立、自由、充分、发展的需要。它使得我们跟世界范围内的现代教育潮流汇合，与世界教育同步，富有鲜明的时代特色。

第二，坚持教育与生产劳动相结合。教育与生产劳动相结合是实现全面发展教育的唯一途径，这也是现代教育的一个根本特征。教育与生产劳动相结合的本质就是使劳动者学习和掌握科学文化知识，让劳动者在身心各方面得到全面和谐的发展。我们的课程体系也一直坚持这一点。学校课程的主体内容是系统的科学文化知识，通过让所有适龄儿童到学校学习共同的科学文化知识实现体脑结合，消灭体脑的片面发展，消灭阶级差别。这是我们的课程体系中最具社会主义特色的地方。

第三，坚持文以载道、知识育人。加强道德教育，突出立德树人，强调文以载道、全面育人，是我国教育的一个传统。通过知识来育人是对这一传统的继承和发扬，是传统与现代的结合，体现了我国课程体系的中国特色。

第四，坚持整体考虑、系统设置。它具体指我国课程体系的建构与实施从来都是整体考虑、系统设置的。我们不会像西方学者那样抓住一点深入研究，然后用一个"核心概念"表达理论思考。我们会通盘考虑，平衡各种矛盾关系，在行动中解决问题，积累经验和认识，再加上行政语言的强势运用，使得我们的理论思考独具中国味道。

因此，在理论上，中国特色社会主义课程论已初见雏形。未来，我们应该进行整理，进行理论的系统构建，为世界课程理论的丰富与完善做出应有的贡献。

**（三）在保证规范、统一的前提下，课程结构及其形态日益丰富，更好地满足了学生个性发展的需要**

规范、统一不等于单一、机械、僵化，但在中华人民共和国成立初期，受社会大环境的影响，我国的课程结构及其形态较为单一，只有学科课程和必修课。改革开放解放了人们的思想。"在整体化、系统论思想和现实经验总结等的启示下，我们认识到：教学计划亦即课程总规划的结构，已经扩大和丰富得多了。只作为一种学科结构已经不够了。"[①]在恢复、重建被"文化大革命"破坏的课程体系的同时，为克服单一的课程结构，结合各种教育教学改革实验，人们也对课程结构及其形态进行了各种探索。20 世纪 80 年代初，我国大力发展课外活动，开展了开辟"第二渠道"或"第二课堂"的讨论；在小学和初中实验综合课程。1992 年颁布的义务教育课程计划要求在中小学开设活动课，课程开始从学科课程单一结构向多元结构转化。2000 年，教育部印发的《全日制普通高级中学课程计划（试验修订稿）》更是明确规定设置"综合实践活动课"为必修课。至今，综合实践活动课已成为我国中小学十分重要的一门必修课程。

在选修课程的设置方面，虽然我国早在 20 世纪 20 年代就已有选修课，但中华人民共和国成立后，受政治因素影响，选修课被取消，直至改革开放以后，人们才开始重视选修课的设置问题。1981 年，教育部颁布的《全日制六年制重点中学教学计划试行草案》就提出在高中设置选修课，并规定了高二、高三的选修课为每周 4 课时，占高中阶段总课时的 9％。目前，正在试行的高中课程改革实行学分制，144 个学分中选修课的学分为 28 分，约占 1/5 的比例，课程结构更为灵活、开放。

学科课程体系进一步得以丰富和完善，增加了很多新的课程形

---

① 王策三：《教学论稿》，210 页，北京，人民教育出版社，1985。

态，比如，跨学科、跨学段、跨学校、跨区域、跨行业的学科综合或融合课程，基于互联网的在线课程，基于科技前沿的创客课程、VR 课程，对接国内外高校的大学先修课程，联系生产生活实际的职业体验课程等。一些有条件的学校开出的课程门类多达数百种，给学生充分自由选择课程的机会，极大地满足了学生个性发展的需求。

### （四）课程的数字化建设与时俱进，取得了重大突破

信息时代的技术基础是数字化。为了适应信息时代的发展，人们在课程的数字化方面进行了大量的探索，实现了重大突破。

2013 年，《教育部办公厅关于印发 2013 年教育信息化工作要点的通知》将"促进基础教育领域优质数字教育资源建设与应用"列为重点工作。2017 年，人民教育出版社出版了《中国基础教育数字教材与电子书包发展研究报告》。报告显示，21 世纪以来，跟随信息技术发展的步伐，我国教材的数字化大致经历了三个阶段，即静态数字教材、多媒体数字教材和富媒体数字教材三个阶段。

为规范数字化教材的设计、开发与出版，2015 年 1 月，原国家新闻出版广电总局发布并实施《中小学数字教材加工规范》。该规范给"数字教材"下了定义，即以国家教育行政部门审定通过的国家课程教科书为内容基础，并包含相关辅助资源、工具的，用于教学活动的电子图书。国家课程数字教材的主要构件包括数字教材的主体部分、组件部分和使用说明。主体部分即纸质教科书的数字化，组件部分包括文字、图片、音频、视频、课件和虚拟学具，使用说明主要用来说明教材的内容、使用环境和操作方法等。

当前，我国研发的典型的数字教材有：人民教育出版社研发的第二代"人教数字教材"，配套人民教育出版社出版的新课程标准（2011 年版）义务教育教科书。"人教 e 学"是针对中小学师生研发的数字化学习服务平台。人教数字校园为中小学教师教学和教务管理提供完整的解决方案。外语教学与研究出版社研发的 iEnglish 基础

教育教学教材，是以该社义务教育英语教科书（2011 年版课程标准）和高中英语教科书为蓝本研发的数字教材。北京师范大学出版社研发的 iBooks 版数字教材，涵盖初中、高中部分学科，该数字教材既可单独使用，也支持课堂交互系统 iTeach 平台。此外，北京、上海、广东、江苏、河北、湖南等地也研发了配套地方课程的数字教材。

除了数字教材的研发，其他数字化教育资源如教学素材、教学案例、网络课程、微课、慕课、教学工具的研发也日新月异。我国整合了数字教材阅读器、虚拟学具等资源与软件，创新性地提出了"电子书包学习服务"的概念，研制电子书包学习服务标准，开发了各种电子书包学习终端产品，成立了电子书包标准产业联盟。与数字教材和电子书包相关的数字教育新技术也获得了变革的动力，得到了深入发展。更深层的变革则是学生的学习方式和思维方式及整个教学体系的变革。

总之，课程的数字化不仅是近几年来课程发展的一个突出成就，也将会是未来课程与教学体系变革的主要动力。

**（五）全国掀起了学校课程建设的热潮，学校课程进入整体建设阶段**

在 2001 年以前，学校课程管理权主要在国家最高教育行政管理机构。2001 年，新的基础教育课程改革确立了国家、地方、学校三级课程管理体制，在课程计划中预留了一定比例的课时给地方和学校自主安排课程。由此，中小学校获得了一定的课程开发权。很多中小学投入到校本课程开发领域，在全国掀起了校本课程开发的热潮，催生了不计其数的校本课程，为满足学生的个性发展需求和学校的特色化建设做出了贡献。近年来，随着校本课程开发热潮的减退，人们开始意识到校本课程的开发存在很多问题和局限性。其中，忽视国家课程、地方课程或割裂国家课程、地方课程、校本课程之间的有机联系是最大的问题之一。一些学校又开始探索国家课程的"校本化实施",也有一些条件好的学校基于学校的育人目标和办学特色,整体规划学校课程体系。"学校课程建设作为中小学课程建设的新动向、新阶段,日益显现出整体化、精细化、协同化等新趋势。"①

中小学积极参与学校课程建设的成果显著。首先,学校开发了很多具有鲜明个性特色的新课程。比如,非遗文化传承类的课程、各种手工劳动课程、特色的体育与艺术类课程、思维开发类课程等。其次,学校管理者在学校课程管理方面积累了丰富的经验。有些学校成立了课程研究和课程管理机构,由专人进行课程管理。再次,管理者的课程规划意识增强,规划和研发能力大大提高。最后,教师们课程建设的自觉性提升。课程的关注者由过去的教材编写者或课程研究人员扩展到了所有从事教育工作的人。

## 四、课程领域 40 年改革探索的问题反思

改革开放 40 年来发生在课程领域的巨变是有目共睹的。尤其是新课改以来,围绕新课程理念展开的理论论争,更是把课程的一些基本理论问题充分暴露出来,引发了人们的进一步思考。

### (一)关于课程改革的方向

课程改革的方向问题一度引发争议。② 围绕课程改革方向的争论,让我们看到课程改革的道路并不是一帆风顺的。面对复杂的国际国内形势,我国当前的课程改革有点迷失了方向:怀疑现代化的追求,希望寻求不同于现代化的另一条道路;想彻底和现代观念断

---

① 王本陆、汪明:《学校课程建设的三大趋向》,载《天津师范大学学报(基础教育版)》,2016(2)。

② 王策三:《关于课程改革"方向"的争议》,载《教育学报》,2006(2)。

裂，进行史无前例的概念重建和课程创新。我国课程改革进入了一个不同于以往的新阶段。课程现代化建设面临严峻挑战。课程改革究竟该朝什么方向走呢？这一问题困扰着众多关心课程发展的人。

40 年来，我国基础教育课程改革的方向基本保持了一贯性，这就是：从根本上改变了教育工作不适应社会主义现代化建设的状况，努力改变课程不适应时代和学生发展需求的方面，实现课程的现代化。尤其是从 20 世纪 80 年代到 90 年代中期，这一方向都是很明确的，课程现代化的进程也非常健康顺利。20 世纪 80 年代中期以后，由于仍然存在轻视教育、轻视人才的错误思想，加上改革开放环境下国外人本主义、实用主义、建构主义、后现代主义等哲学、社会学、心理学思潮汹涌而来，一股以轻视知识为特点的教育思潮在我国教育界悄然泛起。21 世纪的课程改革也受到这样一种思潮的影响，在大方向上出现一些偏差，逐渐偏离了现代化的轨道。然而，课程实践仍按自己的步调继续探寻着课程现代化之路，指导课程改革的新理念和课程实践各行其道，课程改革的方向开始复杂多样。在课程改革是坚持走现代化道路还是走后现代道路上，人们遇到了困惑。

我国的课程改革应该坚持走现代化道路，这是有实践依据和理论根据的。

首先，我国的社会主义建设仍以现代化为中心任务。社会各项事业仍在现代化进程中，课程改革亦不能例外。后现代思想是西方发达国家的学者基于本国社会各方面高度现代化的实际，对现代化进行反思的批判性成果，这些成果也不乏真知灼见。虽然它对我们科学地进行课程改革不无借鉴意义，但不能成为指导我国课程改革的理论，我们有自己的国情和发展道路。改革开放 40 年来，我国经济发展成就突出，人民生活水平明显提高，国家综合实力增强，但是，社会各项事业的现代化水平还较低，现代化仍是我国社会发展的主要方向。教育事业的主要社会职责就是为社会主义现代化培养人才，课程也应为培养现代化人才而设计和实施。这一基本方向应该坚持。

在具体的课程改革实践活动中，各种各样的课程形态的存在都是有可能的。现代与后现代，甚至前现代的课程形态可以并存。但是，课程实践的情境有宏观和微观之分：宏观上，大到整个时代背景、世界背景和国家背景；微观上，具体到某时某地。虽然微观上课程实践各具形态，但在宏观上仍呈现出统一性。课程的时代特点、国家特色都是统一性的体现。后现代否定统一，推崇多元差异，敌视现代，蔑视科学，拒绝权威，排斥真理。其观点有积极深刻的一面，甚至也能被某些专家拿来在某地或某校进行局部的、个别的实验探索。但是，正如美国课程论专家多尔所言：后现代观点对教育与课程的寓意是深远的，但尚不清晰。① 既然后现代观点对课程的影响尚不清晰，那么，加强这方面的理论研究是必要的。

其次，我国课程自身的发展是以现代化为主要方向的。我国课程的现代化始于20世纪初，是随着学校教育的现代化而逐步走上现代化道路的。学校教育现代化的根本特征是通过教育与生产劳动相结合，努力培养个性全面发展的人。在课程上，一个突出的变化就是现代科学文化知识进入学校课程，让所有的适龄儿童掌握现代科学文化知识，实现个性自由充分的发展。中华人民共和国成立初期，课程理论研究得不到重视，课程自身的发展规律得不到尊重，课程现代化的进程出现了波折。特别是"文化大革命"十年，科学文化知识受到轻视，学生的个性发展受阻。改革开放后，我国强调尊重知识、尊重人才、科教兴国，教育乃至社会的现代化理念被纳入制度化轨道。课程论学科在这时独立，课程改革自觉走上现代化轨道。

课程有自身的发展规律，遵循它，课程改革就顺利；违背它，

---

① ［美］小威廉姆·E. 多尔：《后现代课程观》，王红宇译，4页，北京，教育科学出版社，2000。

课程改革必然会受到阻碍。我国课程现代化起步较晚，底子又薄，课程理论建设的科学化程度不高，经常受到各种各样的错误观念的干扰。课程现代化是课程自身发展的必经阶段。没有现代化的课程体系，后现代课程也不可能立足。实践证明，西方后现代课程理念对我国的课程实践影响甚微，我国当前的课程建设仍继续行走在现代化的大道上。

再次，现代化仍是世界课程改革的主题。20世纪50年代以来，世界课程变革就特别重视科学技术教育，加速充实科学文化知识，更新课程内容。60年代，美国出现了所谓"新三艺"（即数学、理科、外语）。日本为了加速培养科技人才，非常重视中小学的基础教育。在日本中小学课程中，各科教学都和科学技术有关，它们尤其重视数学和理科。70年代，反理性的人本主义思想兴起。人们不再盲目崇拜科学技术，认识到科学技术是一把双刃剑，对人类既有害又有利。科学技术的发展越来越顾及人与自然的和谐。各科教育开始渗透生态教育、环境教育、多元文化教育、理解教育、和平教育等现代因素。80年代以后，世界各国更是强调应对科学技术快速变革的状况，加强科学技术教育。21世纪以来，世界科学技术的发展把以人为本作为基本的价值取向。科学技术的人文化并不意味着对科学理性的彻底否定。恰恰相反，它克服了盲目的科学技术崇拜，使得科学技术的发展越来越符合人类的利益，越来越具有理性，人类对科学技术手段的运用更加自觉。在教育上，个性全面发展的教育理想日益走向现实，教育与人类生产劳动的结合日益紧密。现代化的科学技术手段被广泛应用。世界各国的课程内容仍以科学文化知识为主体，很多国家要求学生学会使用信息技术和其他工具。在日本，1998年公布的新课程方案将"信息科"作为高中普通科的必修科目，计划1999年实现小学两人一台，初中、普通高中一人一台教育计算机；2003年，所有小学连上互联网。英国新的国家课程中设置了12

门必修课程，它们是英语、数学、科学、设计和技术、信息和交流技术、历史、地理、现代外语、艺术和设计、音乐、体育、公民。美国各州的课程标准则包括 4 门核心学术科目，即英语、数学、科学和社会科学。德国基础教育阶段的课程内容改革集中在把信息教育渗透到各级各类教育中。基于科学研究的综合化，课程也走向综合化。世界课程现代化在批判和反思中逐步走向健康发展的道路。

最后，应对现代化做辩证唯物的理解。辩证唯物主义的世界观从批判机械唯物主义和唯心的辩证法开始，认为世界是普遍联系的，是在否定之否定中变化发展的；运动是永恒的，静止是具体的；真理也是主观与客观、绝对与相对的统一；在人与环境的关系上，环境可以改造人，但人创造了环境。

仔细分析后现代学者的思维方式，我们会发现，西方的一些后现代学者对现代及现代性的理解仍停留在笛卡儿和牛顿的时代。他们视其为一种封闭的范式，大加挞伐。他们对现代认识论的理解仍停留在近代科学的萌芽时代，停留在机械反映论上。以辩证唯物主义为一般方法论，对现代化的理解必定是历史的、具体的、发展的。它从来都不是一个封闭的范式，它具有无限的复杂性和多样的关联性。运用辩证唯物主义还能在无限的复杂性中看到一致性，在多样性中看到综合性，在变化发展中看到一种趋势，在对立中看到统一，在相对中看到绝对，在不确定性中看到确定，在主观中看到客观，在否定之否定中看到继承与发展。

采用辩证唯物主义的方法论来分析现代化和后现代的关系，后现代就应该是对现代的否定之否定，是对现代的超越。如果没有充分的现代化，后现代的超越就无从谈起。简单地否定现代化，排斥科学技术，不是辩证唯物主义的态度。辩证唯物主义不但不否定对后现代时代将要到来的预测，甚至还会认为一个否定现代的后现代时代必将到来。但这种否定绝不是简单的否定，不是彻底地和过去的时代决裂，而是在充分继承现代高度发展的成果之上的否定，是辩证的否定。

总之，我们应该坚持以辩证唯物主义为指导，坚定课程现代化的改革方向，走健康的现代化道路，促进课程的现代化建设，培养现代化建设人才。

### (二)关于课程的选择

美国课程史专家布鲁巴克在对西方课程的发展进行系统的历史回顾之后，发出这样的感慨："在课程发展史上一贯反映出来的问题是什么呢？基本问题无非是：如何选择课程？"[①]

这个在西方课程史上一贯反映出来的问题，在我国课程发展过程中也一贯地反映出来。课程的选择问题无疑是课程领域最基本的问题，也是分歧与论争不断的问题。所有的分歧与论争基本上都围绕着课程与知识、社会与儿童的关系而展开。关于课程与知识、社会与儿童的关系的各种认识，也就构成了各种各样的课程理论，形成了多样的课程理论流派。课程的选择问题有时就演变成了流派之争。比如，"传统教育"与"现代教育"之争，进步主义与要素主义之争，科学主义与人文主义之争，现代与后现代之争。有时这种论争又会掺杂集团或个人的利益，使之变得更为复杂；有时甚至还可能会演变成各种政治或经济利益集团的激烈斗争。

"文化大革命"结束后，课程改革几经努力才在 20 世纪 80 年代中期走上健康发展的正轨。课程选择虽然仍是一个有争论的问题，但是争论中多了一份学术上的理性和严谨。人们对课程选择的认识不再拘泥于知识、社会与儿童的对立，而是具体、综合地考虑知识的特点、社会的要求和儿童需要。

---

① [美]布鲁巴克：《西方课程的历史发展（上）》，丁证霖、赵中建译，见瞿葆奎：《教育学文集·课程与教材（上册）》，43 页，北京，人民教育出版社，1988。

新课改以来，课程选择再度成为激烈论争的领域。和以往不同的是，论争各方不再简单重复社会中心、知识中心和儿童中心的话题，而是在更一般的问题上，诸如知识观、社会的特征及教育需求、课程与知识、课程与社会生活、课程与儿童经验的关系上产生了重大分歧。

1. 知识观上的分歧与课程知识的选择

在知识观上，以科学知识观及以科学文化知识为中心的课程体系面临着严重挑战。有学者认为，人类正处于知识的第三次转型期。① 这次转型是由现代知识型向后现代知识型的转型。"对于现代知识型而言，后现代知识型是一次真正意义上的'革命'，它从根本上'推翻'了现代科学知识型的架构和信念，力图将一幅新的知识图景展现在人们的面前，并通过知识世界的重构为正在到来的后现代社会或知识社会提供认识论基础。"②这种转型主要体现在以下三个方面：从客观性到文化性；从普遍性到境域性；从中立性到价值性。后现代知识型对科学知识"客观性""普遍性""中立性"的质疑和解构，也使以科学课程为核心的课程体系出现了危机。

还有学者指出："学习乃是学生建构他们自身对于客体的理解，亦即知识是由学习者主动建构的。"③21世纪初的新课程改革吸收借鉴了后现代主义和建构主义的知识理论，对"知识外在于人的客观性"及原有课程体系进行了批判，认为"工业经济时代学校教育的中心任务是传授知识，因而系统的知识几乎成为'课程'的代名词。知识之所以占据如此重要的地位，是因为人们赋予了知识一些'神圣'的特征"。在一些专家看来，课改以前的学校课程是"知识本位"的，

① 石中英：《知识转型与教育改革》，143～165页，北京，教育科学出版社，2001。
② 石中英：《知识转型与教育改革》，80页，北京，教育科学出版社，2001。
③ 钟启泉：《概念重建与我国课程创新——与〈认真对待"轻视知识"的教育思潮〉作者商榷》，载《北京大学教育评论》，2005(1)。

并且认为知识本位的课程必然会出现书本中心、教师中心、死记硬背的现象。它最大的弊端是教师向学生展示的知识世界具有严格的确定性和简约性，这与以不确定性和复杂性为特征的学生真实的生活世界并不匹配，教育、课程远离学生的实际生活。这种知识本位的课程是不符合时代需要的。①

诚如有些学者所言，后现代知识性质的转变的重大意义主要体现在：能彻底地清除知识问题上的"权威主义""科学主义"和"西方中心主义"，使许多被"压抑的知识"和"被剥夺资格的知识"重新合法化，重新受到人们的重视，重新在社会生活和个体生活中发挥它们应有的作用；能通过对"权威主义"的解构和对"科学主义""西方中心主义"的批判，改变普通人的身份，使他们不仅被视为单纯的知识消费者，同时也被视为知识的传播者、解释者和生产者。② 然而，事与愿违，实践的复杂性总是超越理论上的预设：在新课改的推动下，经中国学者解读的后现代知识观与建构主义知识观一度成为主导的课改新理念，由此带来的一个直接后果就是曾经"被压抑的知识"（如个人知识、本土知识、默会知识、人文知识等）成为"宠儿"。社会知识、公共知识、明确的知识、系统的书本知识，特别是科学文化知识，则成了"被压抑的知识"。人们的知识观陷入混乱状态。

在西方，也有不少学者和科学家撰文反驳建构主义和后现代主义。比如，布朗（S. Brown，1995）指出，建构主义是还原论的，因为它把个体的活动还原为社会团体的操作——那种个体性是一种更基本的单元的机能。这种还原论使建构主义不能解释个体的创造性或理智的观点，而这些观点是个体事先构想出的，以使其服从任何话语团体及那种团体的社会建构。布朗还指出，建构主义不得不承

---

① 朱慕菊：《走进新课程——与课程实施者对话》，8～9 页，北京，北京师范大学出版社，2002。

② 石中英：《知识转型与教育改革》，159～160 页，北京，教育科学出版社，2001。

认它自己也是一种社会建构。除还原论外，建构主义还假定了一个双重世界，一个是社会建构的，另一个则是建构的基础，那么，后者的确是不可知的吗？如果建构主义不认可建构是以现实事件为基础的，那么，它仅承认抽象物——建构自身——是存在的，这是一种唯我论。科学家格罗斯和莱维特（Groos & Levitt，1994）则指责后现代学者相信自己有巨大的道义上的权力来做出声明，却显示出对科学的肤浅认识。他们视后现代主义为对科学的一种威胁，认为它危害到了更广泛的文化运用科学成果的能力及其理智地评价科学发现的能力。哲学家恩格尔布里森（Englebretsen，1995）认为，后现代主义对科学和教育具有致命的影响。这些领域遭到了后现代主义的损害、扭曲、贬低和否定，后现代因所有的社会邪恶而谴责它们，决定用局部观点来取代它们，并消除教师与学生之间的差别。①

　　虽然不能把当今在我国课程领域流行的后现代知识观和建构主义知识观（主要是社会建构主义的知识观）与西方的后现代主义和建构主义相提并论，但它们对客观知识、科学知识、真理的贬抑则是共同的。它们都宣传着这样一种理念，即科学和神话一样有效，真理是完全相对的。

　　受其影响，21世纪初，一股以轻视知识为特点的教育思潮在我国课程领域蔓延。有学者对此表示了深深的忧虑。为保证基础教育健康发展，教育学界德高望重的王策三先生撰文提醒人们，这股轻视知识的思潮正从理论走向实践，影响、干扰着课程改革的健康发展。② 作为新中国第一代教育学研究生，以王先生为代表的一代教育学者，历经中华人民共和国成立以来的风风雨雨，尤其是"文化大

---

① ［美］Noel W. Smith：《当代心理学体系》，郭本禹等译，222～224 页，西安，陕西师范大学出版社，2005。
② 王策三：《认真对待"轻视知识"的教育思潮——再评由"应试教育"向素质教育转轨提法的讨论》，载《北京大学教育评论》，2004(3)。

革命"十年对学校教育的颠覆式破坏。王先生的观点是对社会历史实践进行全面辩证分析而得出的，在全国上下新课改热潮高涨之时，王先生的这一提醒振聋发聩，不能不引起我们的高度重视。

王先生指出："学校，特别是中小学校最基本的工作就是传授知识。传授知识是学校教育的基本功能，是教师的神圣职责。这是古今中外千百年来共在的事实和共识。"①积极的学习态度和正确的价值观的形成是不能离开知识传授的。

王先生向轻视知识的论者提出了一系列问题：首先，如果说忽视形成积极主动的学习态度及正确的价值观是现行教学比较重大的缺点，不是更加需要注重改进和改革吗？难道积极主动的学习态度和正确的价值观"非要少去注重或不去注重知识的传授才能做得到吗"②？其次，如果当前的知识传授存在着单纯传授知识、简单传授知识这些弊端，不是更加需要注重改革吗？王先生提醒人们不能把知识传授中存在的弊端归罪于知识传授本身。这个道理其实很简单，就是不能因噎废食。再次，"我们还设想，这也许是认为向来传授的知识本身有了问题。例如说，它是无用的知识，它不是动态的而是死的，它也不是确定的普适的绝对真理，还与学生主体无关，远离生活世界……概言之，原来的知识观已经过时了。但是，这些说法是否完全正确还有待讨论，即使都是正确的，这是传授何种（性质、类型……）知识的问题，而不是知识有无或过于不过于注重的问题；而且，既然向来的知识本身暴露出许多缺陷，又有了许多新的知识理论，那就更需要研究、分析、吸收、改进、改革，更需要注

---

① 王策三、孙喜亭、刘硕：《基础教育改革论》，前言6页，北京，知识产权出版社，2005。

② 王策三、孙喜亭、刘硕：《基础教育改革论》，前言7页，北京，知识产权出版社，2005。

重"①。最后，"是不是问题出在'传授'上？例如，知识不应该是传递—接受的，而应该是学生自己以及师生之间、学生与学生互动、探究、发现、建构的；不应该是认（知）识的，而应当是理解的、体悟（验）的；不应该是预先设定的现成知识，而应该是即时创造、生成的；不应该追求确定的结果，更重要的价值在于过程本身……概言之，原来的学习观已经过时了。但是，这些理论也都还需要经过分析、审察，姑且撇开是非不论，这是怎样传授的方式、形式问题，而不是传授或不传授的问题"②。通过谨慎的反思与严谨的推理，王先生最后得出结论：无论我们从哪些方面、哪个角度去设想，都得不出要改变过于注重知识传授的倾向的结论；无论对知识做怎样的理解，它总还是知识；无论对学生的学习做怎样的理解，它总还是传递—接受。凡此种种都改变不了学校最基本的工作就是传授知识这一事实。③

还有学者指出"新课程理念"具有反学校教育的特征，不符合学校教学的本质和规律，但是，要在理论上彻底给予澄清，也绝非易事。主要困难在于，"新课程理念"的课程观采撷、堆砌了不同的"当代西方新理论"基于不同文化教育背景、不同价值观念、不同话语体系提出的观点、概念、名词、术语，表述上又存在着大量不合语法、不合逻辑、概念不清甚至自相矛盾之处。④

也有人反驳，认为我国并没有轻视知识的教育思潮，"新课程理念"也没有轻视知识，如果非说有的话，轻视的也是那些"明确的""客观的""真理性的""普适的""静态的""独立于人的意识之外""公共

---

① 王策三、孙喜亭、刘硕：《基础教育改革论》，前言 8 页，北京，知识产权出版社，2005。

② 王策三、孙喜亭、刘硕：《基础教育改革论》，前言 8 页，北京，知识产权出版社，2005。

③ 王策三、孙喜亭、刘硕：《基础教育改革论》，前言 9 页，北京，知识产权出版社，2005。

④ 孙振东：《学校知识的性质与基础教育改革的方向》，载《教育学报》，2006(2)。

的""系统的""无用的""没趣的""单调的""科学的"知识。这样，争论就上升到一般哲学那里，回到知识论与怀疑论的论争上去了。

而在哲学领域，知识论的研究与怀疑论的挑战是形影不离、相伴而行的，是一对不可须臾相离的伙伴，正是知识论的研究促进了怀疑论的兴起。同样，怀疑论的勃兴也推动了知识论的不断进展。[①] 怀疑论既有推进知识论进步的积极作用，也起着巨大的瓦解或消解知识论的作用，但从整个人类文明积累的事实来看，还是知识论起着主导作用。

哲学领域的研究使我们认识到：后现代主义和建构主义的知识观其实是怀疑论在历史新时期的变种。我们既要看到它们深刻的理论意义，也要警惕它们的破坏力量。在批判后现代主义和建构主义知识观的同时，要深化对科学知识的认识，而不是简单地为科学知识辩护，更不能武断地否定科学知识。具体到课程领域，指导课程改革的知识观至今还是模糊的，有时甚至是自相矛盾的，如果不从理论上彻底进行澄清和纠偏，课程内容里的知识选择问题仍将是一个无法破解的难题。

2. 社会生活与课程的选择

课程与生活和时代密切联系是当今课改的一个特征。改变课程内容"繁、难、偏、旧"和过于注重书本知识的现状，加强课程内容与学生生活及现代社会和科技发展的联系，关注学生的学习兴趣和经验，精选终身学习必备的基础知识和基本技能。[②]

关于课程与社会生活的关系，从理论上看一般有三种：第一种是紧密联系；第二种是有联系但不紧密；第三种是课程内容完全脱离社会生活。事实上，完全脱离社会生活的课程是不存在的。即便

---

① 胡军：《知识论》，5 页，北京，北京大学出版社，2006。

② 朱慕菊：《走进新课程——与课程实施者对话》，14 页，北京，北京师范大学出版社，2002。

是在黑暗的中世纪，青年学子埋头于思索"针尖上能站多少个精灵"，也是与社会生活紧密相连的。因为当时的社会生活推崇神学，做一名牧师或教士是一种很有前途的职业。为什么会这样呢？课程论专家布鲁巴克关于"传统"课程起源的分析或许能为我们提供解答线索。"假如回归到遥远的历史中，就一定会发现：课程有其职能上的起源（functional genesis）。无论是返回到埃及人那里、巴比伦人那里，还是返回到古代的中国人那里，情况似乎是一样的——课程，无论是正式的还是非正式的，都是起源于人们的日常生活。"①也就是说，课程从其诞生，就是和人们的生活密切联系的，是"职能主义"的。后来的发展也是如此。不论是形式教育的课程还是实质教育的课程，不论是"主知主义"的课程还是行为主义的课程，不论是科学主义的课程还是人本主义的课程，不论是现代主义的课程还是后现代主义的课程，都是和人类的社会生活密切联系的，都反映了所处时代的要求。

　　透过我国 40 年课程发展的历程，我们也可以看到，加强课程与社会生活的联系一直都是课程改革努力的一个方向。用最先进的科学知识来充实中小学的教育内容，教给学生最先进的内容，其中不仅蕴含着社会实践根据，而且有十年"文化大革命"沉痛的教训。"文化大革命"十年，书本知识受到轻视，科学知识的传授被批评为"黑板上种庄稼"，学校开门办学，课程内容直接取自社会生活经验。这样的联系看起来很紧密，但实践证明教育的效果并不理想。"文化大革命"十年，我国学校教育的质量下降到历史最低点。

　　人是复杂多样的，人类的社会生活也有着各种各样的样式。哪怕是专门研究社会生活的学者，对生活的感受也是多种多样的。要想在理论上对生活做全景而客观的描述是很困难的。社会生活的内

---

① ［美］布鲁巴克：《西方课程的历史发展（上）》，丁证霖、赵中建译，见瞿葆奎：《教育学文集·课程与教材（上册）》，43～44 页，北京，人民教育出版社，1988。

容也很丰富，有职业生活，也有家庭生活；有一般的人与人之间的交际生活，也有进行物质交换的社会生活；有物质生活，也有精神生活等。就课程内容的选择来看，选择科学实验还是选择裁衣做饭，在教室里读书还是到田间地头、工厂车间去参观，都是和社会生活联系的方式。因此，"课程脱离社会生活"是一个虚假的陈述。当我们说，"现在的课程脱离社会生活"时，这里的"社会生活"只能是某种具体的社会生活。课程一定是和社会生活相联系的，关键是和什么样的生活联系、联系哪些方面、怎样联系的问题。

　　人们普遍认为，21 世纪是一个知识与信息的时代。当今社会是一个学习型社会，其特征有：科学技术迅猛发展；知识经济加速到来；国际竞争激烈；社会信息化；经济全球化；社会处于历史的转型期；是"教育和学习起核心作用的时代"[1]。"知识正在成为经济发展的基础和经济增长的驱动力，拥有先进技术和最新知识，尤其是具有知识创新能力的人也因此成为决定性的生产要素，成为国家最重要的战略资源。"[2]

　　结合知识观的讨论，一个令人矛盾的现象就出现了：一方面强调课程要转变过于注重知识传授的现象；另一方面要加强课程与现代社会和科技发展的联系。有学者敏锐地觉察到这一点，提出："现在谈教育改革，谈课程改革，谈科教兴国，都谈到 21 世纪是'信息社会''科技革命''知识经济'的时代，教育要迎着时代并促进社会经济发展和社会整体发展。然而，奇怪的是基础教育改革的'人本化''生活化'趋向却与日俱增，削弱基础学科，淡化系统科学知识的征

---

　　① 　钟启泉、崔允漷、张华：《为了中华民族的复兴　为了每位学生的发展——〈基础教育课程改革纲要（试行）〉解读》，3 页，上海，华东师范大学出版社，2001。
　　② 　钟启泉、崔允漷、张华：《为了中华民族的复兴　为了每位学生的发展——〈基础教育课程改革纲要（试行）〉解读》，19 页，上海，华东师范大学出版社，2001。

兆日益明显。"①

把"课程生活化"和系统的书本知识的学习对立起来，是困扰当今课程选择的一个突出问题。

教育与生产劳动相结合是现代教育的一个原理。这一原理认为，教育与生产劳动是密切联系又相互独立的两个过程。一方面，教育过程与生产劳动过程密切联系，这种生产劳动过程离开了教育过程就不能存在。劳动的性质（运用科学技术）决定教育的科学内容，教育的科学内容要为现代生产劳动运用科学技术的要求服务。另一方面，教育过程与生产劳动过程是相互分离的两个独立的过程。这两个独立的过程只能是结合，而不能是融合。教育与生产劳动的结合是以科学为基础的；科学是结合的基点，而不是教育过程融合于生产劳动过程，"不是生产即教育、劳动即学习，不是学校即工厂、工厂即学校"②。

"课程生活化"的问题就在于它力图将课程融合到具体的社会生活中去，并且在融合的过程中舍弃了对科学知识的要求，背离了现代生产劳动广泛运用科学技术的现实。因此，这一主张无法解决社会生活和课程结合的问题。

选择系统的科学文化知识作为学校课程的主要内容，恰恰反映了课程与当今社会生活的紧密联系，并且是在更高、更深意义上的一种联系。

3. 儿童的经验与课程的选择

在教育史上，对儿童的关注始于卢梭，但在课程论上倡导把儿童的经验编入课程并努力进行实验探索的是杜威。中华人民共和国成立以后，受意识形态的影响，杜威在我国被视为资产阶级文化的

---

① 王策三、孙喜亭、刘硕：《基础教育改革论》，254 页，北京，知识产权出版社，2005。

② 成有信：《现代教育论集》，94 页，北京，人民教育出版社，2002。

代言人，受到了否定性的评价。直至"文化大革命"结束后，随着改革开放政策的实施，大批欧美学者的思想和理论被引介过来，学术界开始用一种客观的态度来审视杜威的教育思想。杜威的"活动课程"（也有人称之为"经验课程"和"儿童中心课程"）理论受到关注。从20 世纪 80 年代后期到 90 年代末，活动课程一直是理论和实践探索的重大课题。课程选择开始关注儿童经验的意义和价值。

这时，关于综合课程的讨论也涉及儿童经验在课程选择中的作用问题。尤其是以儿童为本位的综合课程，基本上重复了活动课程对儿童经验的强调。新课改以来，综合实践活动成为必修课，从课程制度上为儿童经验进入课程提供了保障。综合实践活动的实质是一种经验课程，它"是基于学生的直接经验、密切联系学生自身生活和社会生活、体现对知识的综合运用的课程形态。这是一种以学生的经验与生活为核心的实践性课程"①。

改革开放 40 年来，随着学生主体观念的深入人心，儿童经验在课程选择中的地位也逐步提高，新问题亦随之而来。用杜威的这番话来描述当前人们在处理儿童的经验时遇到的困境再恰当不过了。杜威说："相信一切真正的教育是来自经验的，这并不表明一切经验都具有真正的或同样的教育的性质。不能把经验和教育直接地彼此等同起来。因为有些经验具有错误的教育作用（mis-educative）。""如果认为传统课堂不是学生获得经验的场所，即使这种想法没有明显地表达出来，那也是巨大的错误。""我要强调的事实是：第一，青年人在传统学校里确实具有种种经验；第二，困难并不在于没有经验，而在于经验是不完全的和错误的——从与未来经验相联结的立场来看是错误的和不完全的。"强调经验的必要性，甚至强调活动在经验中的必要性，这都是不够的。一切事情都依赖已有经验的性质。所

---

① 朱慕菊：《走进新课程——与课程实施者对话》，29 页，北京，北京师范大学出版社，2002。

以，杜威认为："进步教育的教训是，它迫切需要一种以经验哲学为基础的教育哲学，比之以往革新者，它的需要更为迫切。"[1]

此外，我们还看到，尽管在表达理论主张时，人们尽量兼顾儿童的直接经验和间接经验（即书本知识，如杜威所言，其实是种族经验），但是在学校课程到底应该以谁为主导来选择和组织上，还是暗含了一些分歧。适用于综合实践活动课的探究学习、自主学习、合作学习等活动方式在学科课程实施过程中的普遍运用，也说明儿童直接经验和间接经验的竞争已经进入了课堂、进入了学科课程体系。这样，间接经验在课堂教学、在学科课程中的主导地位就直接受到威胁。综合实践活动的实质是直接经验。这一点没有人去质疑。那么，难道我们有必要把学科课程也改装成以直接经验为主的课程吗？甚至可能吗？关于这一点，无论是支持者还是反对者都需要给出理论上的充分说明。

**（三）关于课程本质的探讨**

如何理解课程的本质，是一个永恒的问题，也是一个永远个能彻底解决的问题。尽管如此，随着课程理论和实践的发展，人们总能在某些方面达成一定的共识，否则课程论的研究永远也不能深入下去。改革开放 40 年间，围绕课程本质展开的讨论取得的一个明显成果就是关于课程的定义越来越多，多到已经无人能把所有定义全部罗列出来。

面对课程定义的多样性，我们该怎么办呢？有学者认为，在面对课程定义的多样性时，至少应当考虑以下几个方面：首先，课程定义的不同，反映了课程本身的演变。其次，课程概念的不同定义，常常反映了人们在课程某个方面认识上的深化。比如，关于活动课

---

① ［美］约翰·杜威：《我们怎样思维·经验与教育》，姜文闵译，248～251 页，北京，人民教育出版社，2005。

程、隐性课程的讨论都产生了一些关于课程的定义。最后，课程概念的不同定义往往还取决于使用者的具体地位。比如，理论工作者、教育行政人员和教师使用的课程定义各不相同。①

　　我国自清末民初教育近代化以来，所接受和引进的课程是在知识本位课程观基础上形成的。一百多年来，虽然课程经历了诸多的变化，但并没有从根本上触及和改变这一基础。中华人民共和国成立后，知识本位课程观有了中国自己的特殊表现形式，即"双基论"。"双基论"强调中小学课程应该以基础知识和基本技能为核心内容。20 世纪 50 年代和十年"文化大革命"，受政治因素的影响，"双基论"遇到冲击。"文化大革命"结束后，"双基论"才得以恢复重建。到 20世纪 90 年代，"双基论"仍然对我国基础教育课程发挥着决定性的作用，代表着课程思想的主流。尽管如此，"双基论"仍然存在一些问题，改革开放后，基础教育得到了中华人民共和国成立以来长久的稳定发展，这些问题也以前所未有的严重程度暴露出来。这些问题有：知识的学习架空了学生的发展；强调基础而牺牲了完整；强调学术而轻视实践；"双基"的性质比较含混。②

　　20 世纪 90 年代，关于活动课程、隐性课程、综合课程的理论研究和实践探索，可以说都是为了解决"双基论"的弊端而做出的尝试。1992 年的国家义务教育课程标准和 1995 年的高中课程计划，先后调整了课程结构，加入了活动课、综合课、综合实践活动等，这也是上述研究的一个重大成果。

　　20 世纪 90 年代末，为全面推行素质教育，国家启动基础教育阶段的第八次课程改革。课改专家认为："当课程由'专制'走向民主，由封闭走向开放，由专家走向教师，由学科走向学生的时候，课程就不只是'文本课程'（课程计划、教学大纲、教科书等文件），而更

①　丛立新：《课程论问题》，7～8 页，北京，教育科学出版社，2000。
②　丛立新：《课程论问题》，93 页，北京，教育科学出版社，2000。

是'体验课程'（被教师与学生实实在在地体验到的课程）。即课程不再只是特定知识的载体，而是教师和学生共同探求新知的过程，教师和学生是课程的有机构成部分并作为相互作用的主体，教师即课程，教师不是孤立于课程之外的，而是课程的有机构成部分、课程的创造者、课程的主体；学生同样是课程的有机构成，同样是课程的创造者和主体。"①

课改专家提出了"创新的课程观"。"课程不只是'文本课程'，更是'体验课程'，课程的内容和意义在本质上并不是对所有人都相同，在特定的教育情境中，每位教师和学生对课程文本的理解，总要融入个人的经验，形成不同意义的生长域，从而对课程做出一定生产性或创造性的改变。课程成为一种动态的生成的'生态系统'。"②"短短三年来，一系列教育、教学的概念正在我国得到重建。比如说，我国教育界的'课程'概念已经从'课程即计划'的静态课程观走向'课程即体验'的动态课程观。"③

总之，新课改的课程观以知识观、学习观、教学观的转型为基础，以经验本位的课程观来消解知识本位课程观的主导地位。

针对新课改"创新的课程观"，王策三先生从教学认识论的角度明确提出了自己的观点：课程的本质是教学认识的客体——人类认识成果——知识。

"为什么教育，特别是学校及教育要设置课程？课程究竟是什

① 钟启泉、崔允漷、张华：《为了中华民族的复兴　为了每位学生的发展——〈基础教育课程改革纲要（试行）〉解读》，271 页，上海，华东师范大学出版社，2001。

② 全国课程专业委员会秘书处：《基础教育课程改革的反思与评价——第四次全国课程学术研讨会综述》，载《课程·教材·教法》，2004(8)。

③ 钟启泉：《概念重建与我国课程创新——与〈认真对待"轻视知识"的教育思潮〉作者商榷》，载《北京大学教育评论》，2005(1)。

东西?"①王先生对这个问题的回答是：因为教育是谋求学生发展的；人的发展是通过实践和认识活动、主体客体化和客体主体化的统一过程实现的；学生作为主体，如果没有客体，不作用于客体，就不会发生认识，就无从发展。教育者之所以要设置课程，实质上就是为学生主体提供认识的客体，以便学生作用于课程这个客体，发生教学认识过程，实现主体客体化和客体主体化，促进学生的发展。所以说，课程的本质就是教学认识的客体。课程这种教学认识客体最主要的特点是中介性。它是认识的对象，又是认识的中介和工具。它主要不是自然客体和社会客体，而是精神客体。学生不是直接跟自然界、社会现象打交道，而是通过课程这个中介客体去认识世界。人类历史的总体认识是直接经验，个体的认识只是在少数情况下依据直接经验，多数是依据间接经验。学生这种个体更具特殊性，他们也需要直接经验，但是，其可能性和必要性更小，更多的是借助人类已有的认识成果，这就是一种特殊客体——科学知识体系。所以说，课程本质上就是教学认识的客体，也就是人类认识成果，又即知识。王先生的这一论证分析，具有非常深刻的含义。

当前，人们对"课程"概念的认识仍是模糊的，对"课程"概念的使用也较为随意，这不仅造成课程理论与课程实践无法沟通，而且课程理论之间失去了沟通和交流的平台，形成明显的"巴尔干化"倾向。"巴尔干化"倾向是美国课程论专家派纳描述"概念重建运动"给课程领域造成的分崩离析状况时使用的一个词语。它具体表现为："每一种课程话语的学习者和实践者的行动表明，好像他或她的话语

---

① 王策三：《认真对待"轻视知识"的教育思潮——再评由"应试教育"向素质教育转轨提法的讨论》，见徐继存、张广君：《当代课程论文选》，522 页，济南，山东教育出版社，2013。

的构成和工作是最重要的。"①派纳还提出忠告:"仅仅把课程领域作为政治的和制度的文本来教授,这是不负责任的。"②

总之,经验本位课程观和知识本位课程观需要进入学术领域,不断提升理论品质,展开深度交锋,深化对课程本质的探讨,为课程现代化的健康发展提供强有力的理论支撑。

### (四)关于课程与教学的关系问题

教学与课程的关系,在 21 世纪初的课程改革中是作为必须首先摆正和处理的一对关系提出来的。专家们认为,在这对关系中,课程是矛盾的主要方面,课程观是主导因素;课程观决定教学观,并因此决定教学改革的深度、广度。在以往的教学论概念系统中,课程与教学成为两个彼此分离的领域:课程是学校教育的实体或内容,规定学校"教什么";教学是学校教育的过程或手段,规定学校"怎么教"。课程是教学的方向、目标和计划,是在教学过程之前和教学情境之外预先规定的,教学过程就是忠实而有效传递课程的过程,而不应当对课程做出任何调整和变革。③ 专家主张,新课改应该把课程作为矛盾的主导方面,进行课程与教学概念的创新,实现课程与教学的整合。

还有学者认为,20 世纪的教育是以课程与教学的分离为特征的。现代教育中的二元论思维方式是造成课程与教学分离的认识论根源。20 世纪初,杜威系统提出了整合课程和教学的理论设想。20 世纪末

---

① [美]威廉·F. 派纳、威廉·M. 雷诺兹、帕特里克·斯莱特里等:《理解课程——历史与当代课程话语研究导论(上)》,张华等译,前言与致谢 V 页,北京,教育科学出版社,2003。

② [美]威廉·F. 派纳、威廉·M. 雷诺兹、帕特里克·斯莱特里等:《理解课程——历史与当代课程话语研究导论(上)》,张华等译,前言与致谢 VI 页,北京,教育科学出版社,2003。

③ 钟启泉、崔允漷、张华:《为了中华民族的复兴 为了每位学生的发展——〈基础教育课程改革纲要(试行)〉解读》,270~271 页,上海,华东师范大学出版社,2001。

叶，重新整合课程与教学已成为时代的要求。①

　　西方课程论专家蔡斯则认为，从课程运动的初起之时（即 20 世纪 20 年代），课程与教学的关系问题就困扰着课程论专家。"在认识到'学程（course of study）'和'内容（content）'的定义的不恰当性，并且试图通过'经验'定义处理课程的复杂性时，它就产生了。"②在 20 世纪六七十年代，一批课程理论家坚持对课程与教学进行区分。美国课程理论家约翰逊（M. Johnson）指出："在个人与环境实际进行相互作用之前，根本不存在着经验。显然，这种相互作用是教学的特征，而不是课程。"③他论证说，由于课程构成教学的指南，课程就必须被看作"期待式的，而不是报告式的"。课程"规定（或至少期待）教学的结果"，但"并不规定其手段，即不规定那些为实现结果而加以利用的活动、材料、以至教学的内容"。因此，他坚持认为，课程只能由"预期的学习结果的构造系列"组成，其余一切都是教学。另一位课程理论家麦克唐纳（MacDonald）把课程当作学生受教育的计划，把活动原则和实施计划的原则作为区分课程和教学的基础。塔巴则很模糊地处理了课程与教学的关系，她把目的、内容和方法的一般方面归入课程范围，把更直接、更具体的方面归入教学。

　　在我国，改革开放以后，课程论才从教学论中分离出来，成为一个独立的研究领域。课程论一经独立，就使用了与教学论不同的概念系统。在教学论那里，课程主要指的是教学内容及其进程的安排。它是教学活动的一个基本要素，与教师、学生共同构成一个相对完整的教学体系。没有课程的教学是空洞的，课程事实上也接受和服从教学规律的支配。在课程论那里，教学则成了课程实施的一

---

①　张华：《课程与教学论》，75 页，上海，上海教育出版社，2000。

②　[美]蔡斯：《课程的概念与课程领域》，李一平、陆忻译，见瞿葆奎：《教育学文集·课程与教材（上册）》，252～253 页，北京，人民教育出版社，1988。

③　[美]蔡斯：《课程的概念与课程领域》，李一平、陆忻译，见瞿葆奎：《教育学文集·课程与教材（上册）》，252 页，北京，人民教育出版社，1988。

个方面，没有教学的课程不是真正实现了的课程。课程只有在教学过程中，被学生主体认识、体验，才能成为真正的课程。两套不同的话语体系各自用自己的方式处理着课程与教学的关系。

事实上，教学和课程都是内容和过程的统一体。"教学实际上就是一个整体，在这个整体中，教和学及其内容和过程存在于统一之中，是相互决定的。""教学内容和教学过程的相互影响，是在两个方面发生的：现实中和反映中。实际上，教育内容在现实中仅存在于教学过程之中和之内。"①理论上，保持课程与教学的相对独立性是必要的。如果观念上不把课程从教学中分离出来，就不会有课程论的独立。正是为方便课程论的研究，人们才把课程问题从教学中分离出来，作为一个独立的研究领域。

因此，不论是从西方的课程发展还是从我国的课程发展来看，把课程与教学区分开来，和"二元论思维方式"没有什么必然的联系。课程与教学的分离恰恰是课程论独立的产物。

那么，课程与教学的整合是不是已成为时代要求呢？其实，不用汲取任何人类认识发展和价值探究的精华，课程与教学始终都是统一的，这是一个不以人的意志为转移的客观事实。所谓分离，也只是研究者主观上的设想，而且是为了研究的必要，在观念上做出的分离。只要有教学论和课程论的区分，就必须有课程与教学之分。如果教学论采用课程论的处理方式，那也就不是教学论了。同样的道理，课程论也无法采用教学论的方式来处理。

40 年来，我国课程论的学科建设虽然速度很快，成果也很多，但由于缺乏对历史的继承和反思，教条主义、经验主义、"长官意识"在课程领域仍有着广泛影响，课程论的繁荣还停留在表面文章上，真正的理论研究还很薄弱，理论研究的独立性也很不够，纠缠

---

① ［苏联］克拉耶夫斯基：《建立普通中等教育内容理论的教学论观点》，见瞿葆奎：《教育学文集·课程与教材(上册)》，332 页，北京，人民教育出版社，1988。

于课程与教学的关系就是一个例证。

20世纪70年代，施瓦布曾用下列现象来说明美国课程领域存在的原理危机：第一种逃避是逃避自己的研究领域本身，第二种逃避是上浮。模式、元理论比比皆是，但它们大多数是无责任感的，与对利用理论和元理论的外来和流行的形式或模式的关心相比，这些理论很少关心课程领域所面临的各种问题和障碍。第三种逃避是下沉，回到原始状态，由于某些原因，这种情况在课程领域并不存在。第四种逃避是旁观。这是课程领域的一个明显病症，关于课程的历史、论文选集、评论和批判、所设置的课程数量的增加，都是其中的例子。第五种逃避是为争论而争论。无论从出现的频率还是从强度看，带有个人偏见的争论在课程领域都是十分突出的。① 如果借用施瓦布的这套标准来审视我国目前的课程领域，似乎也能做出这样一个判断：我们的课程领域处在原理危机之中！

时至今日，世界范围内已涌现出各种各样的课程理论，它们通过纷繁多样的课程形态表现出来，形成了百花齐放的繁荣景象。当前，我国课程改革正向纵深发展，广大课程工作者应本着严谨的学术态度，团结起来，主动承担历史责任，回应实践提出的系列重大问题，发出中国学者自己的声音，建构中国特色课程理论，走中国自己的课程改革之路，努力开创中国课程论发展和课程建设的新时代。

---

① ［美］Ian Westbury、Neil J. Wilkof：《科学、课程与通识教育——施瓦布选集》，郭元祥、乔翠兰主译，248页，北京，中国轻工业出版社，2008。

## 第四章
# 教学体系的改革与发展

我国古代教育可谓源远流长，现代教育则刚过了百余年的历程。1902 年《钦定学堂章程》的颁布，标志着我国现代教育制度的确立，是古代教育转向现代教育的分界线，也是我国现代教学体系构建的起点。改革开放 40 年，我国现代教学体系发展的历史使命仍是不断丰富、发展、完善现代教学体系，不断推动教学现代化过程，而不是另搞什么新东西。40 年来，我国现代教学体系的发展机理，主要包括三个方面，即学习借鉴国外教学思想、继承我国古代优秀教学思想、我国教学理论和教学实验自主探索。40 年来，依托我国教学论学科专业建设与不断壮大的教学研究队伍的持续研究，现代教学体系在价值规范、教学原理、教学模式、教学手段等方面取得了一系列研究成果。本章主要围绕这些内容做简单介绍。

## 一、改革开放 40 年我国现代教学体系的发展机制

### (一)学习、借鉴国外的教学思想

改革开放 40 年来，广泛介绍、合理借鉴发达国家，主要是美国、苏联等国家新的教学思想，是推动我国现代教学体系发展变革

的重要力量。学习、借鉴的代表性著作有：《西方现代教育论著选》（王承绪、赵祥麟编译）收录了实用主义教育、要素主义教育、存在主义教育等流派的代表作，评论了不同流派的基本观点和演变过程；《当今世界教育思潮》（毕淑芝、王义高主编）介绍了教育的经济取向思潮、科技取向思潮和个性化思潮等；《西方教育思想的轨迹——国际教育思潮纵览》（黄志成主编）研究了国际教育思潮产生的因由和对我国教育改革的影响；《国内外当代教学理论简明读本》（徐建敏、管锡基主编）系统勾勒了近现代教学理论的脉络；《当代外国教育思想研究》（毕淑芝、王义高主编）具体考察了达维多夫的学习活动理论、阿莫纳什维利的"合作教育学"、皮特斯（R. S. Peters）的自由教育思想等；《当代外国教育发展趋势》（中央教育科学研究所教育情报研究室编）介绍了新技术变革在教育制度、教育内容、教育手段方面对世界教育的影响等。下面主要从教学目标、教学方法、师生关系、学生学习和教学评价五个方面出发，讨论我国现代教学体系发展过程中对国外教学思想的学习借鉴问题。

### 1. 教学目标多维化

教学目标是学生预期学习结果的质量要求，教学目标是否清晰、明确，直接决定了教学效果的高低。在合理借鉴西方教学目标研究的基础上，我国学者发展、完善了教学目标理论，有力地指导了教学实践。

苏联教育学家赞科夫的教学与发展研究，将学生的发展作为教学的首要任务。苏霍姆林斯基从马克思主义关于人的全面发展学说出发，提出把全体学生都培养成全面和谐发展的人和社会进步的积极参与者。[①] 美国心理学家布卢姆将教育目标划分为认知、情感和

---

① 谭曙光：《全面和谐发展：苏霍姆林斯基教育思想的基石》，载《当代教育论坛》，2007(11)。

操作领域，并从识记、领会、应用、分析、综合、评价六个层次，具体分析了认知领域的目标。加涅根据学习结果分类，将教学定位于言语信息、智力技能、认知策略、动作技能和态度五方面。克拉斯沃尔和布劳克分别从情感和认知的角度提出了目标理论。克拉斯沃尔将情感领域的目标分为五级——接受、回应、评估、组织和塑造；布劳克的认知目标三维结构模型则从理解水平、知识水平和内容范围三方面提出 72 项教学目标。

赞科夫的教学思想把"发展"作为教学的首要任务，苏霍姆林斯基关于全面和谐发展这一教育目的的论述和我国实施的素质教育的目的相一致，都是为了促进学生发展，提高民族素质，培养受教育者成为社会主义事业的建设者。① 我国学者通过借鉴布卢姆、加涅、克拉斯沃尔、布劳克的教学目标分类思想，创造性地提出"三基一个性"的教学目标体系，即掌握基础知识、形成基本技能、发展基本能力、促进个性健康发展。顾泠沅联系我国国情，将教学行为、教学水平、教学内容相结合，自主探索了教学目标分类的三维结构模式。在第八次基础教育课程改革中，我国教育者广泛应用三维目标分类法，从知识与技能、过程与方法、情感态度与价值观三个维度设计教学目标。

### 2. 教学方法多元化

国外学者通过研究学生学习心理，创造性地提出了一系列教学方法。布鲁纳将学习视为学习者主动形成认知结构的过程，他主张让学习者自己发现教材的结构和规律，指出："发现是教育儿童的主要手段。"②奥苏伯尔通过研究认知因素对学生学习的影响，提出了

---

① 马雨薇：《苏霍姆林斯基全面和谐发展教育思想及其对我国素质教育的启示》，载《湖北经济学院学报（人文社会科学版）》，2017(8)。

② ［美］布鲁纳：《布鲁纳教育论著选》，邵瑞珍等译，399 页，北京，人民教育出版社，1989。

有意义接受学习理论，即新知识和学习者的已有观念建立实质性和非人为性的联系。斯金纳的程序教学法以行为主义为基础，将教材按照严格的逻辑变成程序，学生可以小步子、自定步调式学习。这种方法适应了学生的个别差异，有利于提高学生的自学能力。通过研究学生的思维规律，沙塔洛夫提出纲要信号图示法，主张利用纲要信号图标进行知识整合。

布鲁纳的发现学习法告诉我们教学中采用探究式学习的重要性，同时教学情境设置应符合儿童的认知特征。[①] 在奥苏伯尔有意义学习理论的基础上，我国学者从组织教学内容、激发学生动机、提高教师才能三方面，提出了如何建立和完善科学的讲授法。[②] 从课堂设计的角度看，我国教育工作者借鉴了纲要信号教学法，从如何进行图示设计和从不同课堂类型的角度进行了学习，提高了课堂教学质量与效率。

面对我国中小学教育曾存在的"题海战术"现象，德国瓦根舍因的范例教学和苏联巴班斯基的教学过程最优化理论给了我们较好的启示。采用基础性的范例进行教学，能够使学习者获得从"个别"到"一般"的认识。巴班斯基的教学过程最优化理论将选择最有效的教学方法视为教学过程最优化的核心部分之一。教师通过对学生情况的全面分析，选择最优化的教学过程与方法，并对不同学生进行区别教学，有效地解决了学生学业负担过重的问题。[③] 在借鉴国外教学思想的基础上，我国主动根据实际情况，从促进学生发展的角度出发，形成了多样化的教学方法体系。

3. 师生关系民主化

民主、和谐的师生关系是促进教学有效开展的重要保障，我国

---

① 王美岚、王琳：《布鲁纳的发现学习及其启示》，载《当代教育科学》，2005(21)。
② 胡升阶：《谈谈讲授法》，载《课程·教材·教法》，1989(5)。
③ 王春华：《巴班斯基教学过程最优化理论评析》，载《山东社会科学》，2012(10)。

学者从不同角度对国外师生关系理论做了一系列研究。有学者从宏观角度反思西方"学生中心"和"教师中心"两种师生观，从构建教学关系、创设心理环境、树立民主思想、与学生共同学习四方面，总结了不同的师生观对我国构建新型师生关系的影响。① 有研究者从具体流派的角度研究实用主义、存在主义等关于师生关系的理论，提出新型师生观的三大特征：民主与平等、尊重与信任、理解与合作。② 有研究者从描述师生关系的情意层面与学生学习行为之间的关系进行研究，提出正面的师生关系和教师支持因素是学生学习的关键。③

以阿莫纳什维利为代表的合作教育学理论，将师生关系视为教育改革的落脚点，提出教师和学生建立平等的合作关系，是彼此情感接纳和交流沟通的基础。罗杰斯的非指导性教学和布贝尔的对话教学理论，重视创设自由的课堂氛围和进行平等的课堂对话。这些为我们推动师生关系民主化提供了思想借鉴。

1. 学生学习个性化

学生学习个性化理论强调，学习过程是针对学生个性，采取恰当的方法、手段，促使学生充分发展的过程。个性化学习方式已成为当代国际教育教学改革的重点。

学生学习个性化的重要理论基础是加德纳的多元智能理论。多元智能理论认为，不同的智能组合构成了人与人的差别，个性化学习可以激发学生的智能优势，尤其是创造力的发展。④ 有研究者在

---

① 李定仁、肖正德：《20 世纪西方师生关系观：回溯、反思与重构》，载《外国教育研究》，2006(11)。

② 齐放：《20 世纪西方主要教育哲学流派关于师生关系的论述及其启示》，载《外国教育研究》，1999(6)。

③ 陶丽、李子建：《国外师生关系研究进展探析》，载《比较教育研究》，2016(3)。

④ 朱建萍、杨雪梅：《多元智能理论下个性化教学策略探析》，载《现代中小学教育》，2012(5)。

多元智能理论的基础上，从支持性的教学环境、探究合作的学习方式及多元的质性评价方法三方面提出了个性化教学的方法。[1]

随着现代信息技术的发展，借助现代教学技术手段和数据分析优势，学生个性化学习才有真正实现的可能。实践中，慕课和翻转课堂的理论研究与实践推广，有力地推动了学生学习的个性化。基于个性化学习的目的，有研究者阐述了基于翻转课堂的个性化教学模式的理论基础、功能目标、实现条件和活动程序。[2] 有研究者提出了基于个性化学习策略、个性化学习资源和交流协作平台的翻转课堂教学模式。[3] 总而言之，基于慕课的课堂翻转能够为学生赋权，提供导学策略与学习支持，体现教与学的有机统一，促进学生实现个性化学习。[4]

### 5. 教学评价多元化

20 世纪 70 年代以来，西方学者围绕教学评价，开展了丰富且卓有成效的研究。

斯塔弗尔比姆的评价模式整合了背景评价、输入评价、过程评价和成果评价。斯克里芬的目标游离模式，针对泰勒目标模式的局限性，主张评价重点应该由"计划想干什么"转变为"计划实际干了什么"。布卢姆基于掌握学习理论，提出了诊断性评价、形成性评价和总结性评价。古巴和林肯的共同建构模式，主张增加评价主体，提倡参与评价的双方共同建构评价结论，尊重价值多元化。总的来看，西方教育评价理论在教育目的上更加注重改进功能，评价内容更加

---

① 熊金菊：《小班化教育背景下学生个性化学习的实施路径》，载《教育发展研究》，2013(18)。

② 王小彦：《基于翻转课堂的个性化教学模式探究》，载《中国教育信息化》，2014(6)。

③ 吴洪艳：《个性化学习理念与翻转课堂教学模式的融合》，载《现代教育技术》，2015(8)。

④ 刘志军、冯永华：《"颠覆论"下的慕课反思——兼论基于慕课的课堂"翻转"》，载《课程·教材·教法》，2015(9)。

全面化，在计量方法上注重定量和定性相结合，主张对评价结果进行全面分析。

综合借鉴国外教学评价研究，在学生学业成就质量评价上，我国学者坚持量化评价和质性评价相结合，诊断性评价、形成性评价和终结性评价相结合；在内容上，既注重学生知识、技能的掌握，又评价学生思想品德、情感、态度、价值观的养成，初步构建了学生学业成就质量评价体系。关于教师教育质量评价，我国学者从教学目标、教学内容、教学过程及教学效果四方面出发，提出了关于"一堂好课的标准"。我国教学评价在评价主体、评价对象和评价方式方面逐渐走向多元化。

### (二)合理继承我国古代教学思想

中国在数千年的社会发展历程中，孕育出了博大精深、源远流长的中华文化，产生了孔子、老子、墨子、韩非子、董仲舒、韩愈、朱熹、王阳明、颜元、王夫之等著名教育思想家。思想家们丰富的教学思想，有的已经融入我国现代教学体系之中，成为引领现代教学发展的重要思想来源。

1. 对古代教学思想精髓的合理继承

我国古代教育思想家提出了许多教学思想和原则，这些教学思想和原则朴素而深刻地反映了教学活动的内在规律。

第一，因材施教。我国现代教育十分关注学生的个性差异，重视发展学生个性，主张在全面分析学生性格、兴趣、气质、能力等差异的基础上因材施教，促进每个学生个性的全面发展。这一教学原则最早是借鉴了孔子的思想。孔子指出："中人以上，可以语上也；中人以下，不可以语上也。"(《论语·雍也》)他认为，必须在充分了解学生个性差异的基础上，根据学生的不同特点采取不同的教学措施，只有这样才能取得良好的效果。① 孟子更是提出了因材施教的具体方法："君子之所以教者五：有如时雨化之者，有成德者，有达财(材)者，有答问者，有私淑艾者。"(《孟子·尽心上》)我国现代教学体系对因材施教的教学原则进行了多方面的继承，并逐步发展出了个性化的教育理念。

第二，启发式教学。我国现代教学主张通过对学生进行启发式教育，促进学生独立思考，锻炼学生自主学习的能力，从而达到有效教学的目的。孔子说："不愤不启，不悱不发，举一隅不以三隅反，则不复也。"(《论语·述而》)意思是，学生处于想弄懂而未懂透，想说而不能说出的状态时，教师要给予启发引导，帮助学生举一反三。教师在运用启发诱导策略时，还要做到"道而弗牵，强而弗抑，开而弗达。道而弗牵则和，强而弗抑则易，开而弗达则思"(《礼记·学记》)。教师要善于积极鼓励、督促学生，而非压迫、牵着他们走，启发学生进行独立思考，而不是立即把结果告诉学生，最终达到"和""易""思"的良好效果。现代启发式教学强调教的本质在于引导，引导的特点是含而不露、指而不明、开而不达、引而不发。这正是启发式教学的本质特点，也与古代启发诱导的教学思想相吻合。

第三，立德树人。"立德"，就是坚持德育为先；"树人"，就是坚持育人为本。在中国传统的教育思想与实践中，道德培养一直是古代教育的核心和宗旨。儒家思想以"仁"为核心，要求"士人君子"首先必须是道德完善的人②，并且强调"修己以敬""修己以安人"(《论语·宪问》)，将"修己"，也就是将个人道德修养视为"君子"的基础，强调了道德教育的基础性。虽然我们今天讲的"立德树人"的"德"的内涵与古代有质的不同，但都重视把"立德树人"作为教育的

---

① 李方：《课程与教学论》，38页，南京，南京大学出版社，2005。
② 李振纲、邢靖懿：《儒家思想与现代教育的关系》，载《河北师范大学学报(教育科学版)》，2006(5)。

根本任务。今天我们讲"立德树人"，是希望通过教育帮助学生树立崇高理想和远大志向，提高社会责任感；坚持能力为重，提高学生的实践能力；坚持全面发展，促进德智体美有机融合，全面提高学生的综合素质。①

2. 对古代教学思想糟粕的批判

我国古代教学思想是在一定历史条件下形成的，不可避免地存在历史局限。40年来，我国现代教学体系的发展，面对古代教学思想，注意"择其善者而从之，其不善者而改之"，以更好地服务于现代教学体系建设。

第一，从社会本位目的观转向学生发展本位目的观。我国古代课程教学的主要目的是培养从政人才，在这种社会本位目的观的指导下，历代的课程设置都是以培养统治人才为取向，而不是着眼于学生个体的身心发展和现实需要。②"仕而优则学，学而优则仕。"（《论语·子张》）新时代我们确立了学生发展本位的教学目的观，充分尊重学生的学习主体地位，唤醒学生的学习兴趣，使每个学生的个性都能得到充分彰显。

第二，从单一文化知识教育转向自然、人文知识并重。就课程与教学内容来说，古代主要是以儒家经典为核心，以"六艺"为主要课程，重视文化知识和道德教育，轻视自然科学教育，学生学习内容与实际生产生活联系较少。近代以来，曾国藩、李鸿章等洋务派开办新式学堂，从西方引入了自然课程体系。改革开放后，科学技术日益成为第一生产力，仅仅教授文化知识早已不能满足现代教学的需要。我国开始高度重视自然科学教育，加强物理、化学、生物

---

① 袁贵仁、本刊记者：《深入学习贯彻党的十八大精神　把立德树人作为教育的根本任务——访党的十八大代表、教育部党组书记、部长袁贵仁》，载《思想理论教育导刊》，2013(1)。

② 李森、陈晓端：《课程与教学论》，34页，北京，北京师范大学出版社，2015。

等理科课程的教学，使我国科学技术水平达到一个新的高度。但也出现了一些理性至上、科学至上等偏激观念，技术乐观主义者崇尚科学，忽视人的情感和体验，使教学过分偏重培养学生的科学素质。为此，我国教学体系进一步调适，在加强自然科学教育的同时，逐步从传统中挖掘有价值的人文知识和精神，最终达到科学教育和人文教育的统一，完善了我国现代教学体系。

第三，从师道尊严转向构建民主和谐的师生关系。在中国古代社会中，师道尊严一直是师生关系的主流观念，其主要内容是说师生之间"人伦为先，教学为次；尊重为先，关怀为次"。教师拥有至高无上的权力和地位，学生只能无条件地尊奉教师。这种"天地君亲师""一日为师，终身为父"的观念实质上是一种专制、非平等的师生关系。在改革开放 40 年的理论与实践探索中，师生关系方面既肯定教师的主导作用，又尊重学生的主体地位；伦理方面逐步确立了以民主与平等、尊重与信任、理解与合作为特征的新型师生观。

黑格尔曾说："我们必须感谢过去的传统，这传统有如赫尔德所说，通过一切变化的因而过去了的东西，结成一条神圣的链子，把前代的创获给我们保存下来，并传给我们。"①在古代课程教学思想中，如学思结合、学而不厌、温故知新等教学原则和方法，道德为先、有教无类等教育思想，都凝结着中华民族最伟大的教育智慧，不断推动着现代教学体系的完善和发展。在 40 年的教学发展历程中，人们不断寻找以儒家教育为核心的传统教育与现代教育从教育理念到教学方法的合理结合，以期找到属于中国自己的教育现代化之路。② 正是在不断合理的继承中，我国现代教学体系逐步形成了具有中国特色的现代教学体系。

---

① ［德］黑格尔：《哲学史讲演录》第 1 卷，北京大学外国哲学史教研室译，8 页，北京，生活·读书·新知三联书店，1956。

② 孟媛：《儒家教育思想的发展及对现代教育的影响》，载《文教资料》，2010(22)。

### （三）教学理论与学校教学实验的自主探索

#### 1. 教学理论的自主探索

1949 年以后，在全面学习苏联教学理论、总结解放区教学实践经验并和旧中国原有教学理论相结合的基础上，我们的教学理论在短期内获得了迅速发展。"文化大革命"十年间，教学领域遭受了重大冲击，理论研究几乎陷于停顿。改革开放以后，教学理论研究重新起步。教学领域也开始实现拨乱反正，逐步形成正确的教学思想与教学理论，教育教学在调整与整顿中逐步得到发展。同时，我国注重引进外国的优秀文化和先进教学理论，为建设自身的教学理论提供了有益的思想资源。此外，我们进行充分的理论探讨，并着手教材建设，为建立新的教学体系做出了进一步努力。广大教学理论研究者还深入教学实践，大力开展教学实验，改变了过去多年来教学研究坐而论道、空泛议论的风气。这些举措都对我国教学理论的建设起到了巨大的促进作用。①

综观 40 年来我国教学理论的发展，可以发现，它实际上是一个努力追寻"具有中国特色的现代教学理论"的发展过程，可以大致分为几个阶段来看待这一问题。

"文化大革命"结束到 20 世纪 80 年代中期，属于教学理论的觉醒与起步阶段。这一阶段的核心任务是教学理论的重建。随着教育走下政治的祭坛，教学开始向自身的科学路径回归，其本身的理论问题由此成为人们审思的对象，建设科学的中国教学论体系成了当时主要的学术目的与核心任务。立足于本土实践的、具有当代中国特色的现代教学理论的探索之路，由此揭开了序幕。

20 世纪 80 年代后期到 90 年代末，是教学理论多样丰富发展的

---

① 李定仁、徐继存：《教学论研究二十年(1979—1999)》，17～21 页，北京，人民教育出版社，2001。

阶段。随着改革开放的逐步深入与社会形势的发展变迁，人的主体意识逐步觉醒，"人"的哲学逐渐上升为时代哲学的重要命题，教育学逐步由注重自身发展转向关注"人"的发展。在此情形下，教学理论的研究主题在历史继承的基础上，又体现出一定的时代转向，研究主题从关注教学转向关注"人"。在这一阶段，学习西方理论的视野也更为开阔，研究者的忧患意识、批判意识也大大增强。

21 世纪以来，则是教学理论的进一步繁荣、深化阶段。这一时期教学理论的发展呈现出以下特点：一是研究由多样、丰富进一步走向繁荣、深化；二是学科建设更加丰富、步入完善；三是研究者的责任伦理意识增强；四是研究者的学术主体性增强。简言之，在40 年教学理论的发展进程中，现代化是其根本价值基础，科学化是其最高旨趣，中国化是其发展主线，而这三者统一于"中国特色的现代教学理论"的发展目标中。在这一目标的指引下，40 年来，我国教学理论研究取得了重要进展，具体表现如下。

第一，学界整体探讨了现代教学的基本理论问题。学界对教学目标、教学概念、教学本质、师生关系、教学模式、教学评价、教学历史演进、教学实验与教学改革等教学论学科的核心问题，开展了深入和多样的探讨，并在教学目标、教学本质、师生关系等主要问题上开展了持续、深刻和友善的学术争鸣，体现出和而不同的学术精神。

第二，基于对教学基本问题的深入研究，学界提出了一系列重要的学术主张，如教学论的现代化、科学化和中国化，教学论与"三论"（系统论、信息论、控制论）相结合，全面发展与因材施教相结合，智力发展与非智力因素培养相结合，发展学生主体性，教学认识论、教学交往论、教学要素－结构论，教师主导与学生主体相结合，教学模式多样综合，建立教学实验的标准与规范，等等。这些学说、观点的提出和论证，奠定了中国特色教学理论的基石。

第三，教学理论体系日益完善。教学基本理论问题的探讨不断深入，自然而然地聚合分化出若干教学论分支研究领域，如教学哲学、教学研究方法论、教学论史、教学认识论、教学心理学、教学社会学、教学模式论、教学管理论、教学改革论、教学艺术论、教学环境论、教学评价论、比较教学论等。这些分支研究领域的挖掘与成熟，丰富了研究视角，提升了理论研究的深刻性和系统性，促进了教学基本理论研究成果的体系化表达，发展和完善了现代教学体系。

### 2. 教学实验的自主探索

自"文化大革命"结束至 20 世纪 80 年代中期，围绕知识、能力和智力三者的结合，我国的教学实验主要集中在两个方面：一是教改实验的复苏。一些 20 世纪五六十年代就已经开始却因"文化大革命"被迫中断的教改实验又重整旗鼓，迅速恢复，如北京景山学校的"集中识字教学改革实验"、上海育才中学的"读读、议议、讲讲、练练"八字教学改革等。二是教学实验的创新。我国部分学者和一线教师开展了教学实验，探索如何在教师的引导下尽快让学生掌握知识、发展能力、提高智力。如 1979 年，魏书生的"六步教学法"，即定向、自学、讨论、答疑、自测、自结，马芯兰的"小学数学教材教法改革"等。[①] 随着教学质量的明显提高，我国的基础教育系统逐步开始走上正轨，但教学改革多数是教学一线的教师对于经验的总结和探索，科学水平有待提高，教学实验大部分也以单科、单项为主，教学改革尚未形成一个科学、规范的成熟体系。[②] 20 世纪 80 年代中期至 90 年代后期，随着教学改革的深入进展，教师们逐渐发现单项、单科教学改革由于缺乏整体结构上的规划，难以整合各种教学

---

① 张蓉、洪明：《我国中小学教学改革 30 年历程回顾》，载《基础教育》，2012(5)。
② 郝志军、田慧生：《中国教育实验 30 年》，载《教育研究》，2009(2)。

资源，成效十分有限。因此，有学者从方法论角度提出利用系统论的思想对教改进行优化，教学实验逐渐由单项、单科教学改革转向整体性教学改革。①

21 世纪以来，我国教学实验进入全面深化阶段。2001 年，国务院发布的《国务院关于基础教育改革与发展的决定》和教育部颁布的《基础教育课程改革纲要（试行）》，提出了 21 世纪初期我国基础教育改革的大政方针，引领了 21 世纪初期我国基础教育理论研究与实践探索的基本方向；培养学生的创新精神和实践能力，全面提升学生的素质成为教育的主要目标。而推进素质教育就必须实施课程改革，因此，这一时期教育实验的重心和主题聚焦到新一轮基础教育课程改革上来，全国范围的教育教学实验轰轰烈烈地展开，形成了中国教学改革的又一次高潮。2014 年出台的《教育部关于全面深化课程改革落实立德树人根本任务的意见》要求教育全面贯彻党的教育方针，落实立德树人根本任务，发展素质教育，推进教育公平，培养德智体美全面发展的社会主义建设者和接班人。除此之外，该文件还提出了"核心素养"的概念，回答了在落实立德树人的根本任务下，培养什么样的人、怎样培养人的问题。在这样的背景下，我国教育实验的重心逐渐转向对核心素养体系的探索，切实落实立德树人根本任务，发展素质教育，推动教学改革的全面深化。

40 年来，我国中小学教学实验从内容上看，大致可以分为以下四种类型。

第一，以提升区域教学质量为取向的教学实验。这类教学实验主要是为了解决某一区域教学质量不高、教学效能较低等问题而展开的，通过创新教学模式，倡导优质、高效的课堂教学。比如，为了提高上海市原青浦县数学教育教学质量，原青浦县教育局数学教

---

① 李金云：《课堂教学改革研究 30 年：回顾与反思》，载《当代教育与文化》，2009(4)。

研员顾泠沅在 1977 年组织开展了"青浦实验"。实验建立了"诱导—尝试—概括—变式—回授—调节"的教学模式，努力推进区域教育质量的整体提升。1986 年，山东省教育科学研究所主持的"目标教学"实验，目的是帮助县区或乡镇范围内的中小学的大多数学生，在现有的师资、设施、教材和时间条件下，学好国家规定的课程，达到合格标准和优秀程度，大面积、大幅度地提高教学质量。[1] 实验在教学实践的基础上，借鉴掌握学习理论和教学过程最优化理论，建立了"单元达标教学模式"，构建了具有中国特色的教育目标分类体系，为大面积提高教学质量提供了依据。

第二，以培养学生自学能力、发展学生智力为取向的教学实验。这类教学实验以发展学生智力和培养学生能力为核心，其基本思想是强调培养学生的自学能力和学习的独立自主性，使学生"学会学习"。比如，卢仲衡的"初中数学自学辅导教学"，提倡"启、读、练、知"，以培养学生的自学习惯，提高学生的自学能力；黎世法教授于 1981 年提出的"异步教学法"，即"六课型单元教学法"，提倡"自学—启发—复习—作业—改错—小结"，有效地解决了长期困扰我国基础教育领域的课业负担过重的问题及其他一些重大教学问题，充分实现了学生学习的个体化，培养了学生的自主学习能力、创新能力与科学的思维习惯。[2]

第三，以弘扬学生主体性为取向的教学实验。这类教学实验强调发挥学生的主体性，注重发掘学生的创新潜能和实践能力，促进学生个性的和谐发展。例如，北京师范大学裴娣娜教授主持了"少年儿童主体性发展实验"，原中央教育科学研究所田慧生研究员主持了"活动教学与中小学生素质发展实验"。又如，郭思乐教授主持的"生

---

[1]　张志勇：《义务教育教学新体系的探索——关于单元达标教学的研究》，载《教育研究》，1995(2)。

[2]　张蓉、洪明：《我国中小学教学改革 30 年历程回顾》，载《基础教育》，2012(5)。

本教育实验"针对传统"师本"教育的弊端——为教师好教而设计的教育，提出了新型的"生本"教育模式。

第四，以学生非智力因素为切入点的教学实验。这类教学实验关注教学过程中学生的需要、动机、兴趣、情感、意志等非智力因素，倡导创设优良的教学环境，改进师生关系，提升学生学习的动力。例如，刘京海的"成功教育"、王敏勤的"和谐教育"、倪谷音的"愉快教育"、李吉林的"情境教育"等均属于这类教学实验。

从实验主导的视角来看，教学实验大致分为以下三种类型。

第一，由政府主导的教学实验。这类实验主要由政府和教育行政部门根据内外部条件的变化，对人的培养质量和规格提出新的要求，进行自上而下地改革。这类教学实验往往涉及范围较广，且能够高效地展开，有一定的规模效应。如 21 世纪初，我国推行的第八次基础教育课程改革实验。

第二，学者主导的教学实验。这类教学实验主要由具有深厚理论基础的学者主持，在深入教学实践后，他们能利用先进的教学理论和方法指导教学改革。如叶澜教授推动的"新基础教育"，从人的生命实践活动出发，提出教学研究与教学改革从生命的层次，用动态生成的观念，重新全面认识课堂教学，构建新的课堂教学观。北京师范大学裴娣娜教授主持了"少年儿童主体性发展实验"。自 20 世纪 90 年代以来，裴娣娜教授长期组织开展学生主体性发展教学实验，构建了学生主体性发展的指标体系，提出了学生主体性发展的四大教学策略：主体参与、合作学习、差异发展、体验成功。朱永新教授发起的"新教育实验"酝酿于 20 世纪 80 年代，于 2002 年正式启动。它以教师专业发展为基点，以"五个观点"为核心思想、"六大行动"为具体途径、"四大变化"为主要目标，最终旨在践行其核心理念——"过一种幸福完整的教育生活"。

第三，以学校为主导的教学实验。这类教学实验往往由一线学校针对自身存在的教学实践问题引发，通过自主探索，努力寻求解决之道。如江苏东庐中学构建以"讲学稿"为载体的"教学合一"，即在"以人为本"理念的指引下，以"讲学稿"为载体，把教师的"教案"与学生的"学案"两案合一，优化课前备课、课堂教学、课后辅导等教学环节，以提高教学质量。

改革开放 40 年来，随着教学改革的深入，理论构建从关注基础知识和基本技能转向关注"人"的发展，注重学生素质的全面提升。教学实验逐渐由单项、单科教学改革转向整体性教学改革，之后我国教学实验又进入全面深化阶段。在这个过程中，教学实验为促进我国现代教学体系的发展发挥了不可替代的作用，具体如下。

第一，教学实验的发展丰富了教学理论，传播了先进的教学思想。改革开放 40 年来开展的教学实验，都以一定的教学理论与教学思想为依据。实验将这些理论、思想与我国实践结合的过程中，不仅传播了如布卢姆的"教育目标分类理论""生命教育""人本主义"等先进的教育思想，同时，在国外先进思想与我国实践相结合的过程中，也创造出符合我国国情的教学理论与经验，推动了我们自身教学理论的发展。

第二，教学实验的发展推动了教学理论与实践的双向结合。教学实验的目的就在于将一定的理论运用于实践，切实提高我国学校的教学水平，促进学生素质的全面发展。与此同时，实验的过程会对原有教学理论进行检验、深化与改造，创造出新理论、新经验、新方法。教学理论与实践通过教学实验这一途径，相互促进，双向互动，不断推动二者走向有效结合。

第三，教学实验的推进逐步确立了学生在教学过程中的主体地位。随着弘扬学生主体地位实验的不断推进，学生主体地位得以逐步确立。多样化教学活动的开展，使学生学习的积极性与主动性在教学实验活动中受到高度重视，学生独立思考、分析问题的能力也得到了有效锻炼，有力地推动了学生个性的全面发展。

## 二、改革开放 40 年我国教学体系发展变革的主要成就

改革开放 40 年是我国各行各业大发展、大变革的 40 年。我国现代教学体系在改革开放大潮中，围绕学科建设、价值观念、教学过程机理、教学模式、教学手段等教学体系发展的基本问题，开展了波澜壮阔的专业探索，取得了重要进展和诸多成就。

### (一)教学论学科建设日趋完善，教学研究队伍不断壮大

40 年来，教学论学科建设是推动现代化教学体系发展进步的内在依托。伴随着教学论博士点、硕士点的创建发展，教学研究队伍逐渐专业化、团队化，为我国教学体系现代化的建设提供了智力支持和人才保障。

1. 教学论学科的学位点建设

回顾改革开放 40 年来教学论学科的发展，尤其是教学论学位点的建设，大致可以 1997 年为界，划分为两个阶段：教学论专业创建与初步发展期(1978—1997 年)与教学论专业发展壮大期(1997—2018年)。下面分别就这两个不同时期的发展历程做些简单梳理。

我国在 1978 年召开的中共十一届三中全会，正式确立了改革开放的基本国策，拉开了以经济建设为中心、建设中国特色社会主义现代化国家的历史序幕。随着 1977 年高考招生制度的恢复，"很多高校原来被撤并的教育系得以恢复，教学论也成为教育学体系中一门独立的学科"①。1981 年，我国开始实行学位制度。在层次上，高等教育的学位分为学士、硕士和博士三个级别。学位制度的建立，

---

① 吉标、徐继存：《我国课程与教学论专业研究生培养 30 年：历史、现状与思考》，载《中国高教研究》，2012(10)。

为教学论学科发展创造了广阔舞台。20 世纪八九十年代，张敷荣、李秉德、王策三先生领衔培养了我国教学论学科的众多骨干力量，为学科发展做出了不可磨灭的历史贡献。教学论硕士点、博士点的创建，使得教学论学科在高等教育内有了自己独立的学术建制与专业的学术部门，在高层次师范类人才培养上占得布局先机，为进一步促进教学论学科的发展创造了有利条件。

1997 年，我国对学位制度进行了一次大的改革调整。"国务院学位委员会、国家教育委员会颁布了新修订的《授予博士、硕士学位和培养研究生的学科、专业目录》。根据新调整的专业目录，原来的学科教学论专业与教学论专业，统一调整为'课程与教学论'专业。"[①]学科教学论专业与教学论专业合并为课程与教学论专业后，其涵括的范围更加广泛，以研究学校教学一般问题为对象的教学论成了课程与教学论的一个主要方向。1998 年，我国高等教育进入了大众化发展时代，学科学位点和招生规模的快速扩张使得教学论学科的学位点建设也进入了新的快速发展阶段。设置教学论学科博士点的高校由 1981 年的 1 所(西北师范大学)发展到 2018 年的 28 所，学科大区域布点全覆盖，形成了高层次人才培养的规模效应。教学论学科的硕士点建设更是发展迅猛，2010 年前后就已经超过了 100 个学位点，成为教育学一级学科中布点最多的二级学科之一。在教学论学科硕士和博士学位点激增的形势下，如何协调好规模与质量共进发展，是每一位教学论建设者都需要共同努力探讨的新课题。

2. 教学研究队伍的不断扩大

教学研究队伍的专业化、团队化是推动现代教学体系发展的内在力量。教学论研究队伍的人员构成大致可以分为高校教研人员、

---

① 谢利民：《"课程与教学论"专业研究生培养模式改革实践探索》，载《学位与研究生教育》，2001(9)。

教研机构人员和一线教师三个群体。

第一，高校教研人员。改革开放以来，我国教学论博士点、硕士点的指导教师，一直是我国教学研究队伍的中坚力量。20 世纪 80 年代，最早的几批教学论博士生和硕士生导师堪称新中国教学研究的奠基人，为学科发展做出了开创性的历史贡献。在老一代学者的关怀指导下，一批中年学者快速成长起来，不断为队伍建设注入新鲜血液。进入 21 世纪以来，随着基础教育课程改革的推进，我国教学研究队伍出现了快速壮大的格局，呈现出年轻化和特色化的基本趋势。一大批改革开放以来接受高等教育的年轻学者，经历实践洗礼和自我提升，逐渐形成各具特色的教学论研究领域或风格，影响力持续扩大。这些学者在教学哲学、教学实验论、教学认识论、教学社会学、教学伦理学、课堂教学研究、教学文化研究、发展性教学研究等领域所做的创造性研究，拓展了教学论学科边界，深化了教学专业研究成果。

第二，教研机构人员。中央、省、市、县（区）教育科学研究院（所）是教学研究的主力军之一。其中，原中央教育科学研究所胡克英研究员、江山野研究员、潘仲茗研究员，北京教育学院温寒江教授，山东省教育科学研究所李建刚研究员，天津市教育科学研究院张武升研究员，就是这支队伍的一些杰出代表。一线教研员也是活跃的教学研究者。"教研员，亦即教学研究人员，是特指在我国各级、各地教研组织中任职的，专职承担教研工作的教学研究人员。"①教研员既不是单纯的一线教师，又不是单纯的研究者，教研员的独特性决定了他们"要成为行走在理论与实践断层之间的人，需要在理论与实践之间发挥中介作用"②。他们时常承担着满足教育行

---

① 卢立涛、梁威、沈茜：《我国中小学教研员研究的基本态势分析》，载《教师教育研究》，2013(6)。

② 王洁：《教研员：断层间的行者——基于实践角度的分析》，载《人民教育》，2008(19)。

政机构与教师专业群体需求的任务。工作中，教研员群体以自身敏锐的"触觉"，发现并帮助教师解决教育教学中存在的问题，推广、普及教育新理念、新经验，为不断提升教育教学质量做出了重要贡献。

第三，一线教师。在中小学一线教师中，也有不少活跃的教学研究者。李吉林老师、柳夕浪老师等，就是这支队伍的一些杰出代表。这支队伍往往直面一线重要的教学问题，通过学习、探索，积极推动教学实践变革，不断提升育人质量。例如，李吉林老师，是全国著名的语文教育专家，长期从事小学教育教学的实践探索与研究，创立了"情境教育"模式，该模式是我国素质教育的重要模式之一。[①] 她在一线工作时，捕捉到素质教育以人为本的真谛，并在教育教学实践中探索"儿童究竟是怎么学习的"，并构建了中国式儿童情境学习范式。"情境教育"以儿童发展所需的真、美、情、思为四大关键元素。其中，"真"，指给儿童一个真实的世界，符号学习与多彩生活链接；"美"，指给儿童带来审美愉悦，在熏陶感染中产生主动学习的"力"；"情"，指与儿童真情交融，让情感伴随认知活动；"思"，指给儿童宽阔的思维空间，尽力开发潜在智慧。李吉林老师的情境教学在全国产生了很大影响，是现代教学体系发展的重要成果。

### (二)树立现代教学观念，不断提升育人质量

40年来，我国现代教学体系的建设与发展在价值观念上达成了诸多共识。具体来说，它包括：现代教学发展应确立以学生发展为本的教学价值取向，提升教学质量的发展观念，遵循教学规律的科学观念，发扬教学公平的民主观念，推进教学发展的改革观念。围绕这些内容，下面做些简单概括。

---

① 李吉林：《以"真、美、情、思"建构中国情境教育》，载《社会科学报》，2009-02-05。

1. 确立以学生发展为本的教学价值取向

教育本质上是一种培养人的社会活动。改革开放 40 年来，我国学校教育教学逐步确立了以学生发展为本的价值取向。以学生发展为本，全面实施素质教育，主要包括三层含义：一是面向全体学生。注重全体学生的发展，这是我国教学发展的基本价值立场。40 年来，我国出台的多项促进教育教学改革和发展的重要文件都明确指出，教学改革应面向全体学生，促进每个学生的发展。如《国家中长期教育改革和发展规划纲要（2010—2020 年）》明确提出教育改革要"关心每个学生，促进每个学生主动地、生动活泼地发展，尊重教育规律和学生身心发展规律，为每个学生提供适合的教育。努力培养造就数以亿计的高素质劳动者、数以千万计的专门人才和一大批拔尖创新人才"。二是注重学生的全面发展。以学生发展为本的实质，就是坚持以学生的全面发展为本，"把德育、智育、体育、美育有机融合在教育活动的各个环节中，教育学生不仅要学会知识，还要学会动手、学会动脑、学会生存、学会做事、学会做人"①。三是关注学生个性的全面发展。全面发展与个性发展之间在逻辑和哲学上不是对立关系，而是辩证统一的关系：全面发展是个性发展的基础与前提，个性发展是在全面发展基础上的选择性发展。② 把以学生发展为本作为教育的出发点和归宿，就是要使每个能动、可塑、具有不同特质的受教育者，在德、智、体、美和知、情、意、行等方面全面和谐发展，并在社会化过程中逐渐形成具有个体独特发展风格的素质特征。

2. 提升教学质量的发展观念

我国现代教学体系的发展，在不同时期面临着不同的关键任务。

---

① 翟博：《育人为本：教育思想理念的重大创新》，载《教育研究》，2011(1)。
② 文新华：《论人的全面发展与个性发展——兼论创新人才的培养》，载《华东师范大学学报（教育科学版）》，2004(1)。

20 世纪 80 年代推行的普及九年义务教育，以及 20 世纪 90 年代末以来的高校扩招和示范高中建设工程，都是围绕扩大教育规模这一主题展开的重要探索。在教育规模扩张的同时，教育质量问题日益凸显，逐步成为我国中小学教育的中心问题。

第一，提升教学质量是当前现代教学体系发展的时代主题。规模扩张往往导致人力资源（尤其是高水平教师）匮乏，设备条件、图书资料和运动场所等教育资源严重不足，从而影响质量。同时，国家和人民对教育质量的要求越来越高。随着小学和初中教育总体普及，以及高中教育大发展，全国中小学教育近期已经进入战略转型时期，即中心工作将从规模扩张转向质量提升。不断提升教育教学质量，是当前教学改革探索的中心课题，也是当前现代教学体系发展的时代主题。

第二，高层次能力培养逐渐成为教学质量观的核心。在教育教学现代化发展的今天，人们在教学质量效益核心标准上，逐步认识到教学质量效益不仅体现在学生知识数量的多少、知识的系统性和完整性上，还取决于学生对知识的灵活运用，取决于批判、综合、推理、怀疑、创新等高层次能力的养成。在此质量观念的引导下，教师的教学应恰当引导学生发现未知，并给予学生恰到好处的帮助，关注培养学生独立学习、独立分析和解决问题的高层次能力。激发学生的主动性、创造性、独立性和好奇心，已成为指导教师教学工作的重要共识。

第三，有效教学研究为提升教学质量提供了重要理论参照。20 世纪八九十年代，教学论研究界鲜明地提出了整体提高或大面积提高教学质量的命题，积极倡导教学优化思想，引领了教学实践变革的方向。进入 21 世纪以来，教学理论研究者着力于研究有效教学，为中小学教学质量的提高提供了重要的理论参照。有效教学是师生遵循教学活动的客观规律，以最优的效果、效益和效率促进学生在知识与技能、过程与方法、情感态度与价值观"三维目标"上获得整合、协调、可持续的进步和发展，从而有效地实现预期的教学目标，满足社会和个人的教育价值需求而组织实施的教学活动。[1] 成尚荣认为，有效教学需要理论来支撑和指导：一是情感教育理论。它会给学生以兴趣、以需求、以信心、以希望，推动、促进学生的发展。二是建构主义理论。它更强调个体的内在认识发生机制，强调在情境脉络中主体对外部世界的适应及建构。三是因材施教理论。因材施教所追求的是适合的教育，即对不同的学生施加不同的教育和影响。适合的教育是注重差异的教育，适合的教育是个性化教育。[2] 在有效教学策略的提出方面，龙宝新等人主要从教师角度提出了几点策略，即需要教师建立生态型的有效教学机制、双层有效的教学模式，以及教、学并重的有效教学思维。[3] 正是通过有效教学研究，人们逐渐总结出了教学质量提升的价值规范、工作机理、方法策略，不断推动教学质量的提升。

3. 遵循教学规律的科学观念

教学规律是客观存在于教学过程中的，不以人的主观意志为转移的本质联系，具有客观性、普遍性、稳定性、必然性。改革开放40 年来，教学理论研究者和实践者探索出了诸多教学规律，引导、规范着学校教学行为。在实践中，人们也逐渐认识到教学工作只有遵循教学规律，才有可能事半功倍；违背教学规律，教学就会容易陷入迷茫，教学质量就会下降。具体来说，教学规律有以下几个。

第一，学校在各项工作上，必须坚持以教学为主。学校工作必

---

[1] 宋秋前：《有效教学的涵义和特征》，载《教育发展研究》，2007(1)。

[2] 成尚荣：《教学改革绝不能止于"有效教学"——"有效教学"的批判性思考》，载《人民教育》，2010(23)。

[3] 龙宝新、陈晓端：《有效教学的概念重构和理论思考》，载《湖南师范大学教育科学学报》，2005(4)。

须以教学为主，在实践中就要求我们弄清主次关系，不能认识上倡导以教学为主，实践上却正好相反。例如，为了倡导研究性学习和综合实践活动，打破严格的教学秩序，教学为学校中各种花样翻新的活动让路的现象已经出现，这种现象如果普及，将十分危险。无数的历史经验已反复证明，只有坚持以教学为主，才可能提高人才的培养质量。[①]

第二，在教师所传授的间接经验与直接经验的关系上，必须坚定不移地坚持以间接经验为主。学校所传授的间接经验，主要是适应现代生产和生活的科学文化知识。而这种知识本身就是感性知识与理性知识的统一。感性知识既可以通过直接经验的方式获得，也可以通过间接经验的方式获得；理性知识既可以来源于书本，也可以在个体实践获得的感性知识的基础上"升华"形成。学生在学校中主要以间接经验的方式获得间接经验，所获得的间接经验中既有理性知识，也有感性知识；学生在学校内外、课堂内外同时进行的直接经验的活动，既可形成感性知识，也可形成理性知识。直接经验对于更好地理解间接经验是必要的，但学生毕竟在校时间有限，让学生事事从直接经验做起，不可能也无必要。若舍去间接经验的习得，学生根本不可能在短时期内获得大量知识。

第三，在间接经验的获得上，相较于发现性学习，接受性学习方式应处于主要地位。对学生而言，在学校教育中最重要的学习方式是有意义接受式学习。学生积极主动地对教师所传授的知识进行选择、整合、内化，把新知识纳入原有的认知结构中，从而实现对新知识的理解和掌握。虽然发现性学习在某种程度上更有利于培养学生的自主性、独立性、能动性、创造性，但是发现学习重发现、轻讲授，学生通过发现得到的知识缺乏系统性、整体性。同时，知

---

① 柳海民、孙阳春：《中国基础教育改革的理性诉求》，载《教育学报》，2005(3)。

识无限性和学生学习时间有限性的这一矛盾，也决定了有意义接受教学是学生学习的主要方式。

第四，在间接知识的传授中，要处理好一与多、类与旁的关系，坚定不移地坚持以"双基"为主，即以"一"和"类"为主。中国话语中的基础知识、基本技能是人类经过反复筛选和淘汰之后留下的含有真理性的间接知识，是间接知识中的"一"和"类"，它们具有举一反三、闻一知十、触类旁通的功能。间接知识的传授时间有限，内容繁多，只有传授"一"和"类"的内容，传授"学科的基本结构"，才有可能增强知识的价值，使学生在有限时间内获得的有限知识具有更加广泛的社会适应性。①

### 4. 发扬教学公平的民主观念

20 世纪 90 年代以来，教学公平问题随着社会主义市场经济体制改革逐渐受到重视。教学论研究者围绕教学公平问题开展了理论探讨，抨击了种种教学不公现象，提出了承认差异、教学机会均等化、师生关系民主化的教学公平主张，确立了教学公平原则，对教学实践变革产生了积极影响。

第一，承认差异。教育过程中，个体在已有发展水平、发展的潜能、发展的优势领域、追求的发展方向等方面都存在差异。只有正视并尊重差异，有针对性地采取教育措施，促进学生尽可能充分地发展，才能实现真正意义上的教育公平。② 因此，教师应当承认并接受这些差异，在发现学生的共性之外，也应该了解学生的个性，尊重学生的身心发展差异、人格、意志和自由，无歧视地对待每一个学生。

第二，教学机会均等化。教学机会均等是指在教学过程中，学

---

① 柳海民、孙阳春：《中国基础教育改革的理性诉求》，载《教育学报》，2005(3)。
② 曾继耘：《论差异发展教学与教育公平的关系》，载《中国教育学刊》，2005(6)。

生获得学习与锻炼的机会均等，或者说，学生都能获得教师同等的对待。其主要内容包括教师对不同学生所运用的教育教学方法平等与教育教学评价平等两方面。教学机会均等是由入学机会均等走向质量机会均等的中介与桥梁，是最终获得教育结果均等的基础。[①]为了促进教学机会均等化，有研究者提出五点对策：树立教师的机会均等观念，提高教师的课堂组织能力，建立有利于互动的师生关系，采用灵活多样的互动形式，进行全面、有效的互动评价。[②] 除此之外，教学机会均等还体现在平等对待每个人的基础上，教学活动应注意平等中的差异对待，有区别地对待每一个学生的发展，满足学生不同学习习惯、学习方式的特殊要求，教学进度和教学难度要满足不同学生的不同需要。[③] 在教学过程中给予处境不利的受教育者更多的关怀，让他们得到更好的发展，从而实现教学机会均等，促进教学公平。

第三，师生关系民主化。在教学过程中，师生关系民主化是指在教学领域体现民主精神，创造民主、平等的条件和气氛，建立民主、平等的师生关系，采用民主的教育方法，调动师生双方的积极性，培养学生的自主精神，使学生得到和谐的全面发展。师生关系民主化体现在以下几个方面：首先，师生关系的民主、平等意味着教师对学生作为"人"的价值的承认，意味着对学生人格的尊重；其次，师生关系的民主、平等意味着教师对学生公平对待和一视同仁；再次，师生关系的民主、平等意味着教师信任学生；最后，师生关系的民主、平等意味着师生之间交流的结果必定是教学相长。因此，师生关系民主化的理性表现应当是"人－人"关系，或者说是主体间

---

①　李庆丰：《教学机会均等：素质教育的内置教学理念》，载《湖南教育》，2002(16)。

②　胡巧巧、王新华：《对课堂互动中机会均等问题的探讨》，载《新课程研究(下旬刊)》，2012(10)。

③　廖茂忠：《教学公平论》，载《现代教育论丛》，2002(1)。

的"我-你"关系，而不是人与物之间的"我-它"关系。①

5. 推进教学发展的改革观念

20 世纪八九十年代的教学实验探索具有自发性、自主性和多样性，而 21 世纪以来的教学改革实践及其理论探讨则更多的是围绕课程改革这一主线展开。围绕改革中的重大议题，课程教学的"激进革命论"与"稳健改革论"进行了全面而持续的学术思想交锋。② 通过交锋，我们体会到：教学改革应该摒弃激进改革路线，深刻把握教学改革的本质。从本质上看，教学改革是一个探索、创新的过程。这主要体现在：①教学改革具有长期性。教学改革的对象是教学系统或其中的某些要素，如制度、目的、方法、内容和环境等，一切改变最终都会影响受教育者的成长。改革受到社会历史条件、教学规律和人的主观能动性的制约。改革效果往往是滞后的、长期的和难以评估的。因此，教学改革只能是一种探索，而不是主观臆测的真理。②教学改革是探索和解决问题的过程。改革总是围绕问题展开的，没有问题的改革是盲目的改革。改革是一种充满变数的复杂探究过程，是有风险的活动。因此，发现问题和解决问题是教学改革的前提，问题意识非常重要。③教学改革是理想和现实间的互动。改革是对现实的改进和对理想的追求。理想是改革的动力，现实是改革的根基。不顾现实状况的改革不可能取得成功，没有理想的改革则会迷失改革的方向。④教学改革的探索是寻求"不变之道"，改革是稳定和发展的形式。改革本身不是目的，而是教学体系稳定和发展的途径。改革是为了探讨"不变之道"，即探寻现代教学体系稳定和发展的优化模式，为现代教学体系寻求稳定和发展的机制。稳

---

① 朱岚：《关于师生关系的哲学思考》，载《教育探索》，2004(12)。
② 在《当前课程与教学改革理论之争》(《中国教育报》，2006-08-26)一文中，王本陆较早地归纳、区分了"激进革命论"和"稳健改革论"两种不同的改革主张。

定和发展的要求制约着改革方向。①

### (三)改革形成了教学工作的基本原理

改革开放 40 年间，我国教学研究者围绕教学与发展、知识与能力、教师与学生、教学方法和策略选择与应用等方面，开展了深入的学理探讨，努力揭示教学基本规律，确立了科学的教学工作基本原理。

#### 1. 构建了发展性教学原理

改革开放 40 年间，我国教学研究者在吸收维果茨基、皮亚杰、赞科夫、达维多夫等学者研究成果的基础上，围绕教学与发展问题进行了长期的理论探讨，努力揭示教学促进学生发展的基本机制，总体确立了发展性教学原理。其主要内容可以概括为如下三点。

第一，教学促进发展。在教学与发展的关系上，历来有无关论、统一论和先行论的分歧。从"最近发展区"角度，维果茨基认为，"教学应该走在学生发展"的前面，即教学"创造"着最近发展区，主导着儿童智力发展的内容、水平和速度。基于对此观点的继承，我国教学论界普遍认可教学促进学生发展的"先行论"观点。

第二，学生主体活动是学生实现发展的关键。教学如何促进学生发展，历史上有不同的回答。柏拉图认为学生学习，就是教师引导下的"回忆"过程，所以，他重视学生的内部心理活动。夸美纽斯则重视学生的外部感知活动，他认为学生在学习的过程中，感知不到的东西，脑海当中根本不会有。以赫尔巴特为代表的传统教育派，基于观念心理学，强调学生的学习是由外而内的学生心理内部的"统觉"过程。以杜威为代表的活动教学理论，重视的是学生"从做中学"的外部经验活动。以上观点在探讨学生发展机制方面，都带有某种片面性。1993 年，刘会增在其博士学位论文《教学活动论》中，对学

---

① 王本陆：《基础教育改革哲学刍议》，载《中国教师》，2004(5)。

生主体活动的类型、过程及其建构等问题进行了系统研究，提出了全面建构学生主体活动是教学促进学生发展的基本机制的观点。①陈佑清教授在总结诸多研究成果的基础上明确指出：学生自身的能动活动(学生作为主体与环境的相互作用、学生自身的经验)是促进学生素质发展的基本机制。② 显然，只有构建多样化的学生主体活动，学生发展才有可能实现。

第三，积极建构发展性教学理论。学生发展从发生学意义上讲，主要是教师通过有意识、有组织、有计划地设计有利于学生的外部学习活动和内部心理活动，以促进学生主体发展的过程。"建构"多样化的学生主体活动，就是建立完整的、全面的学生主体活动，包括学生主体的外部活动、内部活动及外部活动内化和内部活动外化。③ 陈佑清教授基于长期的理论研究，也系统构建了以发展为本的教学论。④ 这些创新与探索是发展性教学理论研究的前沿成果，具有重要的理论价值和实践意义。

2. 确立了知识教学的基础性原则

在学校教育中，教学任务达成应始终坚持知识教育的基础性。它是中心环节，是第一位的。学生只有具备广博的知识储备、扎实的知识功底、良好的知识素养，才能提高能力、丰富情感、形成积极的态度。只有坚持知识教学的基础性原则，学生发展才有坚实的根基。

第一，知识教育是学生发展的基础。知识即人类认识的成果，是在实践基础上产生又经过实践检验的对客观实际的反映。教学中所指的知识"主要是经过选择的人类历史文化经验而非个体偶然的、

---

① 刘会增：《教学活动论》，博士学位论文，北京师范大学，1993。
② 陈佑清：《教学论新编》，88 页，北京，人民教育出版社，2011。
③ 王策三：《教学认识论(修订本)》，229 页，北京，北京师范大学出版社，2002。
④ 陈佑清：《教学论新编》，北京，人民教育出版社，2011。

个别的经验，它具有抽象性、复杂性、公共性，个体即使通过探索也很难在自发的生活中全部而深刻地获得"①。也就是说，"个体认识和发展的起点就主要不是个人当下的实践或直接经验，而是前人、他人实践、认识的成果，就主要是知识了"②。同时，基础教育阶段的学生的受动性大于能动性、依赖性大于自主性、继承性大于创造性，也决定了青少年学生的学习主要以吸收、继承为主。因此，知识是学校教育教学需要关注的主要对象，教育是以知识为基石、以知识为媒介、以知识为过程的活动。它是知识的传递与传播，是知识的创造与发展，是知识的净化与升华。③ 教学也应以知识教育为起点，以知识要素为轴心，促进学生德、智、体、美、劳的全面发展。

第二，脱离知识教育，学生发展只能是空中楼阁。长期以来，有不少学者基于新课程理论视角，提出"知识不是游离于认识主体之外的纯粹客观的东西；学习过程也不是打开'知识百宝箱'向学生移植信息那么简单机械。学习乃是学生建构他们自身对于客体的理解，亦即知识是由学习者主动建构的。倘若没有学生积极地参与他们自身的知识表达，学习就不存在"④。据此，这些学者认为应该改变课程过于注重知识传授的倾向。这一观点显然否认了知识具有客观性。知识是客观性与主观性的统一。否认了知识具有客观性，也就排斥了学生通过知识传授，进而掌握人类长期积累的客观的科学文化知识的可能性。在这一知识观基础上演化出来的学习观，与通过长期教学实践探索出来的教学规律相违背。⑤ 如果没有继承和接受作为

---

① 郭华：《新课改与"穿新鞋走老路"》，载《课程·教材·教法》，2010(1)。

② 王策三：《认真对待"轻视知识"的教育思潮——再评由"应试教育"向素质教育转轨提法的讨论》，载《北京大学教育评论》，2004(3)。

③ 孙喜亭：《基础教育的基础何在》，载《教育科学论坛》，2006(9)。

④ 孙振东：《学校知识的性质与基础教育改革的方向》，载《教育学报》，2006(2)。

⑤ 潘新民：《反思"知识建构论"的教学意蕴》，载《教育学报》，2009(3)。

条件，主动性和创造性也就失去了生成的基础，能力培养更是无从谈起。只有实现了学会知识这一目标，才谈得上情感态度、价值观的培养，才谈得上让学生学会学习。

第三，知识教学需要将知识"打开、简化、外化"。知识教育中问题出现的根本原因，并不是由知识传授本身造成的，而是教学内容选择不够精、课程结构不合理、课程类型单一化、教师教学水平低等多种因素引起的，使得知识在传授过程中并没有完全"打开、简化、外化"。关于知识教学过程，王策三先生曾进行过细致的论述：首先，将知识打开，把知识原始获得的实践认识活动方式和过程，加以还原、展开、重演、再现……其次，将还原、展开、重演、再现……的活动方式和过程，加以简化。最后，知识内化的真正完成。知识真正转化为学生的精神财富，还需进行外化过程，即把此前领会的知识通过操作和言语展开，呈现出来。① 所以，我们要通过调整课程结构、精选教学内容、提高教师素质等措施来继续加强知识教育，改变浅层次的知识传授现象，而不是要改变知识传授本身。②

3. 确立了教师主导、学生主体的师生关系原则

教学活动中的师生关系问题是教学论的基本理论问题，其实质是教学运行的主体力量协同问题，即教师与学生在教学活动中的地位、作用及行为规范问题。改革开放 40 年间，围绕师生关系，在业务层面，我国逐步确立了教师主导、学生主体的原则。

第一，教师发挥主导作用具有客观必然性。教学的方向、内容、方法、进程、结果和质量等，都主要由教师决定和负责；学生决定不了，也负不了这个责任。教师要起主导作用的原因，王策三先生

---

① 王策三：《认真对待"轻视知识"的教育思潮——再评由"应试教育"向素质教育转轨提法的讨论》，载《北京大学教育评论》，2004(3)。

② 王策三、刘硕：《留下一点反思的历史纪录——〈基础教育改革论〉前言》，载《教育学报》，2005(1)。

概括为两个方面：其一，教师受社会、国家、党的委托，"闻道"在先，而且受过专门的教育训练，对教与学的方向、内容、方法、进程等都已掌握；而学生尚未"闻道"，特别是中小学生，正在发展成长时期，知识和经验还不丰富，智力和体力还不成熟，他们不可能掌握方向、内容、方法等。其二，正如唯物论所揭示的——人和环境是教育的产物，教师当然代表不了学生外在环境和教育的全部，却像一个聚光灯一般，把外部环境和教育对学生提出的要求与提供的条件集中起来发挥影响；而学生的学习动机、学习行动、学习方式和方法，以及由学习结果所获得的知识、思想和能力等，都不可能是主观自生、自发、先验的东西，必须而且在正常情况下可以接受、吸收来自外部环境和教育的影响，主要就是来自教师的影响。[①]所以，"教学认识的方向、认识的课题、认识的途径、认识的结果和质量等，都主要取决于教师并由教师负责"[②]。

第二，学生是学习主体，教师包办代替不了。在整个教学过程中，无论是经验知识的获得还是能力、智力的发展，教师既无法代替学生读书，也无法代替学生分析思考；既不能把知识生硬地灌输到学生的头脑里，也不能把思想观点移植到学生的头脑中。所以，学生的认识活动必须是能动的、主动的、独立的活动，教师包办代替不了，那么，学生就当然是主体，需要自己做主。[③]只有教师的教学意图变成学生自己的意图，学生能自己行动起来，才会有意义。

第三，教师主导与学生主体是相辅相成的辩证关系。只有教师主导的有效度和学生主体的参与度在教学中同生共长，才能达到教育的合作共赢。[④]教师是为了学生的学习发挥主导作用，学生是在

① 王策三：《教学论稿》，126 页，北京，人民教育出版社，1985。
② 王策三：《教学认识论》，114 页，北京，北京师范大学出版社，2002。
③ 王策三：《教学论稿》，127 页，北京，人民教育出版社，1985。
④ 樊学艺：《学生主体及教师主导的哲学思辨和适用范围》，载《中国教育学刊》，2013(12)。

教师的指导下发挥学习的主动性，教师的主导作用发挥得越好，学生学习的主动性、积极性就会越高，这是教与学的辩证统一规律。①

### 4. 教学方法和策略选择与应用的多样综合原则

教学方法和策略选择与应用要坚持走多样综合的道路。严格来说，必须要先有多样，然后才能谈综合。"推波助澜，鼓励和促进分化"②，即我们所说的"多样"。首先，要鼓励人们多方位、多角度地对教学方法和策略进行研究探讨，不要试图用一种方法打倒或替代另一种方法，要树立一种"方法生态观"，从而丰富具体的教学方法和策略。其次，要看到不同教学思想和教学改革模式的可取之处，鼓励不同学校和教师结合教学实际，创造出符合当地、符合本校特色的教学思想和教学改革模式，创造性地设计出符合本校学生特点的教学方法和策略。最后，还应该继承和发展教学改革中留下来的丰富的积极成果，注意多吸收对本学校教学有利的教学方法和策略，并融会贯通。

在教学改革创造出多样化的教学方法和策略的基础上，我们必须对其进行进一步综合。"没有综合，多样便是一盘散沙般的杂乱、不聚力，一团乱麻般的无序、不给力。"③综合，即对多样的教学方法和策略进行整合、升级和加工。"综合乃博采众长、自成一体的过程，是对多样的综合。"④不同学科教学方法和策略的选择、应用会有所不同；即使是同一学科，由于教学目标、知识内容、学生学习相应知识的思维特点不同，采用的教学方法和策略也会有差异。没有一种教学方法和策略能够解释教学实践的丰富性，也没有一种方

---

① 兰箭轮：《论教学过程中教师为主导、学生为主体》，载《四川师范学院学报（哲学社会科学版）》，1998(5)。

② 王策三：《认真对待"轻视知识"的教育思潮——再评由"应试教育"向素质教育转轨提法的讨论》，载《北京大学教育评论》，2004(3)。

③ 汪明：《论多样综合的教学模式及其创生》，载《当代教育科学》，2017(3)。

④ 黄济、王策三：《现代教育论》（第3版），336页，北京，人民教育出版社，2014。

法和策略能够"包打天下"地指导我们的教学实践。因此，要依据一定的教学目标，在具体分析学科知识结构和学生认知结构特点的基础上，"综合"地灵活运用多种教学方法和策略。① 也就是说，"综合"必须从实际出发，要对每一种教学方法和策略结合具体的教学情境进行优化组合，在社会、学校和学生之间找到最佳的结合点，能够有效发挥教学整体功能，从而高效地实现教学目标。

在当今时代和未来，社会发展变化多端，教学任务和教学目标多种多样。各地区、各学校的教学状况参差不齐，因此，教学方法和策略走"多样综合"的道路是必然趋势，单一化、绝对化的改革时代已离我们远去。"教学有法，教无定法，教有多法。'多样综合'是教育创新的重要方式。"②教学方法和策略必须走出原来单一化、绝对化的桎梏，抛弃"非此即彼、非彼即此"的二元论思想，在充分吸收多样的教学方法和策略的基础上，根据教学实际情境对其进行有机综合，争取走出一条"多样综合"的教学方法和策略的创新之路。

**（四）形成若干具有中国特色的教学模式类型**

改革开放以来，中国教学模式的发展取得了丰硕的成果，形成了多种教学模式、流派，大大提高了我国的教学质量和效率，更好地实现了我国促进人的全面发展的教学目标。通过学习古今中外，理论上探索各教学模式，开展多样化的教学模式实验，我国逐渐形成了多个具有中国特色的教学模式群，形成了教学模式的独特生态系统。

从1978年开始，我国中小学普通开展了多样化的教学实验，创造了多种多样的教学实验方案，到1985年前后，教学实验领域明显

①　汪明：《论多样综合的教学模式及其创生》，载《当代教育科学》，2017(3)。
②　王策三、刘硕：《留下一点反思的历史纪录——〈基础教育改革论〉前言》，载《教育学报》，2005(1)。

地分化出各家各派，形成几个有影响的类群①，这为我国教学模式后来的发展，奠定了扎实而丰富的实践基础和创造源泉。同时，在这期间，我国也学习和借鉴了一些国外的教学模式，如掌握学习、程序教学、发现教学、暗示教学、纲要信号法等，而从 1984 年开始，我国开始系统引入国外教学模式的研究②，并开始进行本土化教学模式的专门研究。到 20 世纪 80 年代末 90 年代初，我国基本形成了本土的教学模式理论及多种典型的教学模式群，如讲授－接受式、示范－模仿式、指导－自学式、提问－讨论式、探索－研究式、参与－活动式等，并开始自觉地建设我国的"教学模式库"，出版了多种教学模式研究与总结的专著。20 世纪 90 年代后期至 21 世纪初，我国"素质教育"的思想在理论界和实践界基本确立，教学模式的发展也就与素质教育改革紧密结合起来。在反思此前教学模式发展的基础上，我国继承了与素质教育相适应的多种教学模式，也创造了多种新的教学模式，如先学后教模式、学案导学模式、合作教学模式、分层教学模式、情感教学模式、生成性教学模式、探究性教学模式及多种信息化教学模式等。这些发展使我国的教学模式库进一步丰富。2010 年以后，我国的教学模式沿着几个重要方向进一步发展：一是提高教学模式实践的有效性、品质与质量；二是继承我国优秀的教学模式，探索本土教学模式的创新；三是促进教育公平的深化发展；四是进一步深化对外开放，吸收国外优秀经验；五是探索以信息技术促进教学模式的创新与发展。通过新时期的新探索，我国的研究者希望创造出适应本土的现实国情、具有国际视野和未

---

① 熊明安：《中国近现代教学改革史》，381 页，重庆，重庆出版社，1999。

② 参见钟启泉：《着眼于信息处理的教学模式——现代教学模式论研究札记之一》，载《外国教育资料》，1984(1)；钟启泉：《着眼于人际关系的教学模式——现代教学模式研究札记之二》，载《外国教育资料》，1984(2)；钟启泉：《着眼于人格发展的教学模式——现代教学模式论研究札记之三》，载《外国教育资料》，1984(3)；钟启泉：《着眼于行为控制的教学模式——现代教学模式论研究札记之四》，载《外国教育资料》，1984(4)。

来长远发展的教学模式。

总体来看，改革开放以来，我国中小学教学实践探索丰富多彩，硕果累累。教学论研究者对诸多教学实践发展的新经验、新成果进行了经验总结、理论提炼和科学反思，探索形成了富有中国特色的教学模式群。可以说，中国特色教学模式群是基于改革开放新时期中小学教学基本问题的创造性探索而逐渐形成和完善的。大致来看，中国特色教学模式群可以分为以下四大类型。

第一，质量效能取向的教学模式群。这一教学模式群主要针对教学质量不高、效能较低等问题，倡导优质、高效的课堂教学，如单元目标教学模式、成功教育教学模式、高效课堂教学模式等。

第二，学生中心取向的教学模式群。这一教学模式群主要针对学生主体性发挥不充分、学生学习能力不强等问题，倡导给予学生自主学习的机会，如尝试教学模式、自学辅导教学模式、主体教育教学模式等。

第三，探究建构取向的教学模式群。这一教学模式群主要针对创新能力和实践能力培养的新要求，倡导科学探究、自主建构知识，如诱思探究教学模式、项目学习教学模式等。

第四，情意驱动取向的教学模式群。这一教学模式群主要针对学生厌学、关系紧张等问题，倡导创设优良的教学环境，改进师生关系，提升学生学习动力，如愉快教学模式、情境教学模式、幸福课堂教学模式等。

这些不同类别的教学模式群针对性不同，适用范围各异，存在着互补共生关系，共同构成了中国特色教学模式群，具体见表 4-1。

表 4-1　教学模式群的四种类型

| 教学模式群类型 | 典型教学模式 | 基本特征 |
| --- | --- | --- |
| Ⅰ. 质量效能取向的教学模式群 | 单元目标教学模式、六课型单元教学模式、成功教育教学模式、分层教学模式、高效课堂教学模式 | 重视教学目标及其达成，强调教学的针对性，强调教学的扎实性，重视教师的作用，重视教学评价与反馈 |
| Ⅱ. 学生中心取向的教学模式群 | 尝试教学模式、自学辅导教学模式、"自学·议论·引导"模式、主体教育教学模式、翻转课堂教学模式 | 重视学生的自主性和差异性，强调学生的参与和活动，重视对学生的组织和调动，重视教师的指导和帮助，以学生的学组织和实施教学 |
| Ⅲ. 探究建构取向的教学模式群 | 创造性教学模式、诱思探究教学模式、任务驱动教学模式、项目学习教学模式、基于网络的研究性教学模式 | 重视学生探索精神和创造能力的培养，强调学生的个性化与独创性，重视真实的问题和情境，强调教学的过程与生成，强调教学的过程性评价 |
| Ⅳ. 情意驱动取向的教学模式群 | 愉快教学模式、情境教学模式、情感教学模式、交往互动教学模式、知情交融教学模式、幸福课堂教学模式 | 重视学生非智力因素的发挥与发展，强调教学的丰富性和多样性，突出教学的人文性和人本性，重视师生关系的和谐与共振，强调间接的熏陶与教化 |

　　这四种教学模式群及其中的具体教学模式之间并不存在绝对的差异，而只有突出特征的不同，并且它们之间是相互融合的，每一

种模式群中也都在一定程度上有机地吸纳了其他类群的特征。例如，情意驱动取向的教学模式群同样追求教学的质量效能，同样重视学生的主体性，同样包含着建构与生成，其他教学模式群也同样如此。

总体而言，中国特色教学模式群的发展是朝着多样综合的方向发展的。具体而言，我国教学模式的发展，在教学目标上，追求多方面教学目标的实现，追求每个学生的发展，促进教育公平；在师生关系上，注重学生的主体性发挥，强调学生的学，也注重师生之间的互动；在教学过程上，强调变通适应，动态调整；在教学内容上，强调结构化和综合性，鼓励创造性整合；在教学方法上，强调多种教学方法的综合运用；在教学组织形式上，强调多种组织形式的相互配合；在教学手段上，重视现代技术手段与教学的深度融合。总之，我国教学模式的发展是一个不断创造生成与有机综合的过程，是一个融合了继承与创新、学习与批判、吸收与内生、模仿与创造的发展过程。

### （五）教学手段的发展变革与教学信息化的持续推进

改革开放 40 年来，随着社会现代化进程的不断推进，与科学技术发展紧密相关的学校教学手段，在种类上由单一走向多样，在形态上由物化到信息化。40 年间，一批学者围绕教学手段概念、发展历程、选择应用原则等问题展开了持续深入的探讨，深化了对教学手段的学理认识，科学把握了教学信息化的基本原理，合理确定了教学信息化的价值规范与实践策略，有力地推动了教学信息化进程。

1. 教学手段变革的基本历程

1978 年以后，我国在社会各个领域实现拨乱反正，教育教学开始从一片废墟中重建起来。在基础教育领域，师生迅速恢复正常上课，教学设施设备也迅速得到改造、充实。由此，教学手段的开发应用也重新开始起步。

事实上，40 年来，国家对教学手段的开发应用始终都非常重视，始终都在大力提倡并有明文要求。早在 1978 年，邓小平就在全国教育工作会议上提出："要制订加速发展电视、广播等现代化教育手段的措施，这是多快好省发展教育事业的重要途径，必须引起充分的重视。"这为教学手段的现代化变革吹响了号角。教育部继而提出"电化教育要重新起步"，开展电化教育的学校要实现"两机一幕"（录音机、投影器和教学银幕）进课堂。由此，在一些有条件的城市学校，录音录像和电视教学系统、计算机教学系统，甚至卫星传播教学系统率先进入教学领域，对当时发挥教学整体效益、提高教学质量起到了关键作用。

1983 年，邓小平提出"教育要面向现代化、面向世界、面向未来"；1984 年，邓小平在上海视察时又指示"计算机要从娃娃抓起"。这迅速地推动了全国范围内计算机教学的热潮，中小学教学手段变革自此加快了步伐。1993 年，《中国教育改革和发展纲要》提出，要"积极发展广播电视教育和学校电化教学，推广运用现代化教学手段。要抓好教育卫星电视接收和播放网点的建设，到本世纪末，基本建成全国电教网络，覆盖大多数乡镇和边远地区"。当年，国家教委还特别针对中学发布了《中学理科教学仪器配备目录》，列出了学校完成教学任务所应具备的基本的仪器设备条件，指导教育部门和各级中学配备教学媒体。2000 年，教育部又发布了《中学理科教学仪器配备目录调整意见》。这为学校按班额、按人头配备教学媒体提出了切实的要求。1994 年，国家教委还颁布了《高等师范学校学生的教师职业技能训练大纲（试行）》，明确要求教师掌握投影片的种类和制作、录音教材制作，以及将各种媒体有机组合，对教师提出了熟悉掌握、恰当运用教学手段的要求。从此，教师改变了传统的"一支粉笔一张嘴"的教书匠角色，投入到对现代教学媒体的积极探索中来。1998 年，教育部电教办在《世纪之交现代教育技术工作的思路》中也明确指出，要继续普及和用好常规教学技术媒体。上述这些规定给中小学教学手段的变革与探索提出了要求，指明了方向。近些年来，在此思想与要求的指引下，全国范围内探索教学媒体与教学活动相整合的改革与实验也相继铺开。比如，语文"四结合"教学改革实验研究、小学数学系列学具应用实验研究、中小学素质教育中多种教学媒体综合运用实验研究、运用"几何画板"革新数学教学的实验研究等重要研究项目相继展开。这些实验研究对于完善教学媒体理论、提高教师的现代教育技术水平、发展学生的信息素养、更新人们运用教学媒体的观念，有十分重要的意义。

21 世纪以来，随着计算机技术、网络通信技术和数字处理技术的快速发展，国家先后出台了一系列文件，支持教育教学的信息化发展，包括《国家中长期教育改革和发展规划纲要（2010—2020 年）》《教育信息化十年发展规划（2011—2020 年）》《教育信息化"十三五"规划》等。这为教学信息化探索提供了良好的政策环境。在政策支持下，教学手段逐渐呈现出多样化、立体化、网络化、交互化和智能化的趋势，出现了电子空间学校、多媒体网络教室、计算机远程教学等全新的教学形式。教学的发展离不开教学手段的发展，教学手段的发展又使教学活动的形式及内容更加灵活、生动和多样，也使教学信息的传递更加直观、有效和迅速。

2. 教学手段理论探索的成就

我们可以欣喜地看到，自 1978 年提出"电化教育重新起步"以来，在 40 年的历程中，我国中小学教学手段发展取得了很大进步。中小学广泛开发和应用了多种教学手段，计算机网络和多媒体系统成为现代教学的新宠。实践的变革需要理论的引领。这一时期，学者们围绕教学手段概念的界定、中国特色教学手段理论的构建、教学手段的选择等进行了积极的探索。

第一，教学手段概念的界定。从 1978 年全面恢复建设到 20 世纪 80 年代初期大力发展电化教育，在这期间，"教学手段"的内涵重心集中定位在条件设施层面。例如，南国农教授就曾明确指出，现代化教学手段主要指的是"各种现代化的教育媒体，包括硬件和软件，是物的概念"①。到了 20 世纪 80 年代中后期，人们对于教学手段的认识开始更多地立足于教学实践，转而强调条件设施的教学功能。对此，王策三教授给出的定义被认为较具代表性，他认为教学手段是指"师生教学互相传递信息的工具、媒体或设备"②。进入 20 世纪 90 年代之后，"教学手段"不仅开始有狭义与广义的区分，而且其意蕴也得到了进一步扩展。比较有影响的观点，如刘克兰教授在《教学论》中所提出的："教学手段是为了实现预期教学目的，教师和学生用来进行教学活动，作用于对象的信息的、精神的、物质的形态和力量的总和。"③

　　第二，借鉴外域经验，构建中国特色教学手段理论。学者们基于国情文化特点，探索构建了具有中国特色的系统教学手段理论。中央电化教育馆主持的"电化教育促进中小学教学优化"课题，许乃英、黄慧主编的《课堂电化教学研究》，南国农教授主编的《中国电化教育（教育技术）史》，原国家教委师范教育司组编的《教学技术基础》，张良田教授著写的《教学手段论》等，都是这一时期的代表性著作，反映了国内学者在寻求构建系统化的现代教学手段理论方面所付出的努力。

　　第三，学界明确了教学手段选择的多样综合原则。40 年来，我们大致可以勾勒出教学手段的演进轨迹，即非电化手段—电化手段—信息化手段—智能化手段。但教学手段的选择不能以"先后"或"新旧"作为标准，简单地嫌恶排拒；教学手段的选择应该充分考虑校情、学情、教情等综合性因素，实事求是地做出判断，盲目求新

---

①　南国农：《谈谈电化教育的几个理论和实际问题》，载《电化教育研究》，1981(2)。

②　王策三：《教学论稿》，258 页，北京，人民教育出版社，1985。

③　刘克兰：《教学论》，312 页，重庆，西南师范大学出版社，1993。

容易引发设备闲置、资金浪费、教师抗拒等现实问题。

3. 教学信息化时代的到来

21 世纪以来，我国信息化步伐不断提速。2012 年，教育部发布了《教育信息化十年发展规划（2011－2020 年）》，极大地推进了我国教育信息化进程。在此背景下，如何科学认识和有序推进信息技术在课程与教学领域的应用，成为教学论学术研究无法回避的重大议题。翻转课堂、慕课教学、远程教学、在线学习、混合学习、虚拟课堂、微课教学等基于信息技术应用而产生的教学新形态，在最近十余年迅速成为教学实践的大热点和教学理论研究的新问题。而2016 年兴起的人工智能热，又使人工智能技术在教学领域的推广应用开始成为教学信息化研究的新话题。教学信息化是指在现代信息化教学理论的指导下，将信息技术应用于教学，使教学手段不断朝着促进教学活动优化的方向发生变革的过程。面对教学信息化实践的火热局面，教学研究者从多个层面，力求科学把握教学信息化的基本原理，合理确定教学信息化的价值规范，总结、反思教学信息化的实践策略，下面就从价值、策略角度做简单介绍。

从价值方面来看，教学信息化对于推动教学发展具有重要意义。

第一，教学信息化有助于扩大优质资源的覆盖面。教学信息化能够穿越时空，扩大高品质教学信息的传播范围，提高信息的增殖率，尤其可以弥补贫困落后地区教育资源短缺的状况，使处于不利地位的孩子同样能够享受高水平的教育教学。

第二，教学信息化有助于提高教学质量。教学信息化具有极丰富的表现力，它可以使古今中外的天文地理、风土人情尽收眼底，生动形象地进入课堂，提高课堂教学的效率和质量。正如国际 21 世纪教育委员会所指出的：教学是一门艺术，任何东西都无法取代丰富多彩的教学对话。然而，传播媒介的革命为教学工作开辟了未经勘探的道路。计算机技术大大增加了寻找信息的可能性；交互设备和多媒体向学生提供了一个取之不尽的信息宝库。[①]

第三，教学信息化有助于提高教学效率和学习效率。对教师来说，提高教学效率就是在一定的时间内，完成比原计划更多的教学任务；对学生来说，提高学习效率是指在一定的时间内，学到比原先更多的知识。研究证明：教学信息化能够调动学生多种感官共同参与认识过程，并刺激大脑两半球协调活动，其效果当然比只用某种感官或只用大脑某一半球进行学习的效率要高。在某些特殊的情形下，信息化手段还可以保证教学持续有效开展。比如，2003 年春夏之交，我国"非典"（即"非典型性肺炎"）疫情肆虐的时候，北京一些小学就采用了多种技术的整合，使得学生即使在家也能和教师实现双向实时的教学交流，确保了教学质量。

那么，如何才能实现教学信息化呢？

首先，转变传统的课堂教学结构，提倡"教学并重"的教学模式。教学信息化的进程中出现过两种争论：一种是"教师决定论"，另一种是"教师无用论"。前者夸大了教师的主导作用，后者夸大了学生的主体作用，显然都是错误的。其实，有效的信息化教学应是在既重视教师主导又重视学生主体的基础上开展的。正如何克抗所说，实现教学信息化要从根本上转变课堂教学结构，这种结构性变革的具体内涵就是要"将教师主宰课堂的、以教师为中心的传统教学结构，改变为既充分发挥教师主导作用，又能突出体现学生主体地位的主导—主体相结合教学结构"[②]。郭颖也在其研究中说道："如何实现教师的教学主导作用以及学生的学习主体作用是实现外语教学

---

① 《教育——财富蕴藏其中》，联合国教科文组织总部中文科译，北京，教育科学出版社，1996.

② 何克抗：《智慧教室＋课堂教学结构变革——实现教育信息化宏伟目标的根本途径》，载《教育研究》，2015(11)。

信息化的关键所在。"①因此，变传统课堂教学结构为"主导—主体"相结合的教学结构，注重"教学并重"是实现教学信息化的必由之路。

其次，提高教师信息技术能力与信息素养。教师作为教学信息化的执行者，其信息技术能力与信息化素养的高低决定着教学信息化的成败。联合国教科文组织颁布的《教师信息技术能力标准》中提到，要想实现教学的信息化，实现信息技术与学科教学的整合，教师必须具备四个方面的能力与素养：构建学习环境的能力、信息技术素养、知识深化能力和知识创造能力。② 可见，随着网络时代的到来，信息化教学对教师提出了更高的要求，教师只有不断提高自身的信息技术能力与信息素养才能适应时代发展的要求，实现信息化教学。

最后，加强信息化教学资源建设。重视教学资源建设，加强信息技术在教学中的应用是实现教学信息化的必要前提。加强信息化资源建设，一方面，要重视信息化资源建设的有效性。只有基于实践活动、面向教学应用、服务日常课堂、促进师生发展的教学资源，才是真正切实有效的资源。③ 另一方面，要注重加强不同学科不同专业信息资源库的建设，如多媒体教室、校园网、教育区域网、各级资源中心等硬件建设，多媒体素材与课件、电子文献、电子教案等应用软件平台的建设。总之，教学信息化资源的建设，应尽可能积累真正体现信息技术与教学目标有机整合的资源，使信息技术在教学应用中达到最优化。

在社会现代化的发展进程中，我们拥有了更为丰富多样的先进

---

① 　郭颖：《论教育信息化在现代外语教学中的作用与实现途径》，载《现代远距离教育》，2012(4)。

② 　转引自郭颖：《论教育信息化在现代外语教学中的作用与实现途径》，载《现代远距离教育》，2012(4)。

③ 　房雨林：《基础教育信息化资源开发与应用的有效性研究》，载《电化教育研究》，2006(9)。

教学手段，这是当下教学体系发展的重要优势。如何真正发挥先进手段的作用，使各种手段切实成为高水平的教学工具，是需要不断探索的课题。我们认为，只有合理把握不同教学手段之间的关系，确立教学手段选择和应用的综合精进原则，把教学手段有效融入教学体系的整体建构中，先进的教学手段才能有效发挥作用。

## 三、改革开放 40 年我国教学变革问题的基本思考

变革是推动事物发展的动力。改革开放 40 年来，我国现代教学体系发展正是通过教学变革才得以不断实现现代化的。鉴于教学变革问题在推动教学现代化中的重要性，下面就如何促进教学变革，有效解决目前教学领域存在的诸多问题，更好地引领教学体系的发展，做简要讨论。

### (一)教学变革的形态：警惕四种不良变革形态

1. 忽视学校适应性的强权式变革

强权式变革是教育变革中常见的一种不良变革倾向。强权变革者习惯于我行我素，唯我独尊，不认真考虑各方利益的综合权衡，不顾历史发展的经验教训，而是从自己的主观意愿出发，从维护自己的强势利益出发，随心所欲地制定变革措施和推行变革。①

诸多教育变革案例表明，单纯的自上而下、命令式的变革，具体到学校微观领域的变革就鲜有奏效的，如通过教育变革期望在一定周期内能够改变学校教师教学观念和行为，从实际效果来看，变革往往并没有达到预期的成效。从本质上看，教育变革更多的是一种"适应性变革"而非"技术性变革"。"技术性变革"是以"由外而内"为指向的，有标准的指令、操作程序。但是，"适应性变革"考虑更

---

① 王本陆：《基础教育改革哲学刍议》，载《中国教师》，2004(5)。

多的是在具体情境中来实践，它需要变革实施者在具体变革的过程中不断地再发现、不断地自我调整。一开始就清晰地界定变革并"由外而内"地强力推行，只会起到限制和误导变革实施者的作用。

2."毕其功于一役"的激进式变革

激进式变革把变革看成一场革命，践行的是"一步到位"的变革策略，企图在较短的时间内和较大的空间范围内实现理想的变革目标。激进式变革在目标的实现方法、途径及推进策略上，主要分两步走：一是否定现实，认为现实状况是导致变革的根源，必须要清除现实现状；二是采取激进化的变革手段，在变革方式上往往带有"急剧性""毕其功于一役"和"快刀斩乱麻"等特点。激进往往意味着某种颠覆性的、质的剧烈变化，是一种暴风骤雨式的革命模式。这样，变革过程就成了一种彻底变革、清扫旧势力、重建新秩序的过程。

那么，如何认识激进式变革在教育变革发展中的作用呢？应该说，在特定时期，教育发展需要通过激进式变革来完成。这个特定时期主要是指在国情发生变化或者进行产业革命的时候。如我国在19世纪末20世纪初期，社会面临内忧外患的处境，现行的教育体系明显不能满足当时社会发展的需要，清政府随即通过教育变革废科举、兴学堂，制定新的教育宗旨，开启了中国教育现代化进程。这一时期的变革就明显带有激进性质。但是，当国情并没有发生根本性变化的时候，应该更多地通过循序渐进的改良方式来进行，激进式变革显然并不合适。然而，在教育变革实践中，不少变革推进者没有注意到这一点。由于激进式变革具有"毕其功于一役"，可以在短期内实现变革预期目标等特点，这种变革模式被逐渐推崇为主流的教育变革策略。

近年来，我国基础教育教学变革中就存在着这样的偏颇。例如，在变革发起之初就把我国现行教育定位于传统教育、扼杀学生天性的教育，进而强调"教育与国际接轨""要转换教育观念""教学回归生活""进行概念重建"等理念，主张运用"推倒重来"的激进策略和方法来推进变革。这些观点已不仅仅是部分学者的学术主张，而是已经在教育管理部门的号召下，切切实实地在中小学教育实践中发挥实际影响。然而，变革的实际效果并不乐观。多数教师认为，变革理念确实有启发意义，但在实践中要完成观念转变，告别过去的同时，完全践行新理念，简直是一个难以完成的任务。显然，激进式变革遵循的简单化、理想化的思维方式，忽视了变革自身的诸多规定性和变革进程中的种种复杂性问题。对此，迈克尔·富兰就曾提醒说：变革者致力于看到某项期望的变革得以实施，事实上，诸多例子证实了，某项变革的强烈愿望或许会成为确立一种有效变革程序的障碍。对于教育变革的规划来说，"有志者事竟成"这一格言并不总是贴切的。① 所以，教育之改进应该是有节制的与温和的，而不是任意的和激进的。

3."头痛医头，脚痛医脚"的孤立式变革

孤立式变革是一种缺乏系统分析视角的教育变革模式。在教育变革中，它主要表现在针对某一教育问题，试图提出相应的变革策略来解决这个问题。这一过程看似合理，而且有较强的逻辑性，但是在变革实践过程中经常出现对教育问题的解决缺乏系统眼光，缺乏全局考虑，不究其根本，只是试图针对某个问题进行变革，而没有认识到教育是在一个社会系统中演化、发展的，问题的出现及解决需要考虑各种影响因素之间的复杂作用。这种"头痛医头，脚痛医脚"的孤立式变革，实质上无益于问题的解决。这种变革模式之所以出现，其背后往往遵循的是单向度的因果关系分析。

---

① ［加］迈克尔·富兰：《教育变革新意义（第 3 版）》，赵中建、陈霞、李敏译，99页，北京，教育科学出版社，2005。

单向度的因果关系认为，一定的原因必定引起一定的结果，即"一因一果"。这种对于因果关系的简单认识显然忽视了这样一个问题：原因和结果之间的关系，往往是"在此之后"，但并不代表着"由此之故"。也就是说，虽然原因在前，结果在后，但是一个问题的产生，其背后往往有多个引起这个问题产生的原因，即因果关系更多的是"多因一果"关系。所以，对于某个问题的解决，难以通过简单分析其原因，并试图通过一个怎么办的手册指南来解决这个问题。而"头痛医头，脚痛医脚"的孤立式变革背后的逻辑思维，正是持单向度的因果关系的看法。孤立式变革试图直接解决某个教育问题，但并没有对问题进行正确归因，更没有采用系统性观点来分析问题、解决问题。

"我们还没有把教育作为一种社会系统而建立起教育的系统观……如果我们要建立、健全有效的改革策略，我们就需要逐步把握教育系统的动力，有时甚至还要把握这个系统的对抗性行为。"[①]用系统观点来认识教育变革，就要看到教育变革作为一个过程，它包括许多阶段，涉及个人、组织及教育内外各系统。而孤立式变革并没有把教育变革本身当作复杂社会变革系统中的一部分，没有认识到复杂系统中各组成部分之间复杂的相互影响，只是把目光局限在教育系统内部一些相当简单的变革程序上，以试图解决教育变革中的问题。变革如果忽略自身的复杂性，忽略教育系统与社会系统间的复杂关系，是不会成功的。

4. 漠视变革经验传播复杂性的照抄式变革

照抄式变革是一种奉西方教育变革理论和经验为圭臬，认为只要"照搬拿来"，就能革除本国自身现行教育体系之弊端，教育就会

---

① ［挪威］波尔·达林：《教育改革的限度》，刘承辉译，11 页，重庆，重庆出版社，1991。

取得发展，就能够与国际接轨的一种简单变革模式。照抄式变革已成为教育变革中的顽疾，是每次教育变革不得不反思的一个老问题。其实，"橘生淮南则为橘，生于淮北则为枳"的思想认识，古已有之，而在现实教育变革过程中，人们很容易忽视这一点。在教育变革中，一个显而易见的现象是：奉西方经验为圭臬，不顾自身已有的传统与文化、基础与条件而接受过来。虽然变革中对于西方教育理念与经验绝对性的偏执较为少见，"全盘西化"概念也鲜有作为口号提及，但是，在不少变革中，"照搬拿来"仍像一缕幽魂，经常出现在指导变革的理念与经验中，挥之不去。

变革确实需要借鉴、吸收先进的科学理念或经验来指导自身的变革行为，但借鉴并不等于直接拿来，借鉴过程是一个较为复杂的过程，只有与自身的条件、基础、现状相融合才有可能推行。这个过程正是鲁迅所讲的要有选择地拿、为我所用地拿、不亢不卑地拿，外国好的东西、对中国的进步有益的东西都应该加以吸收。这告诉我们：对于西方教育变革的理念与经验，不能存有"照搬拿来"的变革认识，而应该与当下实际相联系，才能做出适用与否的判断。

因此，教育变革在向外求取有关变革理念和经验的过程中，要认识到变革理念、经验的传播是复杂的。每一变革理念、经验的产生都有其历史背景因素、政治因素，以及人们参与变革的利益、价值观等特定条件。在变革进程中，试图引进域外教育变革理念、经验的时候，我们往往只是复制了变革的表层，那些真正有价值的变革背后的许多特定条件或因素却被忽视了。迈克尔·富兰就曾提醒我们：改革经验的传播往往是复杂的，改革的成果往往是由多个亚层次的改革成果构成，"即使你详细地阅读各种文献，观看各种录像带，甚至实地参观，你也不可能捕获到别处实际改革的全部信息。就是处在开放交流的环境下，由于实践工作者往往'知道的比说出来的多得多'，所以，也还是不充分的。追求捷径的心态往往与改革成果的传播交织在一起，成为又一方面的阻碍因素"①。总认为别人的好，想走捷径，不加分析，一个接一个地引入变革，结果就是来得容易、抛弃得也容易。可见，对于教育变革而言，并没有一套普适的变革理念、经验，某种变革理念、经验在一个地方起作用，但在另一情境中就很有可能毫无效果。只有把教育变革作为一个拥有特殊文化的社会系统来看待，深刻分析其得以顺利推行的背后条件，才是我们变革应该借鉴的。

### (二)教学变革的过程：注意用改进助推变革

近年来，随着核心素养、关键能力等教学目标的提出，电子书包、智慧教室等教学手段的更新，项目式学习、混合式学习等教学方法的变革，学校教学发展面临着新的机遇与挑战。通过变革手段驱动学校教学发展，以更好地实现育人目的，已成为一种共识。然而，回顾学校发展史，我们不得不面对一个尴尬的变革现实：不少变革，从设计到落实，方案往往很完美，保障措施很得力，制度设计很完善，推动决心也很大，但三五年后，变革往往难以取得预期效果，且逐步销声匿迹，直至被下一次变革取代，周而复始，以至于谈起变革，不少学者都感叹，每次变革虽然旗号不同，但要解决的学校问题，总给人一种似曾相识之感。问题出在哪里？以后变革怎么办？下面从学校发展机制角度谈几点看法。

1. 用变革促进发展，通常并非一帆风顺

变革设计是一种"有限理性"行为。人与动物的主要区别之一就是人是理性的动物。而这种理性用经济学家西蒙的话来说，只是一种"有限理性"②。人的"有限理性"的形成由于受各种先天或后天复

---

① ［加］迈克尔·富兰：《变革的力量(续集)》，中央教育科学研究所、加拿大多伦多国际学院译，79 页，北京，教育科学出版社，2004。
② ［美］赫伯特·西蒙：《现代决策理论的基石——有限理性说》，杨砾、徐立译，3 页，北京，北京经济学院出版社，1989。

杂因素的制约，人所掌握的知识及其能力都是有限的，难以做出完美决策并预料某一决策的后果，所以，变革设计者的"理性"也只是一种"有限理性"。由于其知识能力的有限性、难以预测变革所处环境的复杂性，以及可能出现的各种偶然因素等，也逻辑地否定了任何个人或组织能够制定出完美方案的可能性。如果变革主导者固执地执行所谓"完美方案"，随着变革的深入，各种没有想到的问题就会逐步暴露出来。如果没有及时重视和修正这些问题，那么，所导致的负效应就会不断被放大，对变革形成叠加冲击力，直至变革停滞。正如著名教育变革家迈克尔·富兰所言，如果把变革"叙述得越详细，目标和手段就变得越狭窄，教师不是技术员。具体地说，你可以有效地强行决定这些事情：(1)不需要思考和技能便能贯彻实施的事物；(2)通过密切和经常的监控可以监督的事物"①。"强制性的东西用得越多，时髦的东西就越泛滥，变革看起来就有更多表面化的东西和偏离教学的真正目标。如果你更多地'绷紧'强制性的东西，那么，教育的目的和手段就变得更窄，因此，效果也就减小。"②

　　变革推进是一个复杂过程。变革"好比一次有计划的旅程，和一伙叛变的水手在一只漏水的船上，驶进了没有海图的水域"③，充满了各种复杂性和不确定性。这里所说的变革复杂性，既体现为在变革过程中会遭遇各种不可知的偶然性，也体现在变革必然面临不同主体间基于利益博弈的必然性。学校每次变革从发起到推进，学生及其家长、教师、学校、学者，甚至其他利益集团等不同变革主体都会有自身的利益诉求。然而，"社会制度的真正变革或改革并非对

---

① ［加］迈克尔·富兰：《变革的力量——透视教育改革》，中央教育科学研究所、加拿大多伦多国际学院译，31 页，北京，教育科学出版社，2004。

② ［加］迈克尔·富兰：《变革的力量——透视教育改革》，中央教育科学研究所、加拿大多伦多国际学院译，32 页，北京，教育科学出版社，2004。

③ ［加］迈克尔·富兰：《变革的力量——透视教育改革》，中央教育科学研究所、加拿大多伦多国际学院译，33 页，北京，教育科学出版社，2004。

所有的人都产生同样的效果……我们的定义中包含一个特别的界定，即改革是比所代替的东西更好的某种东西，对谁来说更好？可以想象改革对每个人都好，或者每个人及每一群体都会在改革过程中受益吗？如果有人不受益，那么冲突是否不可避免？我们已经指出，改革可能并不改变某些人的境况（如其他教师和学生），甚至可能使另一些的境况恶化（如父母、国家财政甚至学生也是如此）"[①]。正因为如此，当某一变革主体的利益受损或者没有受益，就会或多或少产生抵制变革的动机。而其他变革主体若能从变革中受益，自然又成为变革的拥护者。学校变革就是在不同主体间时而相互牵制时而互动共进的复杂泥泞中，或者艰难前进，或者踟蹰不前。

所以，"一项预期带来结果 $X$ 的变革，不仅产生结果 $X$，而且可能产生结果 $Y$ 或 $Z$。之所以出现非预期结果，不仅因为制度是复杂的，而且人的行为动机复杂且很难预测，特别是在多种政策变量影响同一个行为时"[②]。那种认为通过变革这剂良药就能解决学校发展中各种难题的观点，既不符合学校发展的科学规律，也非变革本身所能承受之重。

2. 用改进完善变革是助推变革的关键手段

变革需要改进来调节、积累和助推。从本质上看，变革意味着突破旧事物，迎接新事物。而改进意味着优化原有事物，使其效率或价值得以提高。在当下舆论环境中，带有"突破"意蕴的变革颇受人们重视。在学校教育中，人们也常希望通过变革打破那种批量式的，培养统一规格的人的陈旧育人格局。与之对应，学校改进则鲜于被人谈起，仿佛谈改进显得分量不够，缺少气魄，甚至有些保守。

---

① ［挪威］波尔·达林：《教育改革的限度》，刘承辉译，22 页，重庆，重庆出版社，1991。

② ［加］Benjamin Levin：《教育改革——从启动到成果》，项贤明、洪成文译，169 页，北京，教育科学出版社，2004。

如果学校只是进行组织、结构等表层变革的话，那么，变革较为容易达成目标。但如果涉及人的思想、理念、价值观、思维方式等深层次变革的话，那么，变革必然困难重重。面对变革中的复杂问题，就需要发挥改进的作用。改进特有的重细节、谋细微的功能，能够审慎应对变革过程中出现的偶然因素，及时克服出现的困难。改进越多，变革效果才会越扎实；改进积累越多，变革突破也会更容易，甚至有些突破会在不知不觉地改进积累中完成。所以，变革需要事无巨细的高质量改进来调节、积累，通过改进来达到完善变革、助推变革的目的。

变革需要改进来继承、改善和创新。学校变革实践中常有一个误区：在某项变革发起时，不少变革者往往把学校现有状态定性为传统的、弊端丛生的，学校发展必须重建概念、转换范式、推倒重来，不如此就实现不了理想中的教育。这种变革观，实质是把变革等同于另起炉灶、推倒重来的革命。然而，历史是割不断的，经验是撇不开的，不能把变革视为与过去一刀两断的革命，反而变革需要通过改进来继承、改善和创新，才能渐进实现预期变革的目的。改进讲究继承，意味着变革方法论上的承前启后。现代学校发展需要继承千百年来诸多教育家通过变革实验探索出的符合育人规律的思想观点，如学生主要以学习间接经验为主，掌握知识是实现学生全面发展的基础，教学方法、模式的选择与应用应坚持多样综合原则，在师生关系上，教师为主导、学生为主体等；改善意味着持续不断地小步走、阶梯式地改进，即逐步改进。变革是一个探索过程，面对新思想、新模式，其试验过程需要谨慎、严密和周全，不能仓促行事。长期的历史经验表明，只有"以点滴的改进及逐步的调整，迂回曲折地逡巡向前行去，反而能渐渐地融入在地的脉络，进而真正地实现改善学校教育的目的"①。创新意味着"跳跃式"改进。在变革中，原有变革路径难以解决某个问题时，就需要创新思路和方法来试着突破。例如，当前学校变革的任务就是实现学生全面而有个性地发展。有学者就认为，仅探索高效率课堂教学，显然难以完成这一任务，应构建高质量的课程结构，为不同学生的发展提供不一样的课程支持，满足不同学生的发展需要。② 这种立足教学并向课程建设要质量的变革思路创新，对于变革任务的实现，具有较强的理论和实践价值。

3. 把变革与改进结合起来，克服错误的变革心态，才能促进学校发展

经济全球化、信息化时代的到来，对学校培养人的质量规格不断提出新要求。为应对挑战，培养出时代所需要的人才，学校变革势在必行。从促进学校发展的动力机制来看，只有一手抓锐意变革，一手抓修正改进，通过变革来破解难题，通过"改进之手"来化解变革风险，纠正变革中的偏差，才能最大限度地实现发展目标。为了更好地保障二者的有机结合，学校变革领导者和执行者需要克服两种错误心态。

第一种是变革的"傲慢"。在学校变革中，不少变革主导者相信，只要举起变革大旗，就意味着真理在我手，顺着既定的完美变革思路，变革就能达到预期目标。而在变革进程中，任何质疑、异议等行为，就是干扰、破坏变革，需要予以压制。这种"傲慢"的变革心态，直接遮蔽了用改进去调节、完善变革的可能性，需要我们予以正视并克服。正如上文所分析的，因为变革设计者的有限理性、变革过程的复杂性，变革出现阻抗，难以避免。但这种阻抗既有恶性阻抗，也有良性阻抗。因个人私利去阻挠变革，是恶性阻抗。对变

---

① 单文经：《教改性质的历史分析：逡逡巡巡步向理想》，载《教育学报》，2006(2)。
② 石鸥、张文：《立足课堂，超越课堂，向课程要质量》，载《教育科学研究》，2017(12)。

革理念及推进方式进行善意批评，虽然在一定程度上阻碍了变革，但又发挥着防止变革走偏的积极作用，它是变革不可或缺的良性阻抗。对此，迈克尔·富兰就曾提醒到："往往是那些有反抗情绪的人会告诉我们一些重要的东西，我们也会受到他们的影响。他们为那些认为是好的东西据理力争，他们或许看到了我们不曾梦想过的解决方法，他们或许看到了我们从来不曾看到的实施过程中的细节问题……尊重那些你希望他们保持沉默的人是一个好的经验。从与自己意见不一致的人那里学到的东西往往会比意见一致的人那里多得多，但是，我们却过多地听从后者的意见，而忽略前者的观点。人们愿意与认同自己的人交往，而不愿意与自己有分歧的人交往，事实上，这不是一个好的学习策略。"①所以，变革领导者应该放下变革的"傲慢"，变革推进应小心谨慎，阻抗存在时刻提醒着变革主导者，需要认真倾听不同的声音，并适时围绕变革做好修正、调节等改进工作，变革才能更好地继续推进下去。

第二种是改进的"消极"。学校变革落地，关键在执行，核心在教师。教师对变革思想、理念是否认同、内化，并能自觉指导自身点滴地改进实践，是变革成功与否的关键。然而，变革意味着教师要走出舒适区，需要重新投入大量时间、精力，学习大量新内容，并改变原来的教育观念、思维方式和工作方式，这对于不想突破舒适区的教师来说，变革就成了一种额外负担。即使迫于压力，教师也只是消极地进入改进状态，进行一些表面化变革。例如，开展某一教学方法变革，教师表面上开发了新的教学资源，尝试运用新的教学方法、策略，但深层次的方法转变背后的育人理念，并没有被消化、吸收。没有深层次育人理念的转变，形式上的方法改进也注定不会长久。当然，对于教师改进的"消极心态"，也要具体问题具

---

① ［加］迈克尔·富兰：《变革的力量（续集）》，中央教育科学研究所、加拿大多伦多国际学院译，31～32 页，北京，教育科学出版社，2004。

体分析。一方面，有可能是变革本身的问题，如变革脱离教学实际，教师作为变革的执行者，以消极的改进心态对变革进行软抵制。这种消极心态，往往并不是真正的消极，对变革来说，反而是积极的，有利于变革主导者反思变革自身的问题。另一方面，某项变革确实能为学校发展提质增效，并已被不少学校验证，但受固有心理定式和行为习惯影响，其他借鉴其经验的学校仍会有不少教师不想改、不愿改，以消极心态面对变革，实质是阻碍了变革。这种消极心态是需要变革者着力解决的。

所以，学校发展需要将变革与改进结合起来，既要防止变革主导者的"傲慢"，也要注意变革执行者的"消极"；既要重视变革促进发展的重要意义，也要注意通过改进来随时掌握变革中的新情况，制定新措施来化解、纠正变革中的矛盾与冲突。变革与改进的如影随形，共同推动了学校的扎实发展。

### （三）教学变革的态度：理性认识教学变革中的阻抗

教学变革从谋划到推行，阻抗的出现已成为教学变革中的一个常见问题。目前，多数教学变革研究者对阻抗持有这样的认识：存在异议的变革理念或行为，干扰、破坏了变革，需要找出原因，并施以干预策略予以克服。只有这样，才能推进变革顺利前行。这种看似符合逻辑的论断，很容易遮蔽阻抗对于深化变革的正面价值。

#### 1. 变革阻抗可分为良性阻抗和恶性阻抗

教学变革过程中阻抗的出现，虽然在某种程度上对教学变革起到了阻碍作用，但这种阻碍并不一定都是消极影响，它也有可能发挥一定的正面功能。所以，从对教学变革所起的实际作用来讲，变革阻抗又可分为良性阻抗和恶性阻抗。

良性阻抗主要是指在教学变革的过程中，对变革理念或方案进行善意的批评与提醒。它虽然主观上妨碍了按照原计划进行教学变革的进度，但客观上对教学变革起到了科学、合理的修正作用。这种阻抗一般包括教育管理人员、教师等对变革合理化的建议，学科专家或理论工作者对变革理念或行为不符合实际的质疑等。而恶性阻抗主要是指由于缺乏有效、全面的沟通而导致的对变革的误解，或者完全出于私人利益的阻挠，或带有惰性的学校组织文化等原因，阻碍变革深入展开，甚至迫使变革中断，进而导致变革进度减缓、冲突加剧。

需要注意的是，在变革进程中，阻抗出现往往是良性与恶性兼有，二者交织在一起，让人难以分清，这就导致变革领导者难以正确认识阻抗问题。每当变革进程中出现质疑、批判、反思的声音，变革领导者就容易把这些声音归结为反对变革，是对变革的恶性阻抗，只有予以克服，才能保证变革顺利推进。显然，这种对待变革阻抗的惯性认识，存在着简单化倾向。变革中出现异议与冲突，并不一定都是消极的。完全漠视，甚至否定变革阻抗，很容易忽略变革进程中的良性阻抗给变革带来的积极影响。

2. 良性阻抗对于教学变革本身的价值

以积极的态度对待变革阻抗，对于成功变革是不可或缺的。正如迈克尔·富兰所言，变革"太顺利地实施往往标志着没有太多的东西真正发生改变"①。所以，对变革中善意的批评与异议，我们应该认识到其对教学变革自身的价值。良性阻抗对于变革的益处是多方面的。

第一，每次变革并不可能都是完全正确的，只有经历了很长一段时间后才能对结果如何做出判断。如果变革被证明是错误的，那么，一切就太迟了。教学变革（实验）有世界公认的一条伦理原则，不能有不良后果，不能失败，不能把儿童、青少年当作"小白鼠"，

---

① ［加］迈克尔·富兰：《教育变革新意义（第 3 版）》，赵中建、陈霞、李敏译，113页，北京，教育科学出版社，2005。

应该谨言慎行。而变革问题的出现，可以使变革在一些严重问题尚未扩大之前采取果断措施加以纠正。

第二，很多时候，变革决策者在做决策时并非是完美理性的，他们提出的变革可能存在某些缺陷，如果得不到他人建议，很可能无法提出多种解决方案，进而给变革本身带来潜在的威胁。变革阻抗的出现，可以引起变革决策者更多地关注变革所带来的潜在危险，并反复审核有关变革方案，以确保变革措施的正确与适宜。

第三，变革阻抗的出现有助于平衡支持变革和寻求稳定之间的两种力量。在变革中，既要避免变革过度，也应避免过分强调稳定而导致变革停滞不前。阻抗的出现可以引导变革领导者找到变革与稳定之间的平衡方法。

第四，在一项变革措施发布之后，变革阻抗的出现能够为决策部门提供变革实施单位成员情绪、态度等方面的信息，以便及时加强有关信息的沟通工作，缓解他们对变革担忧而压抑在心中的不满，从而激励成员更多地考虑变革、理解变革。

可见，教学变革中出现阻抗，是一种必要的和健康的现象。当变革自身行为并不完善，强行推动会对教学造成伤害时，阻抗就是一种积极的力量，一种促使变革向积极方向发生转变的力量。它的出现能够提醒变革领导者在变革实践过程中更加小心谨慎，并积极做出应对，以保障变革能够继续推进下去。

3. 面对阻抗，变革领导者要有"朋友"心态

显然，那种认为变革阻抗是有害的、是必须克服的认识是不妥当的。正视变革阻抗中所蕴含的积极意义，需要变革决策者面对变革阻抗出现时有一个积极的、良好的，甚至是"朋友"的心态。因为"对于任何成功变革的努力而言，'冲突不可少'的另一种说法就是问

题是我们的朋友"①。

思想家埃德加·莫兰(Edgar Morin)就曾提醒我们，面对无序性干扰要有良好心态，它有时也向主体提供了有利的行为机遇。莫兰举出了如下例子来说明这一点：拿破仑在奥斯特利茨战役中，利用天降大雾的偶然情况，在浓雾掩盖下，指挥偷渡沼泽地，袭击敌军侧翼，从而取得胜利。② 这表明，能动的主体在自己的行为中不仅应该知道利用规律，而且应该知道利用无序性提供的机遇，争取实现合乎主体目的的最佳可能性。我们应该把突然出现的阻抗看作积极的，看作朋友的善意提醒，这对于变革的成功推行是不可缺少的。

以"朋友"善意提醒的心态对待变革阻抗，积极地认识、接触与倾听各种冲突与异议，而不是拒斥与抵触，可以帮助变革领导者进一步反思。例如，变革方案是否合理？变革理念是否符合国情、符合教育实际？是否做到了本土化改造？变革方案是否照顾到了大多数人的利益？变革进程中是否在诸多细节方面把握得还不够好？在执行过程中是否产生了偏差？是否对变革的预期值太高了？这样，通过审视变革中的异议，再回过头来具体检视变革，就有可能发现变革中存在的不足，并仔细考察其科学性和可行性，及时调整变革，从而促使变革持久有效地推行。

---

① ［加］迈克尔·富兰：《变革的力量——透视教育改革》，中央教育科学研究所、加拿大多伦多国际学院译，36 页，北京，教育科学出版社，2004。
② ［法］埃德加·莫兰：《复杂性思想导论》，陈一壮译，7 页，上海，华东师范大学出版社，2008。

# 第五章
## 课程与教学评价体系的变革

    课程与教学评价体系的变革是基础教育改革的一个重要组成部分。改革开放 40 年来，我国基础教育的每一项变革都跟课程与教学评价改革的进展密切相关，基础教育实践中存在的诸多问题也都与课程与教学评价的理念、方法、标准等不合理之处有着千丝万缕的联系。在我国改革开放 40 年的关键节点上，抓住这一重要历史契机，梳理我国课程与教学评价理论研究及实践探索走过的基本历程，总结 40 年来取得的主要进展与成就，分析存在的问题与不足，把握其发展趋势，对于改进我国的课程与教学评价工作，进一步深化基础教育改革，全面推进素质教育，落实立德树人，具有重要的现实意义。

## 一、现代课程与教学评价体系形成的历史过程

    作为整个教育教学系统的重要组成部分，课程与教学评价的发展是以整个教育教学系统的发展为背景的，可以说经历了漫长的历史发展过程。总体来看，依据教育发展阶段的古代与现代之分，课

程与教学评价的发展历史也可以分为古代和现代两大阶段。[1]

## (一)古代课程与教学评价的产生与发展

现代意义的教育评价产生之前，教育评价实际上指的就是教学评价，主要是对学生的学业进行检查和考试。从这一意义上讲，根据史料记载可以断定："我国是最早出现教学评价，从而也是最早出现教育评价的国家之一。"[2]一般来说，我国的教育评价最早可以追溯至西周时期，当时已经建立了定期的学生学业考查制度，如《学记》就曾记载："比年入学，中年考校。一年视离经辨志，三年视敬业乐群，五年视博习亲师，七年视论学取友，谓之小成。九年知类通达，强立而不反，谓之大成。"这表明《学记》已经提出了对不同学年段的教学效果进行评价的内容与标准。汉代的太学曾规定"一年辄课"制，即一年考一次，以后又改为"二岁一试"制。[3] 我国古代教育评价活动与选士制度密切相关，教学评价反映在人才选拔的评价上，运用考试手段选拔人才始于汉代察举制。隋炀帝大业二年(606 年)开设进士科，开始了我国历史上的科举制度。科举制度是采取举选和考试相结合而以考试为主要方式的选拔人才的制度，科举考试分设若干科目，按照考试成绩，依据才学取士，打破了在选拔人才时的门第观念。科举制度一直延续了 1 300 多年，为我国教育评价的发展积累了丰富的经验，创造了一套比较完备且行之有效的考试方法，在教育评价史上具有划时代意义。但它也存在考试内容陈腐、形式僵化等弊端，终究被淘汰，而未演变为适应近现代社会的新的评价方式。尽管由于种种原因，我国对教育测量、评价的研究一直进展不大，但我国的考试制度传到欧美之后，得到了长足发展，形成了

---

[1] 张传燧：《课程与教学论》，367 页，北京，人民教育出版社，2008。

[2] 李小融、魏龙渝：《教学评价》，22 页，成都，四川教育出版社，1988。

[3] 侯光文：《教育测量与教学评价》，1～2 页，济南，明天出版社，1991。

一整套现代教育测量与评价的理论与方法。①

　　总体来看，在古代，中西方的课程与教学评价以选拔性考试为主，评价范围比较狭窄，以学生学业成绩和学力水平为中心，评价方式主要为口试、笔试或观察等，一般采用主观判断和文字计分，缺乏较客观的评价标准。但是，这些较"原始"的评价活动也为以后科学评价活动的形成与发展积累了经验，奠定了基础。

### (二)现代课程与教学评价的产生与发展

　　课程与教学评价的真正发展是在现代，作为现代教育变革中的重要组成部分，现代课程与教学评价变革是以整个现代教育评价理论的改革与发展为背景的。现代教育评价是借助于教育科学化运动，通过借鉴和运用心理学、统计学等学科的原理和方法而逐步确立的。在美国评价专家古巴和林肯对评价领域划分的基础上，我们可以大致将西方现代教育评价划分为测验和测量时期(19世纪末至20世纪30年代)、描述时期(20世纪30年代至50年代)、判断时期(20世纪50年代至70年代)、建构时期(20世纪70年代至今)。②

　　在我国，现代性质的教学评价是伴随着现代教育的出现而产生的。20世纪二三十年代，时值西方教育测验运动方兴未艾之际，在内与外、主动与被动两种力量的共同作用下，西方的教育测量理论很快传入我国，并促进了我国20世纪二三十年代教育测验运动的发展。1920年，廖世承和陈鹤琴在南京高等师范学校开设测验课程，并用心理测验量表对学生进行测验。这是我国最早的正式的科学心理测验。随后，他们于1921年正式出版了《智力测验法》一书，产生了较大影响。这一时期，西方以智力测验为代表的各种理论传入我国，我国学者在翻译、引进的同时，也结合中国的具体情况做了修

---

　　①　侯光文：《教育测量与教学评价》，5页，济南，明天出版社，1991。
　　②　李雁冰：《课程评价论》，48页，上海，上海教育出版社，2002。

订、改造，并积极开展了自己的探索和研究工作。智力测验的研制
与实施盛行一时，但之后教育测验运动的发展遭遇了曲折的过程，
尤其是 1931 年日本侵华，导致我国的教育测验运动一度中断。1924
年冬，陶行知先生为促进乡村教育的发展，评价乡村小学的教育质
量，从生活教育理论出发，起草了《乡村小学比赛表》，1926 年发给
一些乡村小学试用，经过 8 年试用，于 1935 年 3 月正式发表。该量
表虽然名为"乡村小学比赛表"，但实际上就是一个乡村小学教育评
价的量表，后因抗日战争爆发，该研究活动停止。他的教育评价思
想和制定学校教育评价量表的方法，对于我们现在中小学教育评价
仍有指导意义。[1] 1937－1949 年的这段时间，只是零星地出现了一
些关于教育测验的书籍，主要有陈选善于 1944 年 6 月出版的《教育
测验讲话》，孙邦正于 1947 年 12 月出版的《心理与教育测验》，李象
伟于 1948 年 9 月出版的《教育测验与统计》等几本书。总的来说，
1949 年以前，虽然西方的教学评价理论传入我国，但真正被消化的
并不多，且由于战争的原因，这一阶段的教学评价理论多处于评介
层面，缺乏创新性。

1949—1977 年的这段时间是我国教育评价的曲折发展时期。中
华人民共和国成立以后，由于政治上的原因，全盘学习苏联教育制
度，否定、排斥资产阶级教育，并对旧中国的封建主义教育予以全
面清理与抛弃。在这种情况下，欧美的先进教育思想无法引入，旧
中国的研究成果被全面清除。当时，中国实际上主要学习以五级分
制为核心的苏联式成绩考评法。20 世纪 50 年代末 60 年代初，中苏
关系破裂，我国由 50 年代对凯洛夫教育学的全面接受转向对其进行
全面批判。此后，各校恢复百分制，注重对学生进行全面评价，特
别注重对学生政治表现的评价。[2]"文化大革命"时期，高等学校的

---

[1]  王汉澜：《教育评价学》，3 页，开封，河南大学出版社，1995。
[2]  涂艳国：《教育评价》，51 页，北京，高等教育出版社，2007。

正常招生被中断，从 1972 年起，大多数高等学校开始恢复招生，取消文化考试，实行"自愿报名、群众推荐、领导批准、学校复审"的办法。[①] 尽管这一时期没有全面地、有组织地、系统地开展对各级学校教育和教学工作的评价，但并不意味着我国教学评价处于停滞状态，没有丝毫进展。事实上，这段时间有关教育和教学评价的实践活动也是很多的。例如，我们具有比较完备的考试制度，教学工作计划、检查和总结制度，以及教师职称评定、晋升和评选先进的制度等。我们常采用平时考查与定期考核相结合、个人鉴定与群众评议相结合的评价，以学生个人和班级集体的平均考试成绩为依据的方法，评价学校和教师的教育教学工作和学生的学习。"文化大革命"结束后，为适应教育教学改革的需要，一些地区和学校也采用过等级记优（即确定一定的标准，据此考核完成情况，划分等级，评价学校工作）及标准记分（即把各项工作分成若干条目，每条拟出"标准分"，依此逐条记分，后将各条分数相加，以总分多少来衡量教学工作）的方法。这些评价方法虽各有可取之处，但有明显的弊端：要么带有很大的主观随意性，缺乏客观性；要么评价方法单一，或评价结果不确定，难以量化，有些评价很难做到公平合理，有的还带有形式主义色彩。[②] 总的来说，1949—1976 年，由于全盘学习苏联和"文化大革命"爆发等，国外先进的研究成果未能及时引入我国，自己的独立研究也非常少，这段时期的教学评价研究非常薄弱。

## 二、改革开放 40 年我国课程与教学评价发展的基本历程

"文化大革命"结束以后，我国教育事业百废待兴，迫切需要科学的教育评价理论和方法。如何端正办学方向，提高办学水平？如

---

① 张意忠：《教育评价的理论与实践》，51 页，北京，高等教育出版社，2012。
② 李小融、魏龙渝：《教学评价》，32 页，成都，四川教育出版社，1988。

何对教育事业进行有效监控？如何客观、公正、可靠、有效地选拔人才？如何全面评价课程和教学？解决这些问题，都离不开教育评价理论与方法的创新。而这一时期，国际上教育评价的理论研究与实际应用进入了一个兴盛时期。教育评价的新理论、新观点层出不穷，一些国家的政府部门还通过各种形式对教育评价工作进行规范或指导。在这一国内、国际背景下，我国学者开始引进和介绍国外的教育评价研究成果，并在此基础上，站在一个较高的起点上研究符合我国实际的基础教育课程与教学评价理论和方法。我们大致可将改革开放以来，我国课程与教学评价的发展历程划分为起步阶段、积累阶段和迅速发展阶段。

**（一）起步阶段**（1978－1985 年）

"文化大革命"结束后，教学秩序逐渐恢复正常，教学评价的相关研究也逐渐复苏。这一时期主要是引进、介绍和学习海外教育评价研究成果，包括课程与教学评价理论和实践。

从 20 世纪 80 年代初开始，我们的许多教育期刊陆续译介了国外有关教育评价的文章及专著，如加拿大梅森的《教育与评价》等。这些著述将现代教育评价的基本概念和世界教育评价改革的动态与趋势介绍到了国内，推动了我国教育评价研究工作和实践活动的有序开展。除了译介方面的工作，这段时期在教学评价研究方面主要探讨了以下内容：一是对极左思潮的批判。"文化大革命"结束后，随着高考制度的恢复，我国对教学评价工作的重要性及如何开展进行了反思。二是对国外学分制的评介与肯定。三是对考试方法的思考，如"考试往往成了记忆力与书写速度的竞赛，这是一种用同一个模式强制学生照办的考试方法，对学生的创造力、思维力和想象力起着压抑、阻滞的作用，久而久之，使学生产生'新八股气'，脱离实际"①。四是对课堂教学评价标准的研究。例如，于钦波提出了评价课堂教学的一般的基本标准，即要有明确的教学目的并达到了教学目的；教学内容难易适度；能够恰当地选择和运用教学方法；师生在课堂上都发挥了高度的积极性；能够在传授知识的同时注意发展学生的智力，能充分挖掘教材内在思想性，做到教书育人；教师在课堂上能为人师表等。② 总之，这段时期，课程教学评价研究刚刚起步，在数量和质量上均有欠缺。

在实践领域，1982 年，上海市率先提出了改革教学的十二字要求："加强基础，培养能力，发展智力。"随着这一研究的展开，如何考核学生能力、评价改革成效就提到了议事日程。为此，华东师范大学与上海市教育科学研究院对如何开展学科考核进行了研究。1983 年，加拿大维多利亚大学首次派专家来华东师范大学做"教育评价"的专题学术报告。1983 年 9 月，教育部邀请"国际教育成就评价协会"(IEA)时任主席胡森及世界银行高级专员、教育评价专家海德曼等人来我国讲学。他们做了"当前世界教育发展的趋势与评价"等报告，全面介绍了世界教育的动向、发展趋势，以及国际教育评价研究与实践活动的动态。1983 年，我国宣布参加 IEA。与此同时，教育部指定在原中央教育科学研究所(现中国教育科学研究院)建立"中国国际教育成就评价中心"，并参加第二次 IEA 科学研究活动，开展了大规模的现状调查评价。③ 1986 年，安徽合肥举办了全国范围的"教育评价讲座与研究讨论会"，参加这次会议的有来自全国各地大专院校和教育科研单位、教育行政部门及中小学校代表 300 余人；湖北襄樊也召开了"普通教育质量评价研讨会"，有来自全国 21

---

① 王正平：《探讨新的考试方法》，载《人民教育》，1981(2)。
② 于钦波：《略论课堂教学的评价标准》，载《课程·教材·教法》，1984(4)。
③ 陈玉琨、李如海：《我国教育评价发展的世纪回顾与未来展望》，载《华东师范大学学报(教育科学版)》，2000(1)。

个省市的 110 多名代表参加。这两次大会推动了我国教育评价的理论研究和实践活动的开展。1986 年，华东师范大学刘佛年教授邀请美国教育评价专家布卢姆来华讲学，举办"教育评价专题学术报告会"，国内许多师范大学和各省市教育厅都派人参加，为普及教育评价知识奠定了基础。1986 年，国家教委相关职能部门组织人员赴美国、加拿大、英国等国考察①，以教育评价为主题的各种国内外学术交流蓬勃开展起来，我国的教育评价研究进入"走出去、引进来"的发展阶段。不仅如此，教育评价工作者根据我国教育事业发展的需要，将所学理论与一线实际工作者的工作紧密结合，开展教育评价研究与实践，并取得了明显成效。北京师范大学高考研究组在有关专家的带领下，运用教育测量学原理，对 1978 年至 1984 年的高考进行了分析和研究，并于 1984 年春与河南商丘地区合作，结合高校预选做了改革实验，对考试方法、成绩计算及试卷的编制等一系列问题提出了改革的建议。② 这些活动加强了我国与国外教育评价界的联系和交流，使得我国能够更好地学习国外的先进成果和经验，并能积极运用到教育实践中去，为构建中国特色教育评价学体系积累了丰富的研究成果与实践经验。

**(二)积累阶段**(1986—2000 年)

此时，改革开放进行了十多年，经济建设稳定并逐步快速发展，国家将教育事业的发展摆在越来越重要的位置，出台了一系列重大方针政策，保障教育事业的健康发展。20 世纪 80 年代中后期，在国家的引导、组织和扶持下，我国教育评价理论研究也如火如荼地开展起来，教育评价学术交流活跃，各地涌现出一批典型经验，力求把教育评价理论与实践相结合。

---

① 吴钢：《现代教育评价基础》，47 页，上海，学林出版社，1996。
② 侯光文：《教育测量与教学评价》，38 页，济南，明天出版社，1991。

在这一时期，我国教育界贯彻执行中共中央、国务院关于开展教育评价的指示精神。在国家的引导、组织和扶持下，自 20 世纪 80 年代中后期开始，教育评价理论研究呈现出兴旺发展的局面。我国出版了一批有特色和有影响力的教育评价理论著作，例如，陈玉琨编的《教育评估的理论与技术》（广东高等教育出版社 1987 年版），张家全著的《教学评价技术》（辽宁教育出版社 1988 年版），李小融、魏龙渝著的《教学评价》（四川教育出版社 1988 年版），瞿葆奎主编并陈玉琨、赵永连选编的《教育学文集·教育评价》（人民教育出版社 1989 年版），侯光文著的《教育测量与教学评价》（明天出版社 1991 年版）。具体深入到课程与教学的评价著作有：北京市教育科学研究所普通教育评价课题组编的《初中语文教和学的目标及检测》《初中化学教和学的目标及检测》《小学数学教和学的目标及检测》《初中体育学习目标及检测》《初中数学教和学的目标及检测》（中国标准出版社 1988—1989 年版），汪德营主编的《数学教育测量与评价》（南海出版公司 1992 年版），刘知新等人著的《化学教育测量和评价》（广西教育出版社 1996 年版），张亚南著的《地理教育测量：理论及其在地理高考命题评价中的应用》（科学出版社 2000 年版）等。十多年间，各级各类教育杂志及有关报刊发表的教育评价理论与技术的文章，据粗略统计，也已过千篇。应该说，这些书籍的出版和文章的发表，有力地推动了我国教育评价理论和方法的研究，初步形成了我国自己的教育评价理论框架。这段时期的研究涉及以下几方面内容：课程与教学评价的基本理论问题，如什么是课程评价与教学评价、评价的目的、评价的标准、评价应遵循的原则、评价的方式方法等；将数学方法引入教学评价领域，如将模糊数学的方法引入教学评价领域，实现质量评价问题的定量转化等；教师的自我评价问题；关于教学与评价的关系；把考试作为专门化的研究对象；关注差异的新的教学价值观的确立；教学质量评价问题等。总的来说，相比之前，这段时期有关课程与教学评价的研究更加细致化和系统化，评价的理论基础更加扎实，研究的问题更加具有时代性和针对性。

在实践领域，教育评价的学术交流活动自 20 世纪 80 年代中期以来空前活跃。1987 年 8 月举办的"中美教育评估研讨会"标志着我国教育评价研究在吸收国外教育评价研究成果的基础上，开始尝试构建有中国特色的教育评价学体系。[1] 1988 年 12 月，全国教育统计与测量研究会在西安正式成立，之后又多次召开研讨会，促进了教育测量和评价的发展。1990 年 10 月，全国普通教育评价专业委员会成立；1991 年 6 月，中国教育评估研究协作组成立；1991 年 9 月，国家教委考试中心在北京举办"考试科研国际讨论会"，就高校招生考试的有关问题进行了广泛、深入的讨论；1993 年和 1995 年又分别在台北和北京召开了"海峡两岸心理与教育测量研讨会"，海峡两岸测量与评价专家广泛接触，并对有关问题做了深入探讨。这一系列活动对教育评价的顺利开展均起到了重要的推动作用。[2] 同时，不少地区脚踏实地地开展了教育教学评价的研究和实验工作，其中除普遍进行的办学水平和质量评价与教学评价直接相关外，各地还进行了课堂教学质量和学生成绩的评价、各科教学的诊断性评价、教师教学工作评价及推行标准化测验的实验。例如，上海等地以布卢姆的认知目标分类理论为指导，进行了中学各科学业成绩评定实验；北京、上海等地开展的课堂教学综合评价，都有一定的影响。此外，从 20 世纪 90 年代中期开始，我国教育评价研究出现了理论与实践相结合的新态势。随着素质教育的提出及其实践影响的不断扩大，教育评价理论研究工作者越来越主动地参与基层的教育改革实践，并在实践中不断修正和丰富现有理论。1996 年上海教育评估事务所、

---

① 邱均平、王碧云、汤建民：《教育评价学：理论·方法·实践》，11 页，北京，科学出版社，2016。

② 侯光文：《教育评价概论》，50～51 页，石家庄，河北教育出版社，1999。

1997 年江苏省教育评估院等教育评价中介机构的正式成立，就从一个侧面反映了这一时期教育评价研究注重服务实践的特点。这一时期在教育评价改革实践中涌现出来的一批典型经验，如青岛市嘉峪关学校的评语改革、上海市示范高中标准的确定等，也大都渗透着研究工作者的智慧和心血。[①]

### (三)迅速发展阶段(2001 年至今)

经过几十年的发展，我国教育评价研究在原有学科体系的基础上日益完善，开始走向"面对现状，解决问题，提升水平，完善体系，走向世界"的新阶段。[②] 在此基础上，随着新一轮基础教育课程改革实验的启动和不断深化，课程与教学评价也进入迅速发展阶段。

新一轮基础教育课程评价改革提出了不少新见解，如新课程强调在评价理念上重视发展性评价，淡化甄别与选拔功能；强调质性评价，定性与定量相结合；注重过程，终结性评价与过程性评价相结合，并实践和探索了诸多评价的新方法。围绕基础教育课程改革在课程评价改革方面提出的要求，诸多学者针对以往课程与教学评价改革存在的问题进行了理论与实践探索，出版了多部理论著作，如陈玉琨等执行主编的《课程改革与课程评价》(教育科学出版社 2001 年版)，丁朝蓬著的《新课程评价的理念与方法》(人民教育出版社 2003 年版)，万伟等执行主编的《新课程教学评价方法与设计》(教育科学出版社 2004 年版)，刘志军著的《走向理解的课程评价》(中国社会科学出版社 2004 年版)，郭清波主编的"新课程发展性学习评价"丛书(新华出版社 2005 年版)，沈玉顺编著的《课堂评价》(北京师范大学出版社 2006 年版)，赵必华、查啸虎主编的《课程改革与教育评价》(安徽教育出版社 2007 年版)，李松华主编的"课堂教学全程设计

---

① 于京天、王义君：《基础教育评价改革报告》，5 页，济南，山东教育出版社，2003。
② 邱均平、王碧云、汤建民：《教育评价学：理论·方法·实践》，11 页，北京，科学出版社，2016。

与评价"丛书(上海教育出版社 2007 年版)，马玉宾编著的《综合实践活动教学评价》(东北师范大学出版社 2008 年版)，李小融等著的《多元化学校教育评价》(浙江教育出版社 2009 年版)，喻汉林主编的《新课堂 新评价 新素质》(北京师范大学出版社 2010 年版)，边玉芳著的《学与教的新评价》(浙江大学出版社 2010 年版)，金一鸣主编的《基础教育评价研究》(华东师范大学出版社 2012 年版)，李树培著的《描述性学生评价论》(山东教育出版社 2012 年版)，钟启泉、崔允漷等著的《从失衡走向平衡：素质教育课程评价体系研究》(经济科学出版社 2014 年版)，顾书明主编的《课程设计与评价》(南京大学出版社 2015 年版)，朱宁波编著的《国际课程与教学评价改革研究》(东北财经大学出版社 2016 年版)，崔允漷著的《学校课程实施过程质量评估》(华东师范大学出版社 2017 年版)等。同时，关于课程评价改革的相关文章也已超过3 000篇。一时间，关于课程与教学评价改革的理论与实践探索呈现出异彩纷呈的局面。

这段时期，课程与教学评价研究的主要议题包括：①新课程的评价理念与方式、方法。有研究总结了新课改十几年来教学评价改革的成绩与问题，认为："新课程的教学评价改革在理念上取得丰硕成果，如评价功能从甄别与选拔转向促进学生的发展，评价指标多元化、评价方式多样化、评价主体多元化，评价重心从终结性评价转移到形成性评价，等等。由于缺乏及时、深刻的经验总结以及未能解决升学考试的压力，教学评价改革在实施过程中出现了促进作用虚化、评价标准泛化、评价手段形式化、评价结果模糊化的情况，从而导致考试压力的下移。"①②关于有效教学的讨论。2001 年以来，随着新课改的启动与推进，关于有效教学的研究成为一大热点，与有效教学相关的文章、著作、学位论文等迅速增多，如吕渭源著的

---

① 周序：《十年来教学评价改革成绩与问题反思》，载《中国教育学刊》，2011(10)。

《有效教学草纲》(河南大学出版社 2002 年版)，张庆林等主编的《高效率教学》(人民教育出版社 2002 年版)，高慎英等著的《有效教学论》(广东教育出版社 2004 年版)等。云南师范大学孙亚玲在其《课堂教学有效性标准研究》一书中对有效性标准的诸多文献做了很好的梳理，并建构了具有操作性的课堂教学有效性标准体系。[①] 崔允漷在《有效教学》一书中阐述了教师在教学准备、主要教学行为、辅助教学行为、课堂管理行为、教学评价及教师开展教学研究方面应该如何做，以提升教学效果。[②] 随着研究的深入，有效教学研究的视角从关注教师的教学行为转向关注学生的学习过程及学习情境。近些年关于有效教学的研究已经渐渐从"有效教学是有效率的教学"的认识转向"基于人的全面发展的教学"的关注，如魏清在《全人教育视野下的有效教学》一书中，将有效教学置于"全人教育"的视野中思考，认为有效教学最基本的特征是以学生发展为本，教学生态和谐、平衡，教师充满热情，促进学生学习，有融洽的师生关系，激发学生的主动性。[③] ③学生学业成就评价的研究。学生学业成就评价是教学评价中最核心、最基本的活动，也是现实中教学评价关注的焦点。关于学生学业成就评价的研究主要包括对学生学业评价价值导向、评价标准、评价方法等方面的研究。尤其是在评价方法方面，近年来涌现出一些新的实践成果，如评选基础教育教学成果奖，构建基础教育质量监测体系，参与大规模的国际学生学业表现的测评如 PISA(国际学生评估项目)、TIMSS(第三次国际数学和科学研究)、NAEP(全国教育进展评估)等，实行普通高中学业水平考试，创新评价的技术手段(如基于大数据的学生学业评价)。有研究者对学生学业评测的进展进行了梳理，认为学生学业评测在三个教育质量评

①　孙亚玲：《课堂教学有效性标准研究》，北京，教育科学出版社，2008。

②　崔允漷：《有效教学》，上海，华东师范大学出版社，2009。

③　魏清：《全人教育视野下的有效教学》，北京，社会科学文献出版社，2012。

价领域得到了广泛的发展：在监测教育质量的宏观层面，包含矩阵取样设计、测验等值技术的大尺度学业测评的新技术广泛应用；在对学校效能进行评价的中观层面，使用发展性评价方法如增值性评价，评价学校和教师的工作，使学生的成长和发展更加受到关注；在促进学生学业发展的微观层面，"为了学习的评价"理念和认知诊断技术的发展使得测验对教学的反馈作用得以显现和发展。[①] ④基于学生核心素养的课程评价研究。有研究者认为，核心素养是课程评价的时代追求，走向核心素养的课程评价呈现出从关注课程到重视人、从关注学业成就到重视素养的特征。[②] 也有研究者提出应基于学生核心素养发展，探讨学校课程评价策略。[③] ⑤校本课程评价研究。随着三级课程管理体制的建立，有关校本课程评价的研究逐渐增多，主要涉及校本课程评价的内涵、评价标准、评价工具、实施策略等方面的研究。⑥综合实践活动课程评价的研究。综合实践活动作为一门国家必修课程，在学校中落实得如何，如何评价这一综合性、实践性较强的课程，成为一些研究者关注的问题。总之，这一阶段的课程与教学评价研究得到了高度重视，我国在建立促进学生发展、教师发展和课程发展的评价体系方面进行了诸多有益探索，初步建立起了我国教学评价的理论和方法体系。

此外，这一时期课程与教学评价的学术交流和研讨活动也非常活跃，如 2002 年由中国教育学会全国教育评价专业委员会、上海市黄浦区教育局联合举办的"全国学业管理与评价研讨会"在上海举行，会议围绕"中小学实施素质教育中的学业管理与评价研究"探讨了五

---

① 辛涛、姜宇：《教育问责背景下学生学业测评的进展》，载《北京师范大学学报（社会科学版）》，2011(3)。

② 王润、张增田、章全武：《核心素养：课程评价的时代追求》，载《教育理论与实践》，2018(4)。

③ 和学新、杨丹滋：《基于学生核心素养发展的学校课程评价策略探讨》，载《当代教育科学》，2017(10)。

个方面问题，即学业管理与评价的理论问题、满足学生差异性发展的学业管理与评价、非考试类学科教学的目标管理与评价、注重学生主体性发展的学业管理与评价、中小学生学业评价手册与升学招生制度的深度改革。[①] 为了总结、交流基础教育课程改革中课程教学评价的新经验和理论研究成果，深入探讨研究课程教学评价中的突出问题，以及提高课程教学评价的理论水平和实际应用功能，海峡两岸同行通过多方协商于 2006 年 4 月在天津召开了"海峡两岸课程教学评价学术研讨会"，会议的主题是"课程教学评价的理论与实践探索"，包括课程评价的现状与展望、课程评价的基本问题、有效课堂教学的评价标准、课程教学评价与教师专业化发展研究等。[②] 2007 年，由东北师范大学教育科学学院、国家基础教育实验中心、原中央教育科学研究所联合主办的"中日韩课程改革的实施与评价研讨会"在东北师范大学召开，会议主要围绕国家基础教育课程改革实施与评价的研究、课程实施与评价的具体问题研究、课程改革进程中的教师专业发展等方面展开研讨。2009 年 11 月，由华东师范大学课程与教学研究所举办的"课程评价改革国际研讨会"在华东师范大学召开，研讨会围绕"促进课程评价的专业化"，着重探讨了高考、中考专业化的体制与机制、学生学业质量监测、考试命题与测验编制问题，旨在改进课堂教学评价、倡导发展性课堂学习评价等。[③] 2014 年、2015 年在北京分别举办了以"现代教育治理与教育督导改革""督导评价如何接轨'教育现代化'"为主题的教育督导与评价研讨会。课程与教学评价的研讨交流活动促进了评价领域的理论研究与实践探索，也反映了在不同时期评价关注点的变化。

---

① 凌兆福：《全国学业管理与评价研讨会在沪举行》，载《上海教育科研》，2002(8)。

② 刘启迪：《课程教学评价的理论与实践探索——海峡两岸课程教学评价学术研讨会述评》，载《课程·教材·教法》，2006(6)。

③ 杨向东、王中男：《呼唤课程测量与评价的专业化——"课程评价国际研讨会"综述》，载《全球教育展望》，2010(1)。

总的来看，改革开放 40 年来，我国教育评价研究从以翻译、评述为主到努力创建有中国特色的教育评价理论，从宏观的教育评价理论与方法研究具体深入到课程与教学评价理论与方法的探讨，都体现了我国教育评价研究发展的阶段性和不断走向成熟的趋势。从 20 世纪 80 年代中期我国教育评价研究正式启动前后，以翻译、评述海外的理论著作和文章为主；到 20 世纪 90 年代，将国外教育评价理论本土化，出版、刊发了一批具有中国特色的关于教育评价研究（包括课程与教学评价研究）的相关著作、论文；再到 21 世纪，新一轮基础教育课程改革的启动及不断深化，课程与教学评价的研究更是出现了异彩纷呈的局面……这些都标志着我国教育评价研究已在借鉴外来理论的基础上，努力构建自己的理论框架，力图走出自己的道路。可以说，我国改革开放 40 年教育评价的改革探索，用较短时间走完了西方教育评价理论与实践的百年历程，可谓进展迅速。

## 三、改革开放 40 年我国课程与教学评价体系变革的主要进展

改革开放 40 年来，我国在课程与教学评价领域取得了长足的进展。在国家相关教育政策的引领下，经过课程与教学评价理论工作者和实际工作者的共同努力，我国课程与教学评价理论研究与实践探索取得了很大的成绩。

### （一）评价政策不断丰富、完善

课程与教学评价的发展离不开国家政策的宏观指引和价值导向。改革开放 40 年来，我国课程与教学评价取得进展的突出表现之一，在于一系列有关教育评价政策的颁布与实施，有力地保障了我国课程与教学评价研究的改革与发展。回顾我国教育评价政策发展的基本历程，可以帮助我们从国家政策的宏观层面把握课程教学评价变

革的基本方向。

1985年以前，国家有关教育评价工作的指示精神更多地停留在一般性原则的要求层面，还没有很好地从组织、制度等方面加以落实。1985年5月，《中共中央关于教育体制改革的决定》的颁布标志着我国教育评价的研究和实践进入了全面开展阶段。《中共中央关于教育体制改革的决定》提出"要组织教育界、知识界和用人部门定期对高等学校的办学水平进行评估"，虽然其中指的是高等学校，但其精神对各级各类学校也是适用的。

为了加强对教育事业的监督、检查和评价工作，原国家教委于1986年成立了国家教育督导团办公室，各地教育行政部门也相继成立了教育督导机构。1991年4月，国家教育委员会发布第15号令，正式颁布了《教育督导暂行规定》。该规定对教育督导工作的性质、任务、范围、机构、督学、督导、罚则等内容做出了明确规定。这是中华人民共和国第一个关于中小学及幼儿园教育督导工作制度的行政法规性文件。它标志着我国教育督导工作开始步入制度化、规范化的轨道。1991年5月，国家教委同时印发了《普通中小学校督导评估工作指导纲要》和《关于实施〈普通中小学校督导评估工作指导纲要〉试点的意见》两份文件。自此，我国基础教育的督导评估工作有了一套比较完整的制度和实施指导意见，教育督导评估工作开始规范、有序地开展起来。[1]

1993年2月，中共中央、国务院颁布了《中国教育改革和发展纲要》。文件指出，要"建立各级各类教育的质量标准和评估指标体系。各地教育部门要把检查评估学校教育质量作为一项经常性的任务。要加强督导队伍，完善督导制度，加强对中小学学校工作和教育质量的检查和指导"。《中国教育改革和发展纲要》的有关规定进一步强

---

[1]　于京天、王义君：《基础教育评价改革报告》，6页，济南，山东教育出版社，2003。

化了教育评价工作的地位。1994 年 7 月，《国务院关于〈中国教育改革和发展纲要〉的实施意见》要求"按照邓小平同志提出的'教育要面向现代化、面向世界、面向未来'的要求和教育方针，研究制定各级各类学校的基本办学条件标准和质量标准，建立和完善教育监测评估和督导制度，使受教育者的素质有明显提高，更好地适应经济建设和社会发展的需要"。1999 年 1 月，教育部颁布了《面向 21 世纪教育振兴行动计划》，该文件指出："实施'跨世纪素质教育工程'，整体推进素质教育，全面提高国民素质和民族创新能力。改革课程体系和评价制度，2000 年初步形成现代化基础教育课程框架和课程标准，改革教育内容和教学方法，推行新的评价制度，开展教师培训，启动新课程的实验。"1999 年 6 月，《中共中央、国务院关于深化教育改革全面推进素质教育的决定》明确提出"加快改革招生考试和评价制度，改变'一次考试定终身'的状况"，"建立符合素质教育要求的对学校、教师和学生的评价机制"。1999 年 6 月，中共中央、国务院在北京召开改革开放以来的第三次全国教育工作会议，这次会议和《中共中央、国务院关于深化教育改革全面推进素质教育的决定》赋予了素质教育以时代特征和新的内涵，并紧紧围绕全面推进素质教育、培养适应 21 世纪现代化建设的社会主义新人提出了一系列教育改革和发展的重大决策，取得了一系列突破性进展。随着《中国教育改革和发展纲要》及《中共中央、国务院关于深化教育改革全面推进素质教育的决定》的施行，教学评价研究逐步形成体系化，并且研究视域转向了如何提升素质教育的质量方面，而不再囿于考试评价的狭窄视域，评价的价值观及方式、方法都有新的突破。

2001 年，《国务院关于基础教育改革与发展的决定》对于建立并进一步完善适应素质教育要求的考试评价制度和招生制度提出了具体要求："改革考试评价和招生选拔制度。探索科学的评价办法，发现和发展学生的潜能，帮助学生树立自信心，促进学生积极主动地发展。改革考试内容和方法，小学成绩评定应实行等级制；中学部分学科实行开卷考试，重视实验操作能力考查。学校和教师不得公布学生考试成绩和按考试结果公开排队。"

2001年6月，教育部印发了《基础教育课程改革纲要（试行）》。该文件在评价方面提出了明确要求："建立促进学生全面发展的评价体系。评价不仅要关注学生的学业成绩，而且要发现和发展学生多方面的潜能，了解学生发展中的需求，帮助学生认识自我，建立自信。发挥评价的教育功能，促进学生在原有水平上的发展。建立促进教师不断提高的评价体系。强调教师对自己教学行为的分析与反思，建立以教师自评为主，校长、教师、学生、家长共同参与的评价制度，使教师从多种渠道获得信息，不断提高教学水平。建立促进课程不断发展的评价体系。周期性地对学校课程执行的情况、课程实施中的问题进行分析评估，调整课程内容、改进教学管理，形成课程不断革新的机制。"

2002年12月，《教育部关于积极推进中小学评价与考试制度改革的通知》专门讨论了改革中小学评价与考试制度的问题。该文件明确了建立以促进学生发展为目标的评价体系、建立有利于促进教师职业道德和专业水平提高的评价体系、建立有利于提高学校教育质量的评价体系的具体内容。在以促进学生发展为目标的评价体系中，文件明确学生评价标准主要包括基础性发展目标和学科学习目标两个方面。其中，基础性发展目标包括道德品质、公民素养、学习能力、交流与合作能力、运动与健康、审美与表现；在学科学习目标方面，各学科课程标准已经列出本学科学习的目标和各个学段学生应该达到的目标，并对评价方式提出了建议。在学生评价的措施与方法方面，文件强调教师要在教育教学的全过程中采用多样的、开放式的评价方法，了解每个学生的优点、潜能、不足及发展的需要，要建立每个学生的成长记录，而考试则是评价的主要方式之一；在每学期、学年结束时，学校要对每个学生进行阶段性的评价，评价内容包括各学科的学业状况和教师的评语。在以促进教师职业道德和专业水平提高的评价体系中，评价的内容包括职业道德、了解和尊重学生、教学方案的设计与实施、交流与反思；评价的措施与方法主要是以教师自评为主，学校领导、同事、家长、学生共同参与的教师评价制度。同时，该文件还进一步明确了建立有利于提高学校教育质量评价体系的相关内容、措施与方法。

2004 年 2 月，教育部制定了《2003－2007 年教育振兴行动计划》，2004 年 3 月获国务院正式批转，并发布了《国务院批转教育部2003－2007 年教育振兴行动计划的通知》。《2003－2007 年教育振兴行动计划》明确提出："以全面推进素质教育为目标，加快考试评价制度改革。完善小学升初中就近免试入学制度；积极探索以初中毕业生学业考试为基础、综合评价相结合的高中阶段招生办法改革；结合新课程的全面推进，深化高考内容改革；推进高考制度改革，进一步建立以统一考试为主、多元化考试和多样化选拔录取相结合，学校自我约束、政府宏观指导、社会有效监督的高等学校招生制度。"

2004 年秋季，普通高中新课程实验拉开帷幕，至 2012 年秋季，全国普通高中起始年级全部进入新课程。这次新课程改革持续至今，涉及教学目标、学习方式、师生关系、评价方式等多方面的改革。其中，在评价方面，新课程改革建议多元主体参与评价，提倡使用档案袋等质性评价以全面反映学生的发展水平，让评价发挥促进学生发展的作用；注重多元评价主体的参与，提倡过程性、发展性评价理念等，直接影响了课程与教学评价的相关研究。2014 年 3 月，《教育部关于全面深化课程改革落实立德树人根本任务的意见》指出："加强考试招生和评价的育人导向。加快推进考试招生制度改革，注重综合考查学生发展情况……加强发展性评价，发挥评价促进学生成长、教师发展和改进教学实践的功能。各地要组织实施中小学教育质量综合评价改革，鼓励学校积极探索，完善科学多元的评价指标体系，引导树立科学的教育质量观。"

随着基础教育课程改革的不断深化，中高考改革也全面推进。在中考改革方面，2005 年，中考改革试验点在 2004 年 17 个改革试点的基础上扩展为 550 个。2005 年 1 月，教育部《关于基础教育课程改革实验区初中毕业考试与普通高中招生制度改革的指导意见》指出，在实施新课程初中毕业生的地区，继续推进初中毕业考试与普通高中招生制度改革。2008 年，随着基础教育课程改革的不断深化，中考改革工作也基本完成实验阶段的任务，进入全面推广阶段。2008 年 4 月，《教育部关于深入推进和进一步完善中考改革的意见》出台，要求在全国范围内全面推进中考制度改革。该文件指出："要在学业考试、综合素质评价以及普通高中招生等方面明确改革政策，积极推进制度和机制建设。"2010 年 7 月，《国家中长期教育改革和发展规划纲要(2010—2020 年)》提出："完善学业水平考试和综合素质评价，为高中阶段学校招生录取提供更加科学的依据。改进高中阶段学校考试招生方式，发挥优质普通高中和优质中等职业学校招生名额合理分配的导向作用。"2014 年 9 月，《国务院关于深化考试招生制度改革的实施意见》明确指出"改进高中阶段学校考试招生方式"，"完善高中学业水平考试"，"规范高中学生综合素质评价"。这也是我国恢复高考以来进行的一次最全面和系统的考试招生制度改革。2016 年 9 月，《教育部关于进一步推进高中阶段学校考试招生制度改革的指导意见》指出，"推行初中学业水平考试"，"完善学生综合素质评价"，"结合本地实际，积极探索基于初中学业水平考试成绩、结合综合素质评价的招生录取模式"。在国家政策文件的宏观指引下，各地纷纷结合实际情况进行中考改革方案的探索与研制。21 世纪以来，我国中考改革的进程反映了评价领域的发展趋势：在评价目的方面，兼顾选拔与发展；在评价内容方面，注重考查学生运用知识分析问题、解决问题的能力，兼顾学生综合素质评价；在评价主体方面，兼顾学生、教师与家长，力求多元；在评价方式方面，突破纸笔测试的局限，强调多样化；在评价标准与结果方面，注重差异与分层，尝试等级制；在普通高中招生方面，打破单一分数限制，综合评价，多元录取。①

　　在高考改革方面，2012 年的中共十八大报告指出，要深化教育领域综合改革，努力办好人民满意的教育。在这一政策的指引下，教育部启动新一轮高考改革。2013 年 1 月，《教育部关于 2013 年深化教育领域综合改革的意见》提出：研究制定高考改革的总体目标和基本框架；2013 年 11 月，中国共产党第十八届中央委员会第三次全体会议通过了《中共中央关于全面深化改革若干重大问题的决定》。该文件指出，要推进考试招生制度改革，探索招生和考试相对分离、学生考试多次选择、学校依法自主招生、专业机构组织实施、政府宏观管理、社会参与监督的运行机制，从根本上解决一考定终身的弊端。2014 年 9 月，《国务院关于深化考试招生制度改革的实施意见》提出了考试招生制度改革的四项原则，即坚持育人为本，遵循教育规律；着力完善规则，确保公平公正；体现科学高效，提高选拔水平；加强统筹谋划，积极稳妥推进。该文件还指出，改革的总体目标是 2014 年启动考试招生制度改革试点，2017 年全面推进，到2020 年基本建立中国特色现代教育考试招生制度；启动高考综合改革试点，改革考试科目设置，增强高考与高中学习的关联度，考生总成绩由统一高考的语文、数学、外语 3 个科目成绩和高中学业水平考试 3 个科目成绩组成；改革招生录取机制，探索基于统一高考和高中学业水平考试成绩、参考综合素质评价的多元录取机制。

---

① 金一鸣：《基础教育评价研究》，251～255 页，上海，华东师范大学出版社，2012。

2014 年，上海、浙江作为高考招生制度改革的试点地区，分别出台高考综合改革试点方案，并从 2014 年秋季入学的高一学生开始实施；2018 年，北京、天津、山东、海南四个地区也开展高考改革试点工作。根据相关规划，到 2020 年，新的高考改革制度将全面实行。这一阶段的高考制度改革强化了顶层设计和总体规划，增强了改革的系统性、整体性和协同性，更加聚焦公平与卓越，强调内涵发展。①

课程标准是检查教学质量的直接尺度，也是课程与教学评价工作的指导性文本。普通高中课程标准自 2004 年开始使用，经过十几年的实践检验，取得了很大成绩，也反映出一些亟待改进的问题。为了积极响应和主动落实新时期党和国家提出的关于教育改革的目标要求及立德树人的根本任务，2014 年，延续了十年的高中课程标准启动修订。2014 年 12 月，教育部副部长刘利民在普通高中课程标准修订工作启动会上指出，教材编写、教学评估、考试命题都应当以课程标准为依据，并且是"唯一标准"，不能再另立标准。2017 年 3 月，教育部部长陈宝生在普通高中课程标准审议会上发表讲话《发挥课程标准统领作用，落实立德树人根本任务》，进一步明确了课程标准修订的思路。此次普通高中课程标准修订在提炼学科核心素养、研制学业质量标准、深化和促进高考改革方面取得了重要进展。其中，2017 年年底公布的高中各学科课程标准中首次增加"学业质量"部分，研制了学业质量标准，把学业质量划分为不同水平，可以帮助教师更好地把握教学要求，因材施教，也为考试评价提供了依据。随着新一轮高中课程标准的修订，课程与教学评价研究也会迎来新的发展契机。

可见，改革开放以来，一系列评价政策不断完善，既为不同时

---

① 周光礼、姜尚峰：《高考改革 40 年：意义建构与制度变迁》，载《复旦教育论坛》，2017(6)。

期课程与教学评价的发展指明了方向，也保障了课程与教学评价工作的科学化、制度化和规范化发展，对我国课程与教学评价的理论研究和实践发展发挥了实质性推动作用。总体来看，以上政策文件的出台反映了我国课程与教学评价总的发展趋势，即评价观念上越来越注重评价以促进发展为目的，评价内容越来越全面，评价主体、方式、手段越来越多元。评价政策的改革与完善为评价工作的有序开展和有效推进保驾护航，在促进我国教育事业内涵发展与质量提升，不断深化素质教育、落实立德树人方面发挥着越来越重要的作用。

**（二）评价观念更加科学、合理**

1. 对评价概念的认识逐渐深化

评价理论是在测量理论等学科基础上发展起来的，对评价的理解也循此路径。从评价的历史来看，评价定义经历了多次演变，每一演变代表每一时期评价运动发展的工作重点。概括学者们对评价所下的定义，大致可以分为五类：①将评价等同于测验，以学生在测验上所得的分数为准；②评价是确定目标达成程度的过程；③评价即专业人员的判断，通过聘请专家审核有关资料，并在实施访问后加以判断；④评价是收集和提供资料、信息给决策人员从事有效决策的过程；⑤所谓评价，是一定事物或对象的价值在人们意识中的反映，离开对价值的反映，就没有什么评价活动可言。①

事实上，从词源上考察，评价就是引出和阐发价值；从本质上分析，评价是一种价值判断的活动，即对客体满足主体需要的程度进行判断。在对评价的诸多界定中，美国学者格朗兰德在 1971 年提出的表述十分引人注意，即"评价＝测量（量的记述）或非测量（质的

---

① 汪霞：《评价、课程评价的几个问题》，载《外国教育资料》，1995(3)。

记述)＋价值判断"①。也就是说，评价就是在通过量化或质性方式获取的事实资料的基础上进行的价值判断。这一简洁的公式抓住了评价活动的本质，揭示了评价活动两个不可缺少的构成要素——事实判断和价值判断。具体而言，事实判断是指在通过量化或质性的方式获取事实资料的基础上对事物的现状、属性与规律等进行的客观描述，客观性是其基本要求，教育测量、教育统计等都可以为事实判断提供有效的收集客观资料和信息的方法。而"评价作为人类认识的一种特殊形式，既要对客体的事实性材料(属性)加以描述和把握，又要从主体的目的、需要出发对客体做价值判断"②。所谓价值判断，是指"在事实描述的基础上，根据评价者的需要和愿望对客观事物做出评判"③。由于不同评价者的需要和愿望并不相同，同一事物对不同评价者的需要和愿望的满足程度不同，因此对同一事物所做出的好坏、优劣、对错、善恶的判断也会因人而异。它充分体现了价值判断是客观性和主体性统一的活动，是客体之于主体需要的满足情况的反映。因此，事实判断(或称事实描述)只是评价的基础性工作，它为价值判断提供依据，而价值判断才是评价的核心。

　　20 世纪 80 年代对教学评价认识较早的界说是："所谓教学评价，是指收集整个教学系统或某个侧面的信息并基于所获得的信息对教学(或实验)效果做出客观衡量和判断的过程。"④这一界定追求教学评价的客观性，强调收集整个教学系统或某个侧面的信息是进行教学评价的基础，但是，教学评价能否做到价值无涉？恐怕很难。因为教学活动是人特有的，专门化程度极高，且以人的自身发展为目标追求的活动。也就是说，教学活动本身就是具有丰富主观性的活

---

① 转引自陈玉琨：《教育评价学》，8 页，北京，人民教育出版社，1999。
② 黄甫全、王本陆：《现代教学论课程》，324 页，北京，教育科学出版社，2003。
③ 陈玉琨：《教育评价学》，8 页，北京，人民教育出版社，1999。
④ 周学海：《数学教学评价的基本理论》，载《东北师大学报(教育版)》，1985(3)。

动。那么，能用纯粹客观的方式去把握这种具有诸多主观特性的活动吗？显然是做不到的。但在教学评价早期，将教学评价做此界定也是可以理解的，因为当时还未能严格区分教育测量理论和教学评价理论。教育测量理论追求的是"客观""准确"，重在以定量的方式揭示"是什么"，基本不涉及"为什么"和"怎么办"的问题。教学评价理论是否也重在揭示客观事实，描述客观对象的理论呢？如果不是，它与教育测量理论的区别何在？教学评价的本质特性是什么？随着研究的深入，我国学者对教学评价的认识也逐渐深入。如冷泽兵认为："所谓教学评价，就是对教学过程的各个方面及教学效果做全面的价值判断。"①该定义突出了教学评价的价值判断本质，明确了教学评价是进行价值判断的活动，但教学评价对教学的哪些方面进行价值判断没有做出明确说明。有研究者指出，教学评价的研究主要涉及三方面内容：第一类是将教学评价等同于学生评价，认为教学评价是教学中对学生在知识、技能、情感、价值观等方面的学习与发展的评价；第二类认为教学评价同时涵盖对学生的评价和对教师教学的评价；第三类认为教学评价指对教师教学工作，特别是课堂教学的评价。② 由此，对于教学评价概念的把握，我们应明确教学评价从根本上来说是一种价值判断；教学评价主要涉及三方面内容，即教师的教、学生的学和最终的课堂教学质量及效果，教学评价是对实然的教学效果和应然的目标要求之间差距的一种衡量。这三者是把握教学评价内涵的关键。③

在课程领域，课程评价是教育评价的重要组成部分，其本质也是一种价值判断活动。课程评价是在系统调查与描述的基础上对学

---

① 冷泽兵：《教学评价新论》，载《四川师范学院学报（哲学社会科学版）》，1989(5)。

② 丁朝蓬、梁国立、Tom L. Sharpe：《我国课堂教学评价研究概况、问题与设想》，载《教育科学研究》，2006(12)。

③ 卢立涛、梁威、沈茜：《我国课堂教学评价现状反思与改进路径》，载《中国教育学刊》，2012(6)。

校课程满足社会与个体需要的程度做出判断的活动，是对学校课程现实的（已经取得的）或潜在的（还未取得，但有可能取得的）价值做出判断，以期不断完善课程，达到教育价值增值的过程。[①] 那么，课程评价的对象有哪些？它与教学评价的关系如何？事实上，课程评价的对象、课程评价与教学评价的关系都会因课程定义的不同而有所不同。在西方，课程评价的范围十分广泛，几乎囊括了教育、教学的所有评价领域，这是因为西方使用的是"大课程"概念，课程包含教学，因此，课程评价也包括教学评价在内。中华人民共和国成立以后的教育学、教学论是从苏联引进的，是一种"大教学"的体系，而课程又是由国家统一规定的，因此一直只有"教学检查"而无课程评价，即使是教育教学评价，也主要限于对学生学习成绩的评价，对教师、对学校等进行评价的主要依据依然是学生的考试成绩。20 世纪 80 年代以来，随着各种教育观念的变化，特别是新课改以来三级课程管理体制下课程开发权力的下放，以及新的课程评价理念的建构，课程评价的范围已经发生了较大变化。就目前我国课程评价的现实及其发展趋势而言，课程评价主要包括课程理念评价、课程目标评价、课程开发评价、教材评价、课程实施评价和课程效果评价。

2. 评价的价值取向与功能定位得以更新

改革开放 40 年来，评价观的变革突出表现在学生评价观的变革上，评价的价值取向与功能定位得以更新。评价观的变革既与教育观、知识观、课程观和学习观的变化密切相关，也与社会政治变革、经济与科技发展和教育文化目标的变化息息相关。

改革开放初期（1978—1985 年），我国教育资源严重不足，教育

[①]　陈玉琨、沈玉顺、代蕊华等：《课程改革与课程评价》，137 页，北京，教育科学出版社，2001。

事业百废待兴，而我国经济社会发展急需教育为各行各业输送有用人才，为了弥补"文化大革命"十年造成的"知识荒"，各级各类学校都把文化课程学习放在首要位置，智育成为学校办学的主要抓手。这一时期学生评价的主要目标是通过选拔性考试来分配稀缺的教育资源，为社会主义事业的恢复和发展快速培养、选拔人才，评价内容局限于学生对基础知识和基本技能的掌握情况，评价方式以考试为主，最终体现在学校的升学率上。改革开放中期(1986—1999 年)，"效率优先，兼顾公平"是这一时期经济社会发展的基本方针。由于我国教育资源，特别是优质教育资源紧缺，再加上中国传统考试文化的影响，学生评价的选拔性功能凸显，与此同时，教育界积极引进各种先进教育理论，尝试开展各种教育评价改革与实验，努力探索科学有效的、促进学生全面发展的学生评价。21 世纪新课改以来，评价作为课改的重要组成部分，强调改革的核心是"一切为了学生的发展"，旨在构建促进学生全面发展的发展性评价体系，发展性评价在我国正式确立。总体来看，改革开放 40 年来我国课程与教学评价观经历了从注重甄别选拔到注重促进发展的转变。

甄别选拔性评价在功能上以甄别选拔为主，即存在这样一个基本假设，在一个群体中只有极个别的个体是优秀者，大多数人只能达到中等水平，评价的主要目的就是把这少数的优异者选拔出来，为此，传统的评价热衷于排名次、比高低，在这样的评价过程中，只有少数所谓"优秀者"能够体验成功的快乐，获得鼓励，而与这少数的"优秀者"相比，其他大多数学生则成了失败者，成了上述假设的殉葬品。[①] 在评价主体上，甄别选拔性评价的评价主体比较单一，一般是由教师评价学生，缺乏学生的自评与学生间的互评，也缺乏家长和社会人士的参与，单一的评价主体容易造成评价结果的主观、

---

① 曾继耘：《由甄别选拔到促进发展：学生评价改革的方向》，载《教育理论与实践》，2003(10)。

片面等问题。在评价内容上，甄别选拔性评价关注学生知识与技能的获得，注重评价学生的学业成绩，而对学生情感、态度、价值观等方面的发展则视而不见；关注评价结果，忽视对学生学习和发展变化过程的动态性、过程性评价。在评价方法上，甄别选拔性评价强调以终结性考试为主，量化范式下的标准化测验、常模测验成为最盛行的评价工具和手段。在评价者与评价对象的关系上，甄别选拔性评价的评价者处于高高在上的权威地位，被评价者是诚惶诚恐的服从者，两者是冷冰冰的"检查与被检查"的关系。在评价结果及其运用上，甄别选拔性评价强调评价的客观性，并运用评价结果进行检查与评比。

　　发展性评价注重发挥评价的诊断、激励和发展功能，其目的在于更好地促进学生的成长，促进教师教育教学水平的提高，促进学校发展，评价视域更加宽广，适用性更强。具体到学生评价，从评价理念来看，发展性评价的理念与甄别选拔性评价的理念不同，发展性评价强调发挥评价"促进发展"的功能，认为评价的根本目的不是检查和评比，而是促进学生达到发展的目标。评价不只是教育教学过程结束时鉴别、筛选学生的手段，更应该是促进学生发展的有效手段。发展性评价也承认学生之间的发展存在差异，但它认为评价的基本目的不是评价学生的发展状况或具体表现，给学生下一个精确的结论，鉴定出他们在群体中所处的位置，从而使评价对象之间的差异明确化、凝固化，而是要从这些差异的分析中判断存在的问题与不足，发掘适合评价对象发展的教育方法，促进他们的发展和表现，让他们在现有基础上谋求实实在在的发展，逐步达到基础教育培养目标的要求。从评价主体来看，除了教师对学生的评价，发展性评价还重视学生的自评与学生间的互评，也注重家长、社会人士等参与评价，使学生评价真正成为教师、学生、家长、专业人士等共同积极参与的交互活动。从评价内容来看，发展性评价既关注学业成就、升学率，也重视被评价者多方面素质与潜能的发展。从评价方法来看，发展性评价的方法更加多样，定量与定性相结合，除考试与测验外，还使用观察、访谈等多种科学有效、简便易行的评价方法；形成性评价与终结性评价相结合，不仅注重结果，还注重发展和变化过程，把终结性评价与形成性评价有机结合起来。发展性评价认为发展是一个过程，它不仅发生在教育教学活动之后，同时也应伴随和贯穿于教育教学活动的每一个环节。促进发展的评价不仅需要终结性的结果评价，更需要形成性的过程评价，且评价的重心在"过程"，应通过关注"过程"而促进"结果"的提高。因此，发展性评价重视形成性评价的作用，强调通过在学生发展的各个环节具体关注学生的情况来促进其发展，强调收集并保存在学生发展过程中能表明其发展状况的所有关键资料。因为对这些资料的呈现和分析，能够帮助我们形成对学生发展变化的正确、全面的认识，并在此基础上针对他们的优势和不足，给予激励或提出具体的、有针对性的改进建议。① 从评价主体与评价对象的关系来看，发展性评价重视学生、教师和学校在评价过程中的作用和主体地位，强调平等、理解和互动。从评价结果的运用上来看，发展性评价主要是运用评价结果发现问题、实施改进和促进发展。

2016 年，《中国学生发展核心素养》正式发布，核心素养着眼于培养学生所应具备的适应终身发展和社会发展需要的品格和关键能力，它是对新时代立什么德、树什么人的具体规定。2017 年，国家高中课程标准发布，各学科依据中国学生发展核心素养的基本框架构建了学科核心素养指标，并首次依据标准确立了表现性评价指标。基于核心素养的课程教学评价是发展性评价在新时代的新发展，如何建立基于核心素养的科学评价体系，也为未来研究提供了新的

---

① 董奇、赵德成：《发展性教育评价的理论与实践》，载《中国教育学刊》，2003(8)。

方向。

　　综上，由注重甄别选拔的评价走向注重促进发展的评价体现了评价中人的地位与价值的逐渐彰显，人文性在加强。同时，在新的评价观的指引下，多元评价主体的参与、多样评价方式的协同也在很大程度上提升了评价的科学性。总体来看，发展性评价体现了评价科学化和人文化的统一，是我国课程与教学评价的一大进步，也是改革开放 40 年来我国课程与教学评价历史上取得的重要进展。

**（三）评价方式方法由单一走向多元**

　　改革开放以来，随着课程与教学评价理念的变革，评价研究的日益成熟，以及新技术、新方法的应用，评价方式、方法也经历了很大变化。这不仅表现为评价主体和对象更加多元，评价方式日趋多样化，而且表现为先进技术手段的引入，它们都在不同程度上参与了评价方式、方法的变革。

　　1. 评价主体多元化

　　过去，课程与教学评价的主体由上而下依次是政府部门评价学校、学校评价教师、教师评价学生，而学生被排斥在评价主体之外。这样就形成了学生依附教师、教师依附学校、学校依附政府部门的评价关系。课程与教学评价的主体是直线式和单一化的，少了全面性而多了片面性，少了民主性而多了独断性。随着评价主体多元化概念的引进，我国课程与教学评价的主体逐步由一元走向多元。

　　评价主体多元化的概念最早由美国评价学者派特（M. Q. Patton）于 1978 年提出。他认为，应该把需要使用评价信息的各方面人员邀请到评价中来，请他们提出对评价的要求和建议，以便使评价结果能够很好地满足使用者的要求。这样，课程与教学评价的主体不再只是学校管理人员、教师或教育行政部门，作为评价客体的教师和学生也成为评价的主体。而课程与教学评价主体多元化的实现是多向的。在教师教育质量评价方面，除了外部评价和他人评价以外，还有教师的自我评价、学生对教师的评价等；在学生学业成就评价方面，除了教师评价外，还应包括学生自评和互评、家长评价、社会反馈评价等。应该说，评价主体多元化，一方面可以从多个方面、多个角度对教学活动进行更全面、更客观、更科学的评价；另一方面，由原来的评价客体成为评价主体的教师和学生，在评价过程中，也不再处于过去单纯的被动状态，而是处于一种主动的积极参与状态，显示了他们在教学评价活动中的主体地位。这有利于教师、学生不断地对自己的教学活动和学习活动进行反思、自我调控、自我完善和自我修正，从而不断提高教学的质量和效益。[1]

2. 评价对象多元化

早先的教育评价只评价学生的学力，而且较为关注学生的认知领域，包括识记、理解、应用、分析、综合、评价六类。而在学生的情感领域、动作技能领域，尤其是学生的学习能力、创造力、情感、态度、价值观等方面并没有做出全面评价，反映出评价内容的单一化倾向。目前，我国积极推行创新教育，十分重视对学生整体素质的多元评价。评价内容多元化意味着学生学业成就评价不能仅评价学生的学习，而要以学生的各个方面为评价对象。评价既要体现共性，也要关心学生个性；既要关心结果，也要关心过程，要注重学生学习的主动性、创造性。也就是说，评价学生的学习不能仅依靠成绩测验的结果，还应包括对学生学习态度、兴趣、行为等的考查，其中又以创新意识和实践能力为核心。可见，关于学生学业成就评价的内容，逐渐由一元发展为多元，进而综合衡量学生的发展状况。

除了关注学生学业成就的全面评价外，课程与教学的评价对象经过长期探索，归纳起来至少还有四个方面：①课程设计与教学设

---

[1]    孙亚玲、范蔚：《课堂教学的变革与创新》，274 页，广州，广东教育出版社，2006。

计。对课程设计进行评价，主要是对课程要素进行评价，包括对作为产品的课程计划、课程标准、教学材料、教学计划或教学方案等的评价。对教学设计进行评价主要包括对教学目标、教学内容、教学策略、教学媒体、教学环境等的评价。②教师教授质量。它主要考查教师是否以课程作为其教学策略的出发点，是否以课程材料（课程计划、课程标准、课本和其他教学材料）作为教学活动的基本依据，以及课程材料对教师实现教学目标的适应性、可行性和有效性。此外，教师使用课程的教学评价还体现在为适应学生不同的需要，对教学材料所做的补充、删节和适应，以及对教学环节、方法、策略、媒体的调节和运用上。③教学系统。它主要考查系统中各有机组成部分的整体效应，以及环境的作用。④教学评价，即对教学评价的评价（也称元评价）。它是指在评价过程中，为了检讨评价方案、实施过程与结果，借以总结成功经验和纠正评价工作之不足，而对正在进行或已完成的评价进行价值判断。在诸多评价对象中，教师教授质量和课程设计与教学设计是重点，而学生学业成就则是课程与教学评价中最核心、最基本的评价活动。①

### 3. 评价方式多元化

以往学校的课程与教学评价主要采用定量的评价方法。定量评价主要以数字化符号为基础测量，即采用"指标－量化"模式进行评定，并往往被贴上"科学""准确"的标签。但随着定量评价方法的广泛运用，其局限性也逐渐暴露出来。定量评价方法如问卷调查、测验法等，只适用于评价那些能够量化的方面，但对学生的情感、内心、性格等方面的评价很难量化处理。这些都是需要教师用自己的心去感受、理解的东西，若硬要以定量方法去测评，则容易导致结果的扭曲。随着评价实践的发展，定性评价方法逐渐被引入课程与

---

① 黄甫全、王本陆：《现代教学论学程》，333～335 页，北京，教育科学出版社，2003。

教学评价中。定性评价主要运用观察、访谈、参与经验等方法获得评价的资料，并用非量化的手段对其进行分析，进而获得研究结论，它总体上属于"观察—理解"模式。在评价学生发展时，定性评价方法如参与观察法、访谈法、生活体验研究、档案袋评定等常用于评价学生的情感、态度、价值观等。需要指出的是，定性评价从本质上并不排斥量化评价，它常常与量化的评价结果整合起来应用，从而实现评价方法的多元化。在二者的适用范围上，定量评价方法适合评价学生认知方面的发展，特别是能够检验学生对知识的记忆和理解，而定性评价方法则适合评价学生非智力因素的发展。因此，在评价模式上，不能够只运用"指标—量化"模式，由于人的行为的复杂性，许多方面也不能用单一的模式评价。近年来，在我国课程与教学评价理论与实践中积极引入了多种评价模式，如 CIPP 模式、目的游离模式等。同时，国外发展起来的诸多新的评价方法也被积极介绍并引进，如表现性评定法、成长记录袋法、小组协议评定法、激励性评定法、学习日记法、情境测验法等。应该说，只有综合运用这些方法，才能全面、客观、公正地评价学生的发展，更清晰、更准确地描述学生的现状和进步。可见，将定量研究与定性研究进行整合，有利于弥补量化评价中对被评价者的忽略，又可以克服定性评价中对评价者素质的过分依赖；有利于弥补量化评价中的机械性与孤立性，使评价结果更深刻；有利于弥补定性评价的逻辑性不足，进而提高评价内容的丰富性与逻辑性。

评价方式除了定量与定性之分，还可根据评价出现的时机及评价结果的用途划分为诊断性评价、形成性评价和总结性评价。诊断性评价一般在教学前进行，目的是分析学生的起点行为，摸清学生的现有水平及个别差异，以便安排教学。诊断性评价可以确定学生的入学准备程度，例如，掌握知识的基础、学习动机、发展水平、身体状况及家庭背景；为学生提供适当的教学安排，例如，通过诊断学生知识、情感和技能等方面的发展水平，为学生编班或分组、进行教学讨论、选择教学方法等提供依据；辨识学生在学习过程中的困难，查明原因，准确确定补偿教学计划，调整教学目标和教学进度。形成性评价又叫过程性评价，通常伴随教学过程而展开。形成性评价在量化的评价如考试测验之外，特别注重质性的描述性评价，如档案袋、作业作品、老师家长或同学的评语等。形成性评价记录了学生的成长过程，是教师及时了解学生学习进展情况的重要方式。它常通过让学生完成与教学活动密切相关的测验，学生对自己的学习状况进行自我评估，教师对学生进行观察、交谈、调查、作品分析等方法来进行。形成性评价关注的是学生在学习过程中达到教学目标的程度。总结性评价是对一个完整教学过程的总体结果进行的评价，又叫终结性评价，它通常在一门课程或一项教学活动结束之后进行。

当然，课程与教学评价方式不局限于以上几种，不同评价方式各有其优势，也有其局限，在评价活动中要根据实际需要及各种评价方式的优劣，综合考量，理性选择，使其优势互补，达到预期目标。

**（四）我国逐步确立了课程与教学质量评价指标体系**

我国基础教育经过40年的改革与发展，已基本完成了"两基"普及，基础教育发展的重点开始从数量扩张转向内涵式质量提高。为了保证教育教学质量，课程与教学的质量评价工作稳步展开，经过多年努力，我国逐步确立了课程与教学质量评价体系。具体来说，我国明确了课程与教学质量本身的基本构成要素、课程与教学质量评价的实质，以及课程与教学质量评价指标体系建构的一般路径等。

课程与教学质量按照其内容，表现为学校教学中的很多方面，比如，课程结构是否合理、教材质量是否科学、教学目标是否符合规范、教学观念是否先进、教学管理是否有活力、学生学业成就是否达到预期目标等。将课程与教学质量的诸多因素加以概括，可以归纳为课程建设、课堂教学水平、教学管理及学生学业成就四个基本要素，形成一个层次结构，见图 5-1。

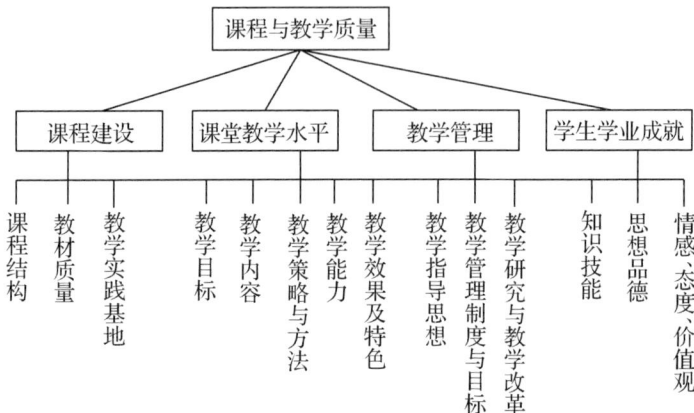

图 5-1 学校课程与教学质量的基本要素及其结构层次①

对课程与教学质量进行评价，主要是对学校教学是否达到一定质量要求做出价值判断，即依据一定的教学目标和课程标准，用理性分析、统计分析等多种方法对教学活动进行系统检测与考核，对教学过程和教学结果进行价值判断。简言之，课程与教学质量评价是对课程教材建设与教学工作质量或教学活动的整体功能所做的测量、分析和评定，有助于促进学校教学工作的规范化及教学质量的提高。② 而评价指标体系的建立则是保证课程与教学质量评价客观、准确、有效的基础，其建构的一般过程如下：首先，明确评价标准。判断课程与教学质量要有一个标准，这个标准通常由教育决策者或学校管理者制定。其次，确定评价指标。评价标准往往比较抽象、笼统，要使标准可测量，就需要把标准不断细分，列出若干个具体

① 此图参见裴娣娜：《现代教学论》第 1 卷，328 页，北京，人民教育出版社，2005。原图将学校教学质量综合概括为课程建设、课堂教学水平及教学管理三个基本要素，但鉴于学生学业成就质量评价在课程与教学质量评价中的核心地位，学生学业成就也应加入课程与教学质量的基本构成要素中。

② 裴娣娜：《现代教学论》第 1 卷，332 页，北京，人民教育出版社，2005。

的项目，这就是评价指标。再次，确定权重系数。最后，通过实验得出结果，以便对指标体系进行评价、修正。可见，评价指标体系建构的过程，也是一个深化课程与教学质量认识的过程。而在诸多课程与教学质量评价中，教材质量评价、课堂教学质量评价（教师授课质量评价）、学生学业成就质量评价是重点内容。

1. 教材质量评价

教材有广义和狭义之分。广义的教材指课堂上和课堂外教师和学生使用的所有教学材料，如课本、练习册、活动册、计算机光盘、复印材料、广播电视节目、幻灯片等。教师自己编写或设计的材料也可称为教学材料。总之，凡是有利于学习者增长知识或发展技能的材料都可称为教材。而狭义的教材就是指教科书。教科书作为一个课程的核心教学材料，是师生据以进行教学活动的主要材料。教材设计质量的高低，在某种程度上影响着教师教和学生学的质量。通过对教材设计质量进行评价，可以检视教材对于特定的学校、特定的学生是否合适，以便对正在实施的教材进行改进。叩见，其重要性不言而喻。

教材质量直接关系到教育教学质量和人才培养质量的关键问题，对教材质量的评价研究成为学者们关注的重点。20 世纪 80 年代以来，对教材质量的评价日趋多元化和复杂化，开始吸收心理学、社会学、语言学、信息科学、经济学和教育哲学等方面的研究成果，从新的视角审视教材的质量，评价方式与方法逐渐多元化、多样化。无论哪一种评价方式，对教材和教学内容的评价标准大多强调：①基础性，即教学内容应该是适应现代社会、现代合格公民必须掌握而且能够掌握的。②发展性，即教学内容应有助于学生主动学习，有助于培养学生的创新意识和创新能力，体现学生发展的自主性、主动性和创造性。③实践性，即应加强与学生生活、与社会发展实际的联系。④综合性，即对教学内容的选择与重组应体现综合性。

⑤灵活性，即教学内容应有一定的灵活性，应适合不同区域发展水平的需要，而且要考虑不同学校及学生的差异性。[①] 在取得共识的基础上，我们可以通过评价表、问卷调查、测验等方法来建构评价指标体系。现以评价表为例，阐述中小学教材的质量评价，见表 5-1。[②]

表 5-1　我国中小学教材质量评价表

| 评价项目 | 评价标准 | 评价结果 | | | | |
|---|---|---|---|---|---|---|
| | | 很好 | 较好 | 一般 | 较差 | 很差 |
| 思想性 | ①符合国家方针、政策 | | | | | |
| | ②体现良好的社会公德 | | | | | |
| 科学性 | ①知识的准确性 | | | | | |
| | ②教材内容符合课程标准的要求 | | | | | |
| | ③教材的逻辑性 | | | | | |
| 发展性 | ①发展学生的能力 | | | | | |
| | ②发展和完善学生的个性 | | | | | |
| 时代性 | ①体现现代社会发展的要求 | | | | | |
| | ②反映学科发展的趋势 | | | | | |
| 整合性 | ①教材涉及的知识面广 | | | | | |
| | ②学科之间交叉、渗透 | | | | | |
| 可读性 | ①语言简洁、清晰 | | | | | |
| | ②文字表述适合学生理解 | | | | | |
| 实用性 | ①学生能学以致用 | | | | | |
| | ②教材贴近生活 | | | | | |
| 可行性 | ①教师使用方便 | | | | | |
| | ②学生使用方便 | | | | | |
| | ③适合本地情况 | | | | | |

---

① 裴娣娜：《现代教学论》第 1 卷，349～350 页，北京，人民教育出版社，2005。
② 裴娣娜：《现代教学论》第 1 卷，348～349 页，北京，人民教育出版社，2005。

除了教材内容方面的要求外，也有研究者研究和制定了教材评价标准和指标体系，如李慧君（1996 年）①、丁朝蓬（1998 年）②、高凌飚（2002 年、2007 年）③④。有些学者对国外教材评价的做法及评价工具等进行研究与介绍，以便为我国教材评价提供借鉴与启示，如潘丽娜、蔡敏（2007 年）⑤，张颖（2009 年）⑥，徐鹏、郑国民（2012 年）⑦，王晓丽（2016 年）⑧。有研究者分析了新时期教材评价研究出现的新问题及发展的新趋势等，如纪文平（2011 年）关注到了信息化对教材评价的影响⑨，韩军民等人（2012 年）提出模糊层次分析法等新方法在教材评价中的应用⑩，柳叶青（2017 年）指出从实体思维走向实践思维是教材评价研究的新趋势等⑪。

## 2. 课堂教学质量评价（教师授课质量评价）

课堂教学作为教学活动的主要组织形式，是师生根据国家规定的教学内容、教学时间，以集体上课的形式进行的有目的、有计划的教学活动。课堂教学质量则是课堂教学活动满足主体明确或隐含需要的能力特性的总和。课堂教学是教师授课的主渠道，因此，人们常把课堂教学质量与教师授课质量等同理解，二者经常混用。通

---

① 李慧君：《教材评价的指标体系的制订》，载《课程·教材·教法》，1996(3)。

② 丁朝蓬：《教材评价指标体系的建立》，载《课程·教材·教法》，1998(7)。

③ 高凌飚：《关于教材评价体系的建议》，载《全球教育展望》，2002(4)。

④ 高凌飚：《教材评价维度与标准》，载《教育发展研究》，2007(12)。

⑤ 潘丽娜、蔡敏：《美国基础教育阶段的教材评价——以佛罗里达州为例》，载《外国中小学教育》，2007(3)。

⑥ 张颖：《美国"2061 计划"教材评价工具简介》，载《课程·教材·教法》，2009(3)。

⑦ 徐鹏、郑国民：《国外中学教材评价研究的比较及启示》，载《外国中小学教育》，2012(7)。

⑧ 王晓丽：《国外教材评价：基本特征、发展趋势及启示》，载《课程·教材·教法》，2016(9)。

⑨ 纪文平：《论信息化对教材评价的影响》，载《当代教育科学》，2011(9)。

⑩ 韩军民、刘洪甫、李雪等：《模糊层次分析法在矩阵论教材评价方面的应用》，载《数学的实践与认识》，2012(16)。

⑪ 柳叶青：《从实体思维到实践思维：当前教材评价研究的新趋势》，载《课程·教材·教法》，2017(12)。

过对课堂教学质量进行评价，人们可以了解教师的教学状态、内容、过程、效果及学生的学习效果，同时能够及时发现并纠正课堂教学中存在的问题，从而提高课堂教学的质量。

20世纪80年代以来，我国中小学明确把提高课堂教学质量作为提高学校教学质量的中心环节。许多学者从不同角度对如何提升课堂教学质量进行了探讨，并取得了很大成绩。但是，在深化课堂教学改革中，对如何认识和评价课堂教学，即在如何衡量一节课是"一堂好课"的问题上产生了分歧，并争论至今。① 为促使课堂教学改革进一步健康深入地进行，有学者提出了制定课堂教学质量评价标准应该遵循的三个原则：导向性、有效性、开放性。② 导向性原则是指课堂教学质量评价标准应有明确的导向性，既要体现全面和谐发展的培养目标，还应体现正确的教学观念；有效性原则应是评价赖以进行的基本要求，要使课堂教学质量评价标准达到有效性的要求，就要做到合目的性、遵循客观规律、体现个性；开放性原则，即应给评价者在评价过程中掌握具体标准留下一定的余地。以上述三原则审视"一堂好课标准"的争论，虽说不同学者有不同观点，不同学

---

① 代表性文章有：陈俊禄：《一堂好课的标准》，载《中小学管理》，1991(1)；聂海清：《关于中小学一堂好课标准的思考》，载《吉林教育科学·普教研究》，1999(6)；王光明、王合义：《运用建构主义观点探讨一堂好课的标准》，载《中国教育学刊》，2000(2)；陈晓玮：《一堂好课标准的新视点》，载《现代中小学教育》，2002(11)；翁建平：《也谈一堂好课的评价标准》，载《教学与管理》，2003(10)；林清华、何恩基：《什么是一堂好课——课堂教学评价标准研究述评》，载《中小学管理》，2004(6)；俞惠珍：《新课程中一堂好课的标准》，载《教学与管理》，2004(17)；叶澜：《扎实、充实、丰实、平实、真实——"什么样的课算一堂好课"》，载《基础教育》，2004(7)；吴贵君：《托起一堂好课的几个支撑点》，载《教学与管理》，2004(20)；高向斌：《对一堂好课标准的调查研究》，载《上海教育科研》，2006(8)；王毓珣：《究竟什么是一堂好课——基于新课改背景下的理性思索》，载《上海教育科研》，2006(12)；毛东海：《一堂"好课"的四要素——对"好课"的再次思考》，载《中小学教师培训》，2009(6)；高红志、杨春宏：《新课程理念下一堂好课的特征及实践方式》，载《河北师范大学学报(教育科学版)》，2011(6)；黄忠敬：《评价一堂好课的"五维度"》，载《中国教育学刊》，2011(10)；叶平：《一堂好课的标准是什么?》，载《江苏教育研究》，2012(12)。

② 刘志军：《课堂教学质量评价标准的探讨》，载《中国教育学刊》，2000(2)。

科或同一学科不同阶段的教材也有不同特点，但从课堂教学的宏观层面来看，"一堂好课"的标准又有一些共同的价值取向。

（1）教学目标要注重基础性、发展性、多元化

基础性就是按照课程标准注重基础知识和基本技能的掌握，完成知识和技能的教学。发展性就是培养学生以学习能力为重点的学习素质和以情感为重点的良好人文素质。多元化是指教师要根据教材要求和学生发展实际，在传授知识的基础上，将过程与方法、情感态度与价值观等多元目标有机结合起来。

（2）教学内容的组织要得当

教师要注意教学内容的合理结构，便于学生在头脑中形成高效、合理、有序的知识结构，培养和发展学生的学习能力。教师要从学生实际出发，使教学内容始终落在学生的最近发展区内。教学内容要与社会生活相联系。

（3）教学过程的优化

首先，教学要体现启发性，教师要善于挖掘教材内容的启发性素材，创设"启发"的情境，调动学生的学习自觉性、积极性，引导学生积极思考。其次，教学要体现差异性，要注意因材施教。再次，教学要体现探索性，即在探究活动中，教师给予适时提醒、恰当点拨、积极引导。最后，教学要体现情感性和艺术性，要有目的地培养学生良好的情感品质，使学生的身心获得健康发展。

（4）教学效果的检查

教师在课堂上要关心学生的学习质量和学习效果，始终把教学目标放在优先考虑的位置，注重根据常规检查手段检查教学效果。

有学者结合对课堂教学质量评价标准的实证研究，进一步把课堂教学质量评价标准分为三个层次。①基础层次：激发学习兴趣，理解、掌握、会用；②提高层次：主动参与教学，充分、有效地交流；③体验层次：感受学习乐趣，体验创造的成功。上述三个层次

不是并列的关系，而是一种递进关系，同时三者之间也有一定的交叉，它们之间的关系有如一个"套塔形"结构。①

改革开放以来，学生主体地位和主体性受到高度重视，课堂教学质量观由过去对智育第一、知识至上的尊崇过渡到对学生生命发展独特性、整体性的尊重，并开始关注教学内容、过程与学生生命意义的联系②，课堂教学评价也更为关注对学生学习状态的考查，以及对课堂教学情境性、动态性和生态性的关照。近年来，随着研究的深入，在课堂教学质量评价标准探讨的基础上，有些研究者建立了更为全面和更具可操作性的课堂教学评价指标体系，本土化成果不断涌现，课堂教学评价系统日臻完善，其中有代表性的有："4 要素 20 视角 68 观察点"的课堂观察 LICC 范式③、"6·13（六关系维度、十三指标要素）"课堂教学评价框架④、发展性课堂教学评价指标体系⑤、"以学评教"的课堂教学评价指标⑥等。

除了对传统课堂教学质量评价的探讨，随着信息技术的发展及其与教育领域的融合，近年来兴起了慕课、翻转课堂等新型教学模式，研究者认为，翻转课堂与传统课堂的教学流程、教学方式和教学结构存在明显差异，传统课堂的教学评价并不适合翻转课堂⑦，建立翻转课堂的教学质量评价体系便成为很多研究者探讨的话题。

---

① 刘志军：《试论课堂教学质量评价标准的建立》，载《华东师范大学学报（教育科学版）》，2002(2)。

② 周俊良：《从知识至上到生命关怀：建国以来课堂教学质量观的演进轨迹》，载《现代教育管理》，2018(1)。

③ 崔允漷：《论课堂观察 LICC 范式：一种专业的听评课》，载《教育研究》，2012(5)。

④ 郝志军：《中小学课堂教学评价的反思与建构》，载《教育研究》，2015(2)。

⑤ 刘华：《发展性课堂教学评价指标体系：构建思路及示例》，载《全球教育展望》，2013(3)。

⑥ 陈佑清、陶涛：《"以学评教"的课堂教学评价指标设计》，载《课程·教材·教法》，2016(1)。

⑦ 蒋立兵、陈佑清：《翻转课堂教学质量评价体系的构建》，载《现代教育技术》，2016(11)。

有研究者基于翻转课堂的满意度指标，分别设计了要素综合评价法、因子分析法和感知变量模型，为建立翻转课堂教学质量评价模型和指标体系提供了新的视角。也有研究者构建了翻转课堂教学评价体系，如蒋立兵、陈佑清（2016 年）以发展性评价、过程性评价及表现性评价为理论基础，构建了翻转课堂教学质量评价体系[①]；谢娟等人（2017 年）基于 CIPP 评价模型构建了翻转课堂教学评价指标。[②] 总之，课堂教学质量是学校教育的生命线，不管课堂教学的形式如何变化，提升课堂教学质量是教学理论研究者和实践者共同关注的永恒话题。

### 3. 学生学业成就质量评价

#### （1）逐步形成学生学业成就质量评价体系

学生学业成就是学生在学校教育中的主要成果，也是学生发展的重要目标，它包括认知、技能、思想感情等多方面的内容。对学生学业成就质量进行测量与评价，有利于教师发现教学中存在的问题，以改进教学，提高教学质量，促进学生全面发展。对学生学业成就质量进行评价已成为课程与教学质量评价中最核心、最基本的活动，它是衡量教师教得如何和学生学得如何的一个主要标志。

为提高学生学业成就质量评价的科学性，需要努力把评价标准表述得既具体又明确，而教育目标分类学对提高评价标准的具体性和明确性有重要作用。布卢姆等把教学目标分为认知、情感和动作技能三大类，然后把每类目标分为不同层次和方面，如认知目标包括识记、领会、运用、分析、综合、评价六个层次和方面，最后又把每个层次和方面的目标再细分为若干具体项目。布卢姆的教育目

---

① 蒋立兵、陈佑清：《翻转课堂教学质量评价体系的构建》，载《现代教育技术》，2016(11)。

② 谢娟、张婷、程凤农：《基于 CIPP 的翻转课堂教学评价体系构建》，载《现代远程教育研究》，2017(5)。

标分类工作说明，一门学科所要达到的教育目标是可以做出由简单到复杂的一系列的等级分类的。在对学生的学业进行评定时，我们往往根据教育目标分类理论制定命题双向细目表。命题双向细目表是命题的依据，该表是考查内容与考查目标的联列表。它把考查内容划分成各个知识单元，或以章、节为单元列入表的左侧，把考查目标按识记、理解、应用、分析、综合等不同水平列入表的首行，再确定命题细目表中各单元、各目标的试题占分。确定占分的依据是：各知识单元在整个教学领域的重要性；各知识单元的教学时数比重。编制命题双向细目表可使试题覆盖面广，重点突出，不至于偏重某章节，也使知识点的考查目标比例恰当。

在评价方法上，对学业成就的评价大体可划分为传统评价和表现性评价两种方式。其中，学业成就的传统评价是指那些主要采用纸笔测试方法对学生在一定学习时间内的学习成效所进行的测量和评价，也就是我们经常说的考试。这种定量的评价方法技术相对成熟，种类也较全面，在教育实践中的应用也十分广泛和深入。作为已取得诸多理论与实践成果的评价方式，考试方法技术的不断改革为课程与教学评价的发展做出了重要贡献。若按测验的标准来划分，又可以把考试分为标准化测验与教师自编测验。标准化测验是学生学业成就评价的主要方式之一。它一般是由专门的机构或组织设计、组织和实施，是严格依据科学原理并按照科学方法与程序来进行的，具有较高的信度和效度。然而，标准化测验不易编制，有关要求也比较高。教师自编测验是教师依据实际的教学需要，为对学生的学习结果进行考查而自行设计与编制的测验。它的编制较简单、灵活，但教师自编测验的信度和效度要求不如标准化测验那么严格。[1] 不管是标准化测验还是教师自编测验，都要考虑其效度、信度、难度、

---

① 黄甫全、王本陆：《现代教学论学程》，347 页，北京，教育科学出版社，2003。

区分度等反映该测验质量特性的重要指标；否则，测验的代表性和可行性就会让人质疑，影响测验的效果。

　　除了以上所说的传统评价方式，随着评价观念的更新，表现性评价等评价方式在实践中也有越来越广泛的运用。表现性评价主要是针对考试并不能完全真实反映学生学业成就提出的。考试可以测查学生认知领域的发展状况，对于学生思想品德、情感、态度、价值观等方面的发展则难以测量，表现性评价可以弥补考试的这种缺陷。表现性评价通常要求学生在某种特定的真实或模拟情境中，运用先前所获得的知识完成某项任务或解决某个问题，以考查学生对知识与技能的掌握程度，或者问题解决、交流合作和批判性思考等多种复杂能力的发展状况。[1] 其目的不是单纯地给学生一个评价分数或等级，而主要是为了促进学生的学习和发展。比如，体育教师评价学生游泳技能的掌握情况，他不是让学生以纸笔方式回答一些有关游泳技能的问题，而是让学生到游泳池或河水中真正游上一段距离，以真实地展现其游泳水平。又如，语文教师评价学生的口语交际能力，会设计一个问题情境，让学生针对问题进行小组讨论，通过观察每个学生在讨论中的表现来评判其口语交际的能力，这就是表现性评价。可见，表现性评价带有定性评价的性质。经过多年的改革发展，关于学生学业成就质量的评价，已逐渐形成量化评价和质性评价相结合的方式，既评价学生的学业成绩，又评价学生的行为表现；既注重学生知识、技能的掌握，又评价学生的思想品德、情感、态度、价值观；既有数量上的客观数据，又有质量上的定性分析，已逐步形成了学生学业成就质量评价体系。

　　随着大数据技术在课程与教学评价领域的应用日益广泛，对于数据的收集、分类、处理、分析更加便捷，基于大数据的课程教学

---

[1]　赵德成：《促进教学的测验与评价》，101 页，上海，华东师范大学出版社，2016。

评价系统的设计也备受关注，如大数据理念下的发展性学习评价系统设计、基于大数据的个性化学习评价系统设计、基于大数据的综合素质评价模型设计、基于大数据的教育质量综合评价等。新技术的应用，为课程与教学评价的发展提供了技术支持，也带来了诸多便利。但我们在享受技术所创造的福利的同时，也要警惕技术至上的风险，技术并不能替代一切，尤其是在对人的活动进行价值判断时，更不能陷入唯技术论。

(2)几种具体评价方法的进展

改革开放 40 年来，我国在学生评价方面涌现了诸多新的评价方式，它们发挥了重要作用，在此就几种具体的评价方式做简单介绍。

①基础教育质量监测。

基础教育质量监测是提高质量和促进公平的一项基础工程，各国或国际组织根据自身实际开展了形式和内容各异的教育质量监测。近些年来，我国无论是国家层面还是地方层面在基础教育质量监测工作上，都做出了许多有益的尝试。[1]

2003 年，在教育部基础教育课程教材发展中心的组织下，我国成立了"建立中小学生学业质量分析、反馈与指导系统"项目组。项目组以国家颁布的课程标准为依据，主要通过纸笔测验考查学生学科学习的结果，在基础知识和基本技能的考核基础上关注与学生未来发展关系密切的核心素养，同时通过学生、教师和校长问卷了解与学生学习相关的背景因素。

2007 年 11 月，"教育部基础教育质量监测中心"挂牌成立，中心是在教育部直接领导下，依托北京师范大学而建立的专业机构。中心的职责包括拟定基础教育质量监测标准，研发基础教育质量监测工具，受教育部委托，具体实施全国基础教育质量监测工作，指导

---

[1] 以下内容主要参考周世科：《国内外基础教育质量监测概览》，载《江苏教育研究》，2012(6)。

各地开展基础教育质量监测工作，推动全国基础教育质量监测网络的逐步建立。中心目前监测的主要内容包括学生的思想品德和公民素养、学生的身体和心理健康水平、学生的学业水平和学习素养、学生的艺术素养、学生的实践能力和创新意识、影响学生发展的教育环境和社会环境六个部分。2007 年 12 月，中心在湖北、浙江和陕西三省进行试点监测；2008 年 9 月，中心在上海、山东、河南等八省市进行了首次监测，随后每年开展一次。

省级层面，2006 年，江苏省教育厅与教育部基础教育课程教材发展中心达成协议，加入"建立中小学生学业质量分析、反馈与指导系统"项目，并约定每两年测试一次。为了全面掌握江苏省基础教育的质量状况，项目从一开始便覆盖了全省所有区县，形成了省、市、区(县)三级学生学业质量分析报告。为了进一步加大监测工作的推进力度，2008 年 3 月，江苏省基础教育质量监测中心在江苏省教育科学研究院正式挂牌成立。这是在全国范围内成立的首个省级基础教育质量监测机构，表明江苏省在全国率先把质量监测工作纳入基础教育改革发展的整体布局。

上海市从 2004 年起便参加了"建立中小学生学业质量分析、反馈与指导系统"项目，连续八年参加测试，初步建立了上海市中小学生学业质量的数据库。为了全面实施素质教育，提高基础教育质量，2009 年 9 月，"上海市教育委员会基础教育质量监测中心"正式成立，挂靠在上海市教研室。2011 年 9 月，教育部基础教育课程教材发展中心和上海市教育委员会合作，在全国率先建立"中小学生学业质量绿色指标"评价体系。

重庆市在 2009 年成立重庆市基础教育质量监测中心，与重庆市教育评估院合署办公，并在 2010 年 9 月开展省级基础教育质量监测实践。

北京教育科学研究院基础教育教学研究中心在 2003 年便开始承

担北京市义务教育教学质量监控与评价项目。2011 年 9 月，"北京市教育督导与教育质量评价研究中心"正式挂牌成立，中心设在北京市教育科学研究院，主要职责是根据北京市人民政府教育督导室的督导规划和工作安排，开展对全市各级各类教育的督导服务和质量监测评价工作，全面把握教育质量发展状况，科学诊断教育质量问题，为教育行政部门和教育督导部门提供决策依据。

另外，浙江省杭州市下城区、江苏省如皋市等区县级层面的基础教育质量监测机构也在全国各地不断建立。全国范围内的基础教育质量监测系统正在逐步形成。

可见，经过十多年的发展，我国基础教育质量监测成效显著。开展基础教育质量监测是落实立德树人教育根本任务、深化发展素质教育、探索人才成长规律的重要举措；也是加强教育宏观管理、进行科学决策的现实要求。通过监测数据和结果的发布，基础教育质量监测在引导学校、家长和社会树立正确的教育质量观，促进青少年的健康成长方面正发挥着越来越重要的作用。

②普通高中学业水平考试。

普通高中学业水平考试起源于普通高中毕业会考制度。我国高中毕业会考制度起源于 1985 年在部分省市的试点。1990 年，《国家教委关于在普通高中实行毕业会考制度的意见》决定在全国推行普通高中毕业会考制度。高中毕业会考是水平考试，用以评价学生的学业水平是否达到毕业规定的标准和要求。2004 年，山东、广东、海南、宁夏四省（自治区）首先进行普通高中新课程实验，随着新课程改革的不断深入，15 个省（自治区、直辖市）先后进入实验区。为了顺利推进高中新课程的实施，保证教育教学质量，《2003－2007 年教育振兴行动计划》提出要"建立国家和省两级新课程的跟踪、监测、评估、反馈机制，加强对基础教育质量的监测"。《普通高中课程方案（实验）》又提出"教育行政部门要对高中教育质量进行监测"。已经实施了几十年的高中毕业会考制度，为构建高中新课程质量监控与评价体系奠定了很好的基础。[①]

2006 年，山东、海南、宁夏、江苏、上海、天津等省（自治区、直辖市）相继出台了普通高中学业水平考试方案。可以说，普通高中学业水平考试制度就是高中毕业会考在新形势下的继承与发展。普通高中学业水平考试是省级政府设立的教育统一考试，并以国家普通高中课程标准必修课为主要考查内容。尽管普通高中学业水平考试与普通高中毕业会考都是衡量普通高中学生学业是否达到毕业标准的主要依据，也是反映普通高中教育教学质量和办学水平的重要指标，但两者是不同性质的考试。会考是过去普通高中毕业资格认定的重要条件，而普通高中学业水平考试则是高校招生录取的重要参考依据之一，按教育部要求，普通高中学业水平考试成绩将与高校录取逐步挂钩。[②]

2008 年 1 月，《教育部关于普通高中新课程省份深化高校招生考试改革的指导意见》规定："各地要加快建设在国家指导下由各省份组织实施的普通高中学业水平考试和学生综合素质评价制度，切实做到可信可用，逐步发挥其对普通高中教育教学质量进行管理和监控，对高中学生学业水平和综合素质进行全面、客观评价，以及为高校招生选拔提供参考依据的作用。"

2014 年 9 月，《国务院关于深化考试招生制度改革的实施意见》提出探索基于统一高考和高中学业水平考试成绩、参考综合素质评价的多元录取机制，即"两依据、一参考"的考试录取机制。普通高中学业水平考试主要检验学生的学习程度，是学生毕业和升学的重

---

① 岳伟：《普通高中学业水平考试与高考改革》，载《天津师范大学学报（基础教育版）》，2007(2)。

② 杨帆：《高中会考制度与学业水平考试制度的比较和思考》，载《教育测量与评价》，2009(4)。

要依据，并确定在上海、浙江先行高考综合改革试点。两省市于 2014 年 9 月同时公布了深化高考综合改革的实施方案。2014 年 12 月，《教育部关于普通高中学业水平考试的实施意见》提出了普通高中学业水平考试成绩的呈现和使用原则，即计入高校招生录取总成绩的学业水平考试 3 个科目成绩以等级呈现，其他科目一般以"合格、不合格"呈现。① 可见，普通高中学业水平考试越来越受到国家的重视，其在学生学业评价中的作用也愈加凸显。

③成长记录袋（档案袋）。

成长记录袋也叫档案袋，是一种新兴的质性评价方式。20 世纪 80 年代，西方国家的一些教育工作者开始把这种方法运用到教育领域，用成长记录袋收集以学生作品为主的有关资料，用来评价学生在特定领域学习中的努力、进步与成就。在我国，新课改以来，随着对形成性评价的重视，成长记录袋也广泛应用到学校评价活动中。成长记录袋是指"根据教育教学目标，有意识地将各种有关学生表现的作品及其他有关证据收集起来，通过合理的分析与解释，反映学生在学习与发展过程中的优势与不足，反映学生在达到目标过程中付出的努力与进步，并通过学生的反思与改进激励学生取得更高的成就"②。成长记录袋的特点如下：第一，基本成分是学生作品。它主要收集学生在学习过程中自然生成的各种作品（如作业、论文、手工作品、表演录像等），真实展现学生的努力、成就与进步，客观描述学生学习的过程与结果。第二，学生作品的收集是有目的的，而不是随意的。如果目的是描述学生在某一时期内学习与发展的过程，发现其优势与不足，那么，收集的内容不仅应包括学生的最终作品，还要把过程性的东西（如一篇文章的草稿）也装进去；如果是为了展

① 臧铁军、杨君：《新高考中学业水平考试成绩转换研究》，载《教育研究》，2017(12)。
② 徐芬、赵德成等：《成长记录袋的基本原理与应用》，6 页，西安，陕西师范大学出版社，2002。

示学生的最优成果，那么，收集的内容应是学生认为最满意或最重要的作品。第三，成长记录袋给学生提供发表意见和对作品进行反思的机会。成长记录袋的创建和使用十分强调学生的参与，尤其是学生的自我评价和反思。① 因此，成长记录袋的评价方式为教师提供了其他评价手段无法提供的很多关于学生学习与发展的重要信息，有利于形成对学生全面、真实的评价。对学生而言，参与评价过程，有利于发挥学生学习的主动性。

### （五）我国基本建立了课程与教学评价的理论体系

总的来看，经过 40 年的努力，我国学者围绕课程与教学评价的概念、理论基础、方法、类型、原则及其实施过程等，都做了较为深入的探讨。可以说，在相关教育政策的指导下，我国基本建立了关于基础教育课程与教学评价的理论体系。

第一，在概念上，我国明确了课程与教学评价是对具有特定目标的一组连贯的课程与教学活动进行的基于事实信息的价值判断过程。它包括对整个学校课程体系的评价，对具体教学科目设计及其实施过程、实施效果的评价，以及对特定课堂教学活动的评价。其中，课程材料评价、学生学业成就评价和教师教育质量评价是课程与教学评价中的核心内容。

第二，在理论基础上，课程与教学评价理论积极吸取哲学（尤其是价值论、认识论的相关研究工作）、心理学（尤其是发展心理学、学习心理学、激励理论和误差理论）、教育学、管理学、统计学与系统科学等学科的研究成果，拓宽了理论基础。这些相关学科研究对解决课程与教学评价问题提供了重要而丰富的理论资源。

第三，在评价方法上，我国经历了以直观经验方法为主体的经验型方法阶段，以测验方法为主体的测量型方法阶段，以学生和课

---

① 赵德成：《促进教学的测验与评价》，133～134 页，上海，华东师范大学出版社，2016。

程评价为中心、以目标模式为主体的分析型方法阶段之后，今天已经进入以课程与教学领域的各个方面为评价对象、以综合评价方法为主体、全面发挥评价功能的系统型方法阶段。

第四，在课程与教学评价类型上，由于依据不同，我们对评价的分类也不同。以评价主体为依据，课程与教学评价可以分为他评价与自评价；依据评价标准的不同，课程与教学评价有相对评价、绝对评价、个体内差异评价三类；依据评价所起的主要作用不同，课程与教学评价可以分为诊断性评价、形成性评价与终结性评价。

第五，在课程与教学评价原则上，我国已确立了发展性、科学性、客观性和学习化四个基本原则。发展性原则强调课程与教学评价要着眼于或有利于课程设计及其教学质量的提高和学生身心的全面发展。科学性原则主张课程与教学评价的标准和方法，应该科学地设计和安排，努力提高评价的科学化水平。客观性原则要求在课程与教学评价中准确、全面地收集评价对象的信息，并按照事实进行公正的价值判定。学习化原则是针对课程与教学活动中学习活动与其他活动之间的关系问题提出来的，要求以促进学生的学习为基本的价值标准和取向，以学生学习、教师学习和其他教育工作者的学习及课程产品的学习特性为主要对象，关注的是人的学习过程与学习结果。[1]

## 四、改革开放 40 年我国课程与教学评价体系变革的基本问题与思考

虽然在过去的 40 年里，课程与教学评价改革已经成为人们关注的一个热点，并取得了很大的进步，但从总体上看，我国基础教育

---

[1]　黄甫全、王本陆：《现代教学论学程》，323～351 页，北京，教育科学出版社，2003。

课程与教学评价领域还有一些问题有待进一步厘清。

**(一)评价改革和课程与教学改革的关系问题①**

近年来，在我国中小学课程与教学改革中存在着一种现象，就是特别重视教学评价改革，强调以评价促改革，甚至把课程与教学改革成败的希望寄托在评价改革之上。这种流行的观点内在地包含三个相互关联的命题：评价障碍论、评价中心论、评价服务论。所谓评价障碍论，主要是指现有的教育教学评价机制是课程与教学改革的最大障碍和阻力，是改革难以顺利进行的罪魁祸首。所谓评价中心论，主要是指要把教育教学评价机制改革作为课程与教学改革的中心工作来抓，要努力突破评价机制这个瓶颈。所谓评价服务论，主要是指教育教学评价要服从、服务于课程与教学改革的需要，要通过教育教学评价改革来支持、推动课程与教学改革。这三个命题构成了一种以评价促改革的逻辑演绎，成为广泛流传的评价改革观。如果从基础教育改革哲学的一般理论来分析这一观念，则不难发现其未必符合事实。

1. 对评价障碍论的反思

当前，许多人认为现行的教学评价体系阻碍了教育事业的发展，存在"分数至上""升学至上"，二者导致了"高分低能"等弊端。在有些论者看来，似乎中国教育的种种弊端都是这套评价机制造成的。

其实，现有的教学评价机制并不是那么一无是处，虽然其本身确实有亟须改进的地方。例如，当前一切看分数、看升学的现象，确实需要改进。但改进的同时，要认识到"唯分数论英雄""升学决定一切"的现象，主要是因为分数和升学附加了众多的社会功利因素，

---

① 本小节内容主要参考王本陆、骆寒波：《教学评价：课程与教学改革的促进者》，载《课程·教材·教法》，2006(1)；王本陆：《现代教学理论：探索与争鸣》，210～219页，合肥，安徽教育出版社，2007。

而不是教学评价本身的特性。只有通过社会发展和教育发展，使分数和升学不再附加众多社会功利，才有可能根治这种倾向。同时，对于分数和升学，如果只顾它而忘了促进学生全面发展，自然需要坚决纠正，但如果学生素质、能力的发展在分数和升学上得不到体现，那也是不可思议的。

同时，对于众说纷纭的"高分低能"现象，也不能简单下结论。首先，把学生发展得不理想归罪为评价机制，这不符合教育基本原理。其次，"高分低能"说违背教育测量学的基本原理。只要测验(考试)比较科学，有信度和效度，高分数和高能力就具有正相关。最后，"高分低能"说缺乏有效的事实依据。从个案来说，"高分低能"或许是有的，但从整体来说，没有事实支持这个论断。

2. 对评价中心论的反思

当前，诸多观点认为，现行教学评价机制不利于改革推进，只有突破评价这个改革的瓶颈，把评价改革作为推进改革的中心工作来抓，课程与教学改革才能取得突破性成就。事实果真如此吗？

评价问题是不是课程与教学改革应突破的瓶颈，需要具体分析。在特定环境中，或许的确存在评价机制不健全、不合理的问题，因而需要在评价机制上有突破。但就中国基础教育改革的整体来说，我们认为主要矛盾不是评价机制滞后，而是中国教育发展状况难以满足人们强大的教育需求。也就是说，中国基础教育改革的主要问题是发展问题，发展才是硬道理。只有进一步扩大基础教育规模，加大教育投入，改善办学条件，提高教师待遇，提高师资水平、管理水平和教育质量，教育系统的诸多问题(如择校问题、升学竞争问题、创新意识和实践能力问题等)才能较好地得到解决或明显得到缓解。如果我们的教育资源总量不变，整体质量不提升，那么，不管使用什么学业评价方式来考核学生，都不可能消解考试评价所承载的强大社会功利追求。就中国基础教育改革的整体状况而言，大力发展教育是治本之策，而改进评价机制最多是治标之举。评价中心论把评价问题视为教育改革的瓶颈所在，认为这是根本问题，就本末倒置了，也就难以使局面有实质性改善。

就具体的课程与教学改革来说，评价中心论也是值得分析的。课程与教学改革内在地包含着教学评价改革，因而强调抓好教学评价改革是合情合理的。也就是说，课程与教学改革不能忽视教学评价机制的完善，它是改革的一个重要环节。至于在具体改革中如何摆放评价改革的位置，则不好一概而论。这里想强调的是，在课程与教学改革中，评价改革总体来说是一个第二位的问题，课程问题、教学问题才是首位的、基本的问题。虽然评价问题很重要，但它终归不能取代那些基本工作。

3. 对评价服务论的反思

一般来说，评价也要为课程改革服务，强调评价要适应课改，也有一定道理，但从总体来看，把评价为课程改革服务理解为服从、听话，不利于正确处理教学评价与课程改革的关系。

在教学评价与课程改革之间，至少存在三重关系：服从、独立和监督的关系。

首先，教学评价有一部分是服从于课程改革与教学改革的。课程与教学改革一般内在地包含教学评价改革的内容，属于课程与教学改革组成部分的教学评价，理应本着课程与教学改革的精神，保持内在的一致性。也就是说，当教学评价作为课程与教学改革的具体组成部分时，它要服从于整个改革的方向和价值追求，要促进改革顺利推进。

其次，教学评价有时和课程改革、教学改革是平行的、独立的关系。例如，高考改革与课程改革、教学改革就是相对平行的关系。高考是高等院校选拔新生的入学资格考试，它是为高校选拔人才服务的，是一种社会选拔机制。在推行新课程的形势下，高考的内容范围和程度要求需要有所调整，但是，高考并不依附于课改。用高考的选拔性原则来指导中小学的日常教学评价是荒谬的。用新课改的发展性原则来约束高考也是错误的。在此，唯一可行的办法就是各自保持相对独立性，关注对方而不干预对方。

最后，教学评价有时还扮演着课程改革、教学改革的监督者、检验者的角色。任何改革都需要接受实践的检验，而教学评价是检验课程与教学改革成败的重要方式。从这个角度说，教学评价不从属于课程与教学改革，而是高于课程与教学改革。评价服务论的一个重要缺陷，就是忽视教学评价对课程改革的监督和检验作用。

**(二)考试的地位和作用问题**

自 20 世纪 80 年代中期以来，我国基础教育改革在教育评价方面针对以往只有终结性评价的问题，进行了一系列改革和尝试。例如，关注学生发展的过程，提出形成性评价；关注学生综合素质的发展，提出综合学力考查、质量综合评定等；尝试进行了小学考试取消百分数、实行等级制的探索，部分地区还试行分项、分类考试，加入口试、面试等超越了简单的纸笔考试的改革措施。这些有益的探索与尝试取得了一些有价值的成果。自新一轮基础教育课程改革以来，关注学生发展的评价方式也更加多样化。2014 年，《国务院关于深化考试招生制度改革的实施意见》指出："2014 年启动考试招生制度改革试点，2017 年全面推进，到 2020 年基本建立中国特色现代教育考试招生制度，形成分类考试、综合评价、多元录取的考试招生模式。"应该说，评价方式的多样化、重视学生的发展性评价，对于促进学生充分发挥主观能动性，推动学生学习，促进学生发展，无疑具有积极意义。然而，在主张注重学生发展性评价的同时，在目前的评价理论和实践上又有一股弱化考试的倾向，表现在"否定客观标准""否定甄别区分"，以及对待学生发展变化存在"简单肯定的倾向"，致使本应该在学生学业评价中占有重要地位、具有一定客观标准、有重要甄别功能的考试，在某种程度上被轻视了。

对于这种现象的存在，我们首先要认清学校教育中进行的教学评价实际上具有两类不同性质的功能：一是促进发展功能，可以为学生提供本人学习情况的信息，以及为教师教学提供诊断、反馈信息；二是选拔、甄别功能。在学生中进行选拔涉及教育资源和教育机会的合理分配，是社会发展到一定阶段的产物。应该承认，在目前的教育实践中，由于升学和就业的激烈竞争，确实存在着只看重选拔性功能而忽视学生全面发展的倾向。注重学生发展性评价有其积极意义，但是试图以学生发展性评价弱化甚至代替考试的现象，则是草率的和不大妥当的。有些论者甚至认为，无论学生当前的学业状况如何，都应得到认可与鼓励、体谅与宽容，似乎教育质量标准可以完全不管不顾。这种倾向很值得反思。

其实，考试作为检验教学认识的基本途径，只要有教学活动存在，就必定有考试存在，这是不以人的好恶为转移的。在大力提倡教育改革要与"国际接轨"、提倡学校教育应该实施素质教育的今天，考试在评价学生学业方面的重要地位仍不能抹杀。美国自 20 世纪 50 年代就开始认识到，以前的教育改革只重视学生个性、兴趣的培养，忽视了学生系统知识的掌握，淡化了考试的作用，其结果直接导致了教育质量的下降。正是在这个背景下，才有了后来的布鲁纳的学科课程改革运动。美国 21 世纪初颁布的《不让一个儿童掉队》的教育改革法案，把对质量负责作为改革的四大原则之首，特别强调了考试(统一考试)的重要性。那么，在我国实施素质教育的今天，是不是就不要考试了呢？我们认为，实施素质教育与通过考试培养学生的应试能力是不矛盾的。培养学生一定的应试能力本就是素质教育的一部分。从社会对人才的接纳情况来看，不能应对各种考试的所谓具有一定素质的人才，用人单位是无法接受的。社会各行各业的竞争与就职、对职业素质的判断，考试结果是依据或"素材"之一，只有通过前前后后的诸多考试才能获得，也只有具备一定应试能力的人才能在就业和再就业中获得一席之地，进而融入社会。也就是说，要想更好地适应社会，通过考试培养一定的应试能力是必需的。

同时，考试具有合理性是毋庸置疑的。在现实社会生活中，对考试的贬低、鞭挞之词仍广泛存在，尤其是对目前的"应试教育"（片面追求升学率）现象，有着诸多"血淋淋"的批判。遗憾的是，这些指责之词不理性，把"应试教育"带来的种种弊端归结于考试本身，是不能让人信服的。我们认为，对待考试应该区分"升学教育"与"应试教育"。通过考试的手段对学生进行合理的社会分流，一部分学生可以进入更高一级的学校继续深造，这样的"升学教育"既合规律性，又合目的性。"应试教育"现象的存在比较复杂，从某种程度上说，它只"合规律性"而不"合目的性"。应该承认，"应试教育"现象的存在确实也有它的客观必然性和历史合理性，任何道义的谴责、情感的愤慨都不能抹杀它的存在。我们要清楚地认识到，片面追求升学率的现象是历史地产生的，也必将在历史中缓慢地消解和消失，而背后的社会物质基础才是其消失的关键因素。就我国整体而言，经济、社会发展程度还远远不够，还远不能满足大多数学生继续升学的需要，所谓僧多粥少，就是这个道理。在美国等发达国家，由于经济比较发达，中等教育、高等教育结构合理，能够满足大多数学生升学的需要，自然就不会出现追求升学率的现象。所以，从某种程度上说，"应试教育"较"合规律性"。但是，单纯地为了"应试"而教育，在某种程度上忽视了基础教育阶段的培养目的。基础教育阶段的目标主要是面向全体国民，提高整个民族的科学文化素质；为学生打下牢固的基础知识、技能，促进学生的全面发展。从这个角度看，"应试教育"不"合目的性"。因此，对待"应试教育"，我们应该有清醒的认识，就目前的状况而言，应该把重心放在如何改革考试标准上，使其更合理，而不是一味指责。

　　认识到考试本身存在的必要性、合理性，并不是说考试本身就完美无缺。从根本上说，考试是一种行为取样基础上的评价，即通过学生对特定问题做出的行为反应来推断他的内心和心理特性（知识、技能、能力）的活动。总体上看，考试可以检验学生学业成就，从这个角度来说，考试标准是绝对的。同时，通过考试对学生学业成就进行评价，必定与实际存在误差。任何从局部对整体的推断都是有局限的，也就是说，任何一次考试，总是无法全面反映学生的内在特性（知识、能力、道德水平等）。从这个角度来说，考试标准又是相对的，需要辅以其他标准来综合评判学生的学业成就。[①]例如，2014 年出台的《国务院关于深化考试招生制度改革的实施意见》指出："探索基于统一高考和高中学业水平考试成绩、参考综合素质评价的多元录取机制。"其目的便是打破以前依据高考成绩这一单一的分数录取机制，它在综合评判学生学业成就方面前进了一大步。2017 年年底公布的高中各学科课程标准首次增加"学业质量"部分，明确学业质量是对学生多方面发展状况的综合衡量，确立了新的质量观，改变了过去单纯看知识、技能的掌握程度，引导教学更加关注育人目的。可见，随着评价工作的开展，单一考试评价方式的局限性正在逐渐得到克服，评价的育人价值正在彰显。

### （三）课程与教学评价的科学性问题

　　课程与教学评价的科学性是评价得以存在和发展的前提。如果评价的开展没有科学性，那么，课程与教学评价活动也就失去了实施的依据。所以，不断追求课程与教学评价的科学性，是课程与教学评价发展的自身需求。然而，目前人们对课程与教学评价的科学性问题存在着疑问。评价本身是一种基于事实判断的价值判断，由于评价主体价值观的多样性，有可能在评价实践中出现不同评价主

---

　　①　王策三：《教学认识论》，187～195 页，北京，北京师范大学出版社，2002。

体对同一客体的评价结论大相径庭的局面。而若用科学主义的观点看，这样的评价就是不科学的、非理性的。

课程与教学评价的科学性受到质疑，主要涉及教学评价中如何对待事实判断与价值判断的关系问题。事实判断主要是关于客体本身是什么的判断，它是以课程与教学的诸多事实为对象的描述性命题，包括对某一课程与教学行为的描述和对行为者赋予该行为的意义的描述两方面。由于事实判断作为一种行为化、可测量的判断，有普遍性、稳定性、可重复性等诸多特征，所以具有一定信度。而价值判断则不一样，它主要是价值评价主体依据自身需要，对价值客体的属性是否满足主体需要及满足程度而做出的判断。它具有复杂性、不确定性、主观性等特征，重复操作可能会得出不一致的结论，这就使它成了科学主义极力批评的目标。

然而，完全否定价值判断的客观性，进而否定整个价值判断的科学性是不公平的。一方面，评价本身只有把事实判断与价值判断结合起来，以事实判断为基础的价值判断才有可能被认为是合理的；另一方面，价值判断包含着与事实判断相同的具有不依赖于判断者的客观性。这种客观性就是认识的客观性，因为评价实际就是一种认识活动。认识的客观性在马克思那里可以找到答案：认识的内容是一种客观存在；用来进行评价的思维器官本身是客观的；人的认识要受到客观实践的检验；价值判断要以事实判断为基础。价值判断有它的主观性，但离开客观基础便难以存在。作为事实判断与价值判断有机结合的评价机制，不能不受到客观实际的制约。也就是说，价值总是具有事实判断的因素，我们所做的价值判断都有一定的事实指涉。可见，如果认为评价是可以随意的，那就大错特错了。① 所以，在评价中，价值判断与事实判断是紧密联系的。事实

---

① 杨晓江：《教育评估的科学性与科学的教育评估》，载《教育研究》，2000(8)。

判断是价值判断的基础，是价值判断的手段。价值判断只有以事实判断为基础，才是有效的。离开了事实判断的价值判断则是非理性的。

　　探讨有无一种公认的、一致的评估标准问题，关于课程与教学评价的科学性问题，又是一个躲不开的话题。有学者认为，价值判断合理性的标准应该是合目的性和合规律性的尽量统一。其他一切标准都是这一基本标准的具体化形式。而这种统一只是具体的、历史的、动态的统一。[①] 在此基础上，有学者把评价的科学性标准具体定位于"真、善、美"的统一。[②] "真"，即对评估客体和评估中所包含的事实的把握必须正确。这就要求关于评价客体的信息是全面的，评价程序是规范的，评价的结果也要有较高的可信度。"善"，即评价目的必须合理。评价的根本功能在于它的发展性，即以评促进、以评促改，最终是为了使被评对象得到发展。"美"，即评价的具体操作必须与评价目标相吻合。无论是评价指标体系的制定、评价信息的处理，还是专家的现场评价等，都必须紧紧抓住既定的目标，使评价过程具有逻辑上的自洽性、和谐性。只有实现真、善、美的标准，评价才是科学的。

　　然而，从目前的课程与教学评价实施的状况来看，无论在理论方面，还是在实践方面，仍存在着许多不科学的地方，如功利主义的教学评价观、评价方法技术欠缺、评价制度不规范等。所以，为了进一步促进课程与教学评价的科学性，还要做到以下几点。

　　第一，加强理论学习，树立正确的评价观。由于评价主体价值观的多元性，要加强评价的科学性，就需要评价主体的评价观与评价标准保持一致。所以，评价者需要不断加强理论学习，更新教育

---

　　① 　孙承毅、娄立志：《试论教育价值判断的合理性标准》，载《教育理论与实践》，2004(4)。

　　② 　杨晓江：《教育评估的科学性与科学的教育评估》，载《教育研究》，2000(8)。

观念，统一思想认识。具体来说，就是要认识到课程与教学评价应为全面贯彻教育方针、全面提高教育质量服务，注重发展，强调改善，以实现评价导向、激励功能与甄别、选拔功能两手抓，两手都要硬。在实施评价时，确立以促进学生全面发展为教育总目标，还应进一步细化教育目标，以建立一套反映各个层次、类别、学科的评价指标体系，力求目标体系清楚、明白，以提升课程与教学评价的科学性。同时，在评价观上，评价者还要明确认识到：教学质量的高低，不能仅看学生的考试成绩，还要注重其他几个方面的发展。

第二，重视评价方案的研制。评价方案是评价活动的核心内容，必须给予高度重视。评价方案的产生不应是闭门造车，而要在深入调查研究的基础上进行。在制定评价方案的过程中，既要重视它的信度，也要重视它的效度，且应当尽可能规范概念，减少因评价者主观价值介入引起的概念歧义。评价方案的出台要慎重，没有专家的论证鉴定，不能轻易推出。对新研制的评价方案，要在试点的基础上进行修改和完善，不能一下子全面铺开。①

第三，加快评价方法的现代化建设。课程与教学工作本身的复杂性决定了评价是一项操作复杂、技术要求高的工作。为了提高评价的效率，提高事实判断和价值判断的水准，应尽可能地把现代科技成果引进教育评价领域。当代科学技术已获得了巨大的发展，创造出了许多科学测量和计量的方法和仪器，并且日益渗透到教育科学领域，这在客观上为提高评价的科学性准备了条件。

第四，规范评价制度。为实现课程与教学评价的科学化，必须有完善的评价机构和稳定的评价制度做保障。为此，教育行政部门应出台相关的评价法规条例，对评价人员的岗位规范做出明确规定；设立课程与教学评价交流机制，及时发现、探讨、交流教学评价实

---

① 李田伟、肖海军、沈小碚：《价值判断与事实判断的比较分析——关于教育评价的科学化问题》，载《成人教育》，2006(11)。

践中出现的问题和经验教训。各级各类学校应把课程与教学评价作为学校管理的一项基本内容，对评价的标准、内容、程序等都应有一套科学的规定，并形成制度稳定下来，以保证课程与教学评价工作定期、经常地进行。

## 第六章

# 课程与教学改革发展的
# 主要成就与经验

改革开放 40 年来，中国课程与教学的发展变革取得了重要成就，为现代课程与教学体系的完善做出了历史性贡献。这是一段激情满怀、令人自豪又遍布荆棘的探索历程，其经验弥足珍贵，值得认真总结。同时，面向未来，中国现代课程与教学体系的系统优化仍任重道远，面临巨大挑战，需要继续创新探索，为创建世界一流、中国特色的现代课程与教学体系而努力奋斗。

我国课程与教学 40 年的改革探索，在不断推进课程教学现代化的过程中，取得了重要成就，获得了宝贵经验。下面试从课程教学改革发展的动力机制、观念变革、实践优化、思想资源、主体协同等不同层面，做简要概括与分析。

## 一、主动适应社会发展，自觉走课程教学现代化之路

从宏观层面看，课程与教学的改革发展始终面临一个基本问题：如何回应社会发展的新要求、新挑战？这是重要的教育基本理论问题，也是课程与教学发展变革的动力源泉，直接决定着课程与教学改革发展的性质与方向。改革开放 40 年的探索，印证了课程与教学的社会决定性原理，同时彰显了学校教育的主体性和创造性。主动

适应社会发展，努力实现课程与教学现代化，是40年探索最基本的成就和经验，也是总结历史、面向未来需要继续探讨的课题。

**（一）我们明确认识到社会发展是课程与教学改革发展的根本动力**

课程与教学40年的改革探索，是我国课程与教学体系自我完善和更新的过程，更是主动适应社会发展的过程。总体来说，40年来，我国课程与教学的发展变革存在双重动力，即社会发展的外部动力和学校发展的内部动力。这两种动力同时发挥作用，共同推进了我国课程与教学的现代化。那么，在这两种动力中，究竟谁是第一推动力呢？换言之，改革开放40年间，究竟是社会的巨大变革和快速发展主导了课程与教学的改革发展，还是课程与教学内部矛盾的斗争演化主导了课程与教学的改革发展？这是一个值得进一步深入探讨的问题。在改革开放的探索历程中，人们日益明确地认识到，我国课程与教学变革存在着内部动力和外部动力的双重叠加作用，而社会发展是第一推动力。换言之，正是40年波澜壮阔的全社会的改革开放，从根本上促成了我国现代课程与教学的快速发展和深度变革。

40年来，国际社会风云变幻，我国社会急剧转型，对课程与教学变革产生了巨大影响。40年课程与教学变革是踩着社会变革的脚印向前走的。在社会发展的众多因素中，中国特色社会主义现代化国家建设的战略需要是推动课程与教学改革发展的根本动力，而经济建设是我国现代化的主战场，经济发展与国际经济竞争对各类人才的迫切需要是推动课程与教学改革发展的最直接力量。

改革开放40年来，我国历次大大小小的课程与教学改革，都有具体而深刻的社会政治经济变革的推动力。20世纪70年代末80年代初，在拨乱反正的大背景下，我国各行各业的工作重心转向以经济建设为中心的社会主义现代化建设，中小学课程与教学领域进行了以"拨乱反正"为主题的课程与教学改革探索，迅速恢复课程与教学的规范秩序，积极探讨提高教育质量的方法与途径。1985年5月

27 日，为适应经济体制改革和社会发展的新形势，我国颁布了《中共中央关于教育体制改革的决定》。它对我国教育改革进行了整体战略规划，明确提出了"提高民族素质，多出人才、出好人才"的教育改革根本目的，并提出了普及九年义务教育、大力发展职业教育、扩大高校办学自主权等重大改革举措。在此背景下，大面积提高教学质量，大力开发学生智力，促进课程与教学科学化、现代化，便成为 20 世纪 80 年代中期到 90 年代初期我国课程与教学改革发展的核心主题，并涌现出一大批课程与教学综合改革的实践探索和成功经验。1992 年，邓小平同志发表南方谈话，拉开了我国以建立社会主义市场经济体制为核心的全面改革开放大幕。在此背景下，如何适应市场经济发展的新挑战，便成为课程与教学改革的关键议题，中小学教材多样化（"一纲多本"）、发展学生主体性等改革举措应运而生。2000 年前后，在知识经济初见端倪、综合国力竞争对人才素质的要求凸显出来的背景下，我国启动了以培养学生创新精神和实践能力为重点的新一轮基础教育课程与教学改革，校本课程开发、探究教学、小组合作、综合实践活动等成为课程与教学领域改革发展的新热点。2012 年以来，在以习近平同志为核心的党中央领导下，我国进一步全面推进深化改革，开创了中国特色社会主义新时代。在全面建设中国特色社会主义现代化国家的新时代，我国课程与教学改革自觉坚持立德树人的正确方向，在积极传播与传承中华优秀文化、大力推进课程与教学信息化、有效提升学生综合素质和关键能力等方面做了诸多探索。可见，改革开放 40 年间，以经济建设为中心的国家战略为课程与教学的发展变革提供了最强大的社会动力。

除了经济因素外，其他社会因素也影响着课程与教学的变革。例如，20 世纪 80 年代，我国兴起了一股文化热。文化热的背后蕴含着人们所信奉的一种基本信念：文化改革是其他一切社会改革的基础，而文化改革的最好途径是改变人的思想。当时，人们感到中国的现代化离不开人的现代化，而人的现代化的实质，便是思想观念的现代化。在社会转型时期，观念变化就内部而言，是人们的价值体系发生变化；就外在而言，观念变化表现为行为方式、生活方式的明显改变。例如，人们树立了现代时间观念、效能观念、公平观念、人权观念、主体观念等。改革开放 40 年是中国社会剧烈而快速变革的时期，中国人的生存意识和生存方式发生了急剧变化：在生存的时间意识上，从重视过去向重视未来转化；在生存方式上，从稳定向发展转化；在生存的价值追求上，从趋同、统一向多元、自主转化。人们开始重视自我，重视个性、未来、自由等。这些变化体现和渗透到学校教育中，构成了教育观念变化和行动方式改变的重要社会基础，在很大程度上影响了课程与教学的发展变化。

总之，改革开放 40 年的实践洗礼，有力地证实了一个基本判断：课程与教学变革和社会变革息息相关。社会变革是课程与教学变革的外部环境，更是推动课程与教学变革的核心力量，直接规定着课程与教学变革的方向、目标、内容和途径。

### (二)改革探索形成了课程与教学主动适应社会发展的机制

课程与教学深受社会发展的制约，这是基本的历史事实和众所周知的原理。但是，课程与教学适应社会发展的具体机制是什么？是机械复制、简单追随，还是主动适应、创新转化？改革开放 40 年间，人们对此进行了反复摸索、实践和反思，并在不断探索中逐步形成了课程与教学主动适应社会发展的机制。

改革开放 40 年间，关于学校教育如何适应社会发展的问题，国内学者曾经围绕商品经济与学校教育、市场经济与学校教育、知识经济与学校教育等议题展开过长期讨论，提出了诸多富有建设性的意见。在这些相关主题的讨论中，一直贯穿着一条基本的思想主线：学校教育应发挥主观能动性，积极适应社会发展的新形势、新挑战，把握好社会发展的新机遇。20 世纪 90 年代提出的教育主体哲学，可以视为这一思想主线的系统理论表达。教育主体哲学是一种强调教育是主体的教育哲学，主张发挥学校教育的主体性，尊重教育规律，主动适应社会变革，培养和提高人的主体性。[①] 在这种思想观念的引领下，改革开放 40 年间，我国教育界积极关注和努力回应社会发展的需求，自觉变革课程与教学体系，促进了课程与教学的与时俱进，并形成了主动适应社会变革的基本策略。其具体成就和经验可以大致总结为如下几点。

第一，培养全面发展的现代人，提高人的主体性，是课程与教学主动适应社会发展的基本途径。学校是培养人的专门机构，而个人发展总是和社会发展密不可分的，因此，个人发展就成为学校教育与社会发展的联结点。通过培养适应时代发展的现代人而服务社会，是学校教育对社会变革的集中回应和贡献，也是改革开放 40 年我国课程与教学改革探索的鲜明特色。例如，建立社会主义市场经济体制，是我国改革开放 40 年中重大的社会发展趋向。为了应对这一社会发展趋向，学校教育出现了两种不同对策：一是教育市场化；二是主体性教育。教育市场化的逻辑是：社会市场化了，学校也应市场化，即利用市场原则来分配学校教育机会。教育市场化策略没有认真考虑学校教育的公共属性，所以其最终实践是不成功的。它是一种简单化的适应。主体性教育也是适应社会市场化而提出的，它强调市场经济是一种社会关系的变革，是人的自主性的释放，认为提升人的主体性将成为时代的最强音。因此，学校教育必须自觉关注人的主体性发展，积极培养具有自主性、独立性和创造性的适应新时代的人才。这是一种主动适应、辩证应对。它不是把社会变革直接套用在学校教育上，而是辩证体察社会变革对个体发展提出的新要求，并据此积极调整教育目标、内容、方法，从而培养具有

---

① 　王策三：《教育论集》，365～379 页，北京，人民教育出版社，2002。

时代精神、适应社会发展的新人。这是学校教育合理应对社会变革的成功案例。在 40 年的课程与教学改革探索中，这样正、反两方面的例子很多。丰富的理论和实践探索表明，种种社会变革最终都集中地体现为人的思想观念、社会关系、生产方式和生活方式的变革，必然对个体素质提出新要求、新挑战。因此，学校教育主动适应社会变革，关键要在解决个体发展面临的新问题、新挑战上下功夫，促进个体跟上时代发展的步伐，并努力使个体适应未来的社会变革。努力培养适应社会变革要求，甚至是引领社会变革的人，就是学校课程与教学主动适应社会发展的基本方略。就我国改革开放 40 年的大变革来说，培养全面发展的现代国民，提高人的主体性，就是学校教育对社会发展的主动适应，就是学校教育对社会发展的历史贡献。令人欣喜的是，40 年的课程与教学改革探索，日益自觉走上了主动适应社会变革的道路。

第二，整体和辩证地把握社会发展的大方向，是学校课程与教学主动适应社会发展的重要条件。社会发展本身是非常复杂的、多维度的、充满矛盾斗争的过程，只有在复杂多变的现象中把握社会发展的基本方向和本质特征，学校教育才能破解迷局，找到真正的问题和挑战，明确发展的方向和道路。换言之，只有理性而全面地认识社会，才能自觉地适应社会变革，开展教育创新。改革开放 40 年的课程与教学改革探索，为此提供了大量正、反案例。例如，后现代主义在世界各国的兴起和流行是最近几十年来重要的思想文化现象，那么，后现代主义在当代思想文化体系中，究竟扮演怎样的角色？它是未来发展的基本趋势，还是现代化进程的一个局部因素？面对后现代主义的泛滥，我们首先需要弄清楚这些问题。如果没有对这些问题进行理性探讨，就简单提出向后现代教育转型，那是十分武断和盲目的。再比如，知识经济时代正在到来，这是国际社会的共同认识。在知识经济时代，如何看待知识创新、知识传播、知识应用、知识分享的关系？谁主要承担知识创新的责任？在知识经济时代，学校教育传承文明的基本职能是否发生了本质变化？学校是否会从传播知识的机构变成知识创新的机构？如果不回答好这些问题，那么，由知识经济推导出创新教育就很牵强，有可能使学校教育走上歧路。又比如，在当前，人类社会面临着逆全球化和民粹主义的巨大挑战，那么，在课程与教学上，是否应坚定秉持国际理解、多元文化的基本立场？改革开放 40 年间，课程与教学论界对社会变革保持了高度的敏感性，这是很有意义的；但是，对社会变革的认识的确存在盲人摸象的问题，往往只见树木，不见森林，经常把局部混同于整体，把表象等同于本质，把炒作题材等同于主流趋势，这是值得认真反思的。由此来看，树立观察社会变革现象的整体观念和辩证观念，是当务之急。就此而论，我们还任重道远。

第三，提高学校教育的综合水平和实力，实现课程与教学现代化，是主动适应社会发展的基本保障。学校教育要更好地适应社会发展，为未来社会培养高素质人才，就必须苦练内功，切实提高自身的水平和质量，实现教育现代化。这是课程与教学改革探索得出的重要经验。改革开放 40 年间，我国课程与教学体系的各个要素都有了长足进步：课程与教学理论研究队伍不断壮大，学科建设和人才培养体系日臻完善，教学实验成果层出不穷，教学模式日益丰富多彩，教学手段现代化取得了实质性发展，教师队伍专业化水平有很大提高。这些汇集起来，就是整个课程与教学体系现代化水平的明显提升。正是依托课程与教学体系的发展与完善，我们才能不断应对变化多端的社会发展和个体发展的新要求，才能真正把学校教育融入社会发展的历史洪流中，才能真正拥有个人成长进步的支撑力量。展望未来，发展依然是硬道理。只有继续提高课程与教学的理论水平，丰富和完善课程与教学的技术体系，改进和优化课程与教学的实践活动，进一步促进课程与教学现代化，我们才有能力从容应对变化不定的未来世界，才有可能主动融入中华民族伟大复兴的世纪伟业中。

**（三）坚定不移地走课程教学现代化之路**

改革开放 40 年间，为了主动适应社会发展，我国大力推进课程与教学改革，进一步坚定了走课程教学现代化之路的战略选择。这是值得认真总结的历史经验和重要成就。

1983 年，邓小平同志提出"教育要面向现代化、面向世界、面向未来"的重要命题，指明了我国教育现代化的战略方向。在"三个面向"战略方针的引领下，我国积极推进课程教学的现代化，整体提升了课程教学的现代化水平。其具体标志是：第一，全面实践现代教育的价值理念，自觉坚持促进个人全面发展的价值理想，努力结合时代发展，丰富其具体内涵；第二，深入研究课程教学理论，努力把握课程教学发展变化的基本规律，提升理性认识水平；第三，积极开展课程教学改革探索，基于真实问题，发挥创造智慧，优化课程教学结构，丰富课程教学形态，提高课程教学质量；第四，及时回应社会发展的新要求，把握国际教育发展的新趋势，弘扬主体精神，与时俱进，积极进取，变革图强。

课程教学现代化之路并非一帆风顺。其实，我国自 1902 年正式开启课程教学现代化的历史征程以来，就一直存在着复杂多样的矛盾斗争。改革开放 40 年间，围绕课程教学现代化的矛盾斗争，大体可以归纳为如下几个方面。

第一，课程教学现代化的性质问题。客观地说，改革开放 40 年间，绝大多数教育工作者均坚持课程教学现代化的战略选择，但对于课程教学现代化具体内涵的理解，则见仁见智。有人把课程教学现代化理解为各种可以随意组合的美好想象的集合；有人理解为模仿某个国家的课程教学体系；有人理解为推行某个课程教学流派的理论主张。20 世纪八九十年代，我国教育学者围绕教育现代化问题建构了现代教育理论，提出中国教育现代化的实质是"中国社会主义现代教育"，它具有三重规定性：它是现代教育，是社会主义现代教育，是中国特色的现代教育。[①] 基于教育现代化基本规定性的认识，人们逐渐明晰了课程教学现代化的基本定性，这就是建设中国特色社会主义现代课程教学体系。具体来说，课程教学现代化应符合现代课程教学的基本规定和发展规律，应体现社会主义的本质特征，应具有中华文化的独特气质。明确这一点，对于保证我国课程教学的健康发展具有重大意义。

第二，课程教学现代化的任务问题。我国课程教学现代化的主要任务是革除现有课程教学体系的弊端，建立全新的课程教学体系，还是与时俱进，丰富和完善现有课程教学体系？这是改革开放 40 年间反复探讨的问题。从经验层面看，我国现实的课程教学体系的确存在诸多不尽如人意的地方，难以全面满足社会发展要求和人民群众日益高涨的优质教育需求。于是，种种课程革命、课堂革命的呼声和设想应运而生。这是一种体系重建、推倒重来的逻辑。但是，从学理层面看，我国 20 世纪初基于教育现代化而逐步探索建构起来的现代课程教学体系，是符合现代教育基本规定性的，也是日臻完善的，因此，需要沿着已经开创的课程教学现代化之路，继续深化和完善这一体系。这是一种自我完善、深化发展的逻辑。时至今日，关于课程教学现代化核心任务的认识，依然存在分歧。不过，在实践层面，推倒重来毫无疑问是不现实的，因此，发展和完善必然是基本选择。重要的是，需要基于发展和完善的基本策略，进一步研究现代课程教学体系发展和完善的具体目标、内容、方法与条件，从而整体优化我国现代课程教学体系。

第三，课程教学现代化的模式问题。如何才能更好地推进课程

---

① 黄济、王策三：《现代教育论》，203～204 页，北京，人民教育出版社，1996。

教学现代化？基于改革开放 40 年的实践探索，人们日益认识到：课程教学现代化是一个系统工程，需要精心设计、有序推进。简单化、粗放式的改革发展行动，如不针对真实问题、不遵循客观规律、不珍惜历史传统、不尊重民众意志的课程教学改革，往往是昙花一现，收效甚微。成功的课程教学改革探索一般具有如下特征：①问题意识突出，从实际问题出发，为解决真实问题而努力。②勇于坚持真理，"不唯书、不唯上、不唯洋、不唯众、不唯俗、不唯利"①，遵循客观规律，以科学态度创造性地运用规律。③富有历史智慧，坚持运用历史发展的观点分析理论与实践，注意总结吸取课程教学发展的历史经验教训，积极弘扬我国课程教学的优良传统。④积极开拓创新，善于利用各种有利条件，创造发展机会，不畏艰险，笃志力行。⑤多方利益共赢，关切各方不同的利益诉求，积极协调多方利益矛盾，广泛动员，求同存异，互利共赢。⑥先进价值引领，坚持发展导向、质量导向、效能导向和创新导向，积极践行社会主义核心价值观。⑦系统设计，有序推进，遵循设计、实践、反思、推广的基本流程，边改革边完善，稳步推进改革探索。从我国课程教学改革探索的成功经验中，可以大致窥见课程教学现代化的中国模式的雏形。

　　总之，改革开放 40 年来，我国课程教学主动适应社会发展，走出了一条具有中国特色的课程教学现代化之路，为社会发展做出了积极贡献，促进了现代课程教学体系的深化完善。这是令人鼓舞的历史成就，也是未来发展的宝贵经验。

---

　　① "六不唯"源出北京四中刘长铭校长于 2018 年 4 月 18 日在北京师范大学课程与教学研究院的讲座。

## 二、与时俱进，探索建构中国特色现代课程与教学理念

观念变革是现代课程与教学体系建设的重要组成部分，它主要解决课程与教学的本质认识、价值立场和思想方法问题。改革开放40 年间，我国课程与教学研究者和实践者共同努力，积极探索课程与教学的基本原理，努力把握课程与教学改革发展的正确价值导向，坚持用历史唯物主义和辩证唯物主义的思想方法分析、解决问题，促进了课程与教学观念的巨大变革，基本形成了中国特色的现代课程与教学理念。

### (一)积极探索并确立了科学的课程教学本体观

所谓课程教学本体观，就是关于课程是什么、教学是什么的系统认识。在历史上和现实中，人们关于课程与教学有着各种各样的理解，争论、分歧不少。改革开放 40 年间，我国教育工作者提出了多种多样的课程本质观和教学本质观，围绕课程与教学的若干基本矛盾关系做了比较深入的探讨，取得了诸多成果。我们认为，在此基础上，经过分析整理，可以概括出若干共识。

第一，课程是育人蓝图，是人类文化精华成果的社会选择和教育加工。改革开放 40 年间，人们对究竟什么是课程这个问题，进行了反复的叩问，并对"课程是知识""课程是经验""课程是社会改造或社会复制的工具"等命题进行了激烈的对话争鸣。经过不断的讨论交锋，人们关于课程的本质认识逐步深化，对于课程发展与社会、知识、儿童之间的复杂矛盾关系形成了比较科学的辩证认识。人们认识到：课程必须贯彻党和国家的教育宗旨与方针，以促进学生身心全面发展为根本追求，精心选择人类文化精华成果并把它加工转化为科学、合理的教育内容；课程发展是内外部矛盾相互作用的产物。

"课程结构与课程功能的矛盾是课程运动发展的主要动力"[①]；"课程主要是受社会、学生、知识三大因素制约的，课程的历史发展是'三因素'综合制约的结果"[②]。

第二，教学是教师教学生学习并促进学生身心发展的教育活动。改革开放 40 年间，人们围绕教学本质问题进行了反复的讨论，提出了教学认识论、教学交往论等重要理论主张。在教学本质的长期论争中，人们对教学的基本属性有了更清晰的认识，认为教学作为一种师生双边活动，是教师教学生学的过程。它是一种特殊的"三体结构"（即有教师嵌入的学生认识世界的过程），具有间接性、有领导、教育性等主要特性。教师与学生之间的交往关系是教学得以展开的基本前提，师生关系是业务关系、伦理关系和情感关系的复合体。促进学生全面发展是现代教学的根本价值诉求，学生身心发展主要是通过学生主体活动实现的。

第三，课程是学校教育的工作枢纽，教学是学校教育的中心工作。在学校教育中，课程教学究竟处于何种地位？在总结正、反经验教训的基础上，经过改革开放初期的拨乱反正，人们日益形成了明确的共识：课程是学校教育的工作枢纽，是学校资源配置如教师队伍建设、校园空间布局、教育设备购置的基本依据，也是学校改革、建设与发展的重心所在。学校育人具有诸多途径和形式，如社团活动、社会实践、班集体建设、教育仪式、文体活动等，而教学则是学校教育中主要的、系统的育人活动。学校的各种工作安排必须优先保证不干扰正常的教学秩序；同时，要整体优化育人机制，全面安排多种多样的教育活动。

### （二）积极探索并确立了先进的课程与教学价值观

改革开放 40 年是我国课程与教学领域价值观念发生巨大变革的

---

① 廖哲勋、田慧生：《课程新论》，70 页，北京，教育科学出版社，2003。
② 廖哲勋、田慧生：《课程新论》，58 页，北京，教育科学出版社，2003。

时期，新旧价值观念的冲突与融合构成了多姿多彩的画卷。课程与教学价值观的探讨，主要围绕培养什么人、什么知识最有价值、什么是好的教学等问题展开，整体呈现出课程与教学价值观多元共存，既有共识又有分歧的基本格局。同时，人们通过积极倡导和传播先进的价值观，促进了课程与教学价值观的现代化。

第一，坚持个人全面发展的价值理想，与时俱进，丰富其具体内涵。1949 年以来，我国的教育一直坚持以马克思主义的个人全面发展理论为指导，坚持促进学生身心全面发展的教育宗旨。改革开放 40 年间，促进学生身心全面发展，一直是我国课程与教学改革发展高举的旗帜，并结合实际进行了与时俱进的具体化探索。改革开放初期，课程与教学领域积极倡导掌握系统的科学文化知识这一价值主张，体现了个人全面发展的时代呼声。20 世纪 80 年代以来，课程与教学领域先后提出了智力开发、非智力因素培养、主体性发展、创新意识、实践能力、综合素质、核心素养等诸多学生身心发展的新要求，洞察到了社会发展的时代脉搏，丰富和深化了国民素质提升和人才培养的时代内涵。"全面发展＋个性特长""为了一切学生的发展""为学生终身幸福奠基"等价值主张在实践中得到广泛认同，反映出课程与教学价值观念日益现代化。自然，个人全面发展教育价值理念的传播和实践，充满了矛盾斗争。其中，在市场经济体系下大行其道的精致利己主义、极端功利主义，在课程与教学领域也以各种形式泛滥成灾，给全面发展教育理想的倡导和实践带来了巨大阻力。因此，在课程教学领域坚持和科学实践个人全面发展的教育理想还任重道远。

第二，积极探索课程知识价值观。为学生成长提供优秀的人类文化精华成果，打好未来生活的共同基础，是课程建设的基本价值取向。但是，判断人类文化精华成果的标准是什么，是争论不休的问题。总体来看，强调知识的真理性、实用性、适宜性，是知识价值观探索的主线和基调。所谓知识的真理性，就是要求课程内容符合社会历史实践，体现科学技术发展的时代水平。改革开放 40 年间，我国一直强调教育内容要坚持科学性和思想性相统一的原则，其中，知识的科学性或真理性是最基本的方面。虽然 20 世纪 90 年代以来，受后现代知识观传播的影响，知识的真理性或科学性问题受到某些质疑，产生了一些动摇，但总体来看，真理性（科学知识、先进文化）依然是我国课程知识选择的基本价值尺度。所谓知识的实用性，就是强调教育要与生产劳动相结合，为个人未来生存和发展提供终身受益的知识。20 世纪 80 年代，在建设社会主义现代化国家的宏观背景下，邓小平同志提出了"科学技术是第一生产力"的命题，突出强调了科学技术的实用价值。许多人坚信，知识改变命运；当然，读书无用论也时时相伴而行。不管知识改变命运还是读书无用，其衡量尺度都是实用性。在市场经济条件下，人们日益看重学校教育的实际效用，强烈要求学校课程提供实际有用的知识。但是，究竟什么知识是有用的？大家的理解并不统一。所谓知识的话官性，就是强调课程内容要符合社会主流价值，符合学生身心发展的规律。课程内容既要科学准确，又要政治方向正确，这是世界各国课程知识选择的共性特征。随着改革开放的不断深入，以社会主义核心价值观为主导，以建设人类命运共同体为使命，立德树人，日益成为我国课程知识价值观的核心立场。

第三，探索与完善教学价值观。教学价值观主要解决教学目标追求、活动规范和评价标准等问题，它是引领教学领域实践变革方向的思想观念。改革开放 40 年间，基于理论研究和实践变革，我国逐步形成了富有时代气息的现代教学价值观，其主要内容可以概括为：以学生发展为本的教学目标观，质量与效率相统一的教学优化观，公正仁爱的教学伦理观，守正创新的教学发展观。教书育人、因材施教一直是我国学校教学的基本原则。改革开放 40 年间，我国学校教学在目标上进一步聚焦学生身心发展，强调在掌握基础知识和基本技能的过程中，大力发展学生智力能力，完善学生人格，提升思想道德水平。在实践探索中，我国提出了差异发展、个性发展、主体性发展、素质提升等关于学生身心发展的教学改革主张。可以说，时至今日，教学以学生发展为本的理念，已经深入人心。为了更好地促进学生发展，在探索中，我国学校教学日益明确了教学优化的价值理念，围绕教学整体改革、教学最优化、高效课堂、有效教学等主题开展了大量的理论实践研究。教学优化的价值观念强调基于系统优化原理，整体改进和灵活安排教学活动，追求优质与高效的有机统一。教学优化理念是教学科学化的重要实践，也是市场经济效能观念在学校教学中的应用。20 世纪 90 年代中期以来，教学价值探索的伦理学维度日益受到重视，人们提出了师生关系民主、教学公平、仁爱友善等重要的教学伦理原则，整体形成了公正仁爱的教学伦理观。公正仁爱的教学伦理观强调真正把学生作为一个人来对待，尊重和维护学生权利，为学生发展创造公正、友善的社会环境和教育条件，让学生在教学中体验到人的尊严和价值。公正仁爱教学伦理观的形成和倡导，是我国教学价值观变革取得的重大进展。改革开放 40 年间，人们反复思考一个问题：究竟什么是好的教学改革道路？伴随不断探索创新的历程，在与封闭保守、激进革命等不同价值取向的反复斗争中，守正创新理念脱颖而出，逐渐成为我国教学改革发展观的主流共识。人们日益认识到学校教学和各行各业一样，总是处于变化发展的历史过程中。教学系统的发展与完善，是守正与创新的有机统一。守正就是要尊重历史传统，发挥优良传统，珍惜优势特色；创新就是要积极开拓，结合实际问题和时代条件，不断开辟新领域、吸纳新思想、构建新模式、应用新技术。我们相信，只要坚定地坚持守正、创新的价值立场，中国的教学改革发展之路将越走越宽、越走越好。

### (三)积极探索并确立了科学的课程与教学策略观

课程与教学策略观关注的中心问题是如何做好课程教学工作。它是基于改进、优化课程教学的科学探索和实践行动而总结出来的基本原则、方法和路径。改革开放 40 年间，我国教育工作者围绕课程教学工作的整体优化，做了大量的改革探索，取得了重大成就，并在改革实践中逐渐形成了科学的课程与教学策略观。

1. 坚持走科学与民主之路

自 20 世纪以来，科学与民主一直是我国社会发展的核心理念，是推动社会变革的内在精神力量。改革开放 40 年的课程教学改革，是课程与教学不断科学化、民主化的过程。尊重科学规律、体现民主精神，坚持走科学与民主之路，是我国课程教学改革不断走向成功的基本经验。改革开放 40 年间，我国各行各业的发展都离不开科学技术成果的应用，科学化是我国现代化建设的核心主线。在 20 世纪 80 年代，我国教学论学者旗帜鲜明地提出了教学论科学化的倡议①，并一直为此持续不懈地努力。其具体表现在：深化教学论研究，建立教学论学科群；倡导建立课程论学科，大力加强课程理论研究；积极开展课程与教学的改革实验；不断总结、创生不同层次、类型多样的教学模式；大力探索信息技术与学校课程的整合融合，积极推进教学信息化；促进教师专业化，积极传播课程教学理论等。课程教学的科学化，实质就是遵循教育规律，运用科学理论指导课程教学，从而促进课程教学健康发展。改革开放 40 年也是我国社会关系不断民主化的过程，这在课程教学领域得到了充分体现。课程教学的民主化表现为：坚持以学生发展为本，努力创造适合学生的教育；建立课程与教学的现代伦理规范，倡导和践行师生关系民主化；建立课程的三级管理体制，学校积极参与课程建设；鼓励社会

---

① 王策三：《教学论稿》，47~83 页，北京，人民教育出版社，1985。

和家长参与课程教学的管理与评价等。课程教学的民主化，实质是依据时代精神，优化教育关系，维护学生权益，鼓励大众参与。坚持走科学与民主之路是改革开放 40 年我国课程教学现代化的重要表征和根本策略。当前，在中华民族伟大复兴的大背景下，课程与教学的深化改革，需要更加坚定地走科学与民主之路。

### 2. 坚持走整体优化之路

坚持以系统思想和生态思想来观察和改进课程教学，是我国课程教学 40 年改革探索逐渐形成的重要策略。系统思想强调课程教学是一个系统，必须着眼于整体，通过局部结构的调整促进整体功能的优化。生态思想强调在一个大系统中，各要素、各层级是互相关联的，只有建立整体和谐的关系，系统才能有序运作。改革开放是打破原有的系统结构，建立新的系统结构的过程。如何合理改变原来的系统结构，是大破大立，还是整体优化？在改革开放实践中，人们经历了多种多样的探索，体验了成功与挫折，进而逐步认识到课程教学的改革发展应坚持走整体优化之路。所谓整体优化，就是指课程教学改革发展要充分考虑社会大系统、学校教育系统和课程教学系统的复杂现状，立足于课程教学功能的整体提升，适度调整课程教学的结构要素，努力建构和谐的课程教学生态。这是课程教学改革的重要思想方法，是妥善处理各种矛盾关系、平衡各种利益纠葛、协调各种要素组合的基本策略。整体优化策略要求妥善处理各种矛盾关系，如继承与创新、改革与发展、理论与实践、共性与个性之间的复杂关系，力求形成整体和谐的生态。整体优化策略要求平衡各种利益冲突，如公益性与市场化、投入与产出、风险与收益、代价与补偿等，力求形成各得其所的共赢格局。整体优化策略要求协调好各要素的结构关系，如观念、目标、内容、过程、方法、形式、关系、工具、评价、管理等，力求通过诸因素的相互作用和有序重组提升课程教学的整体功能。整体优化策略强调在课程教学改革实践中树立全局意识、责任意识、风险意识、协作意识和创新意识，以严谨求实的态度积极推进课程教学的改革发展。

### 3. 坚持走多样综合之路

在课程与教学改革的具体路径选择上，我国教育工作者基于中国国情和学校教育的具体实践，形成了课程与教学改革的多样综合策略。我国课程教学 40 年的改革探索，本身就是一幅多样综合的生动画卷。以促进学生身心全面发展、促进课程教学健康发展为宗旨，广大教育工作者围绕课程教学的理论与实践问题，开展了多姿多彩的探索，探索类型之多样、探索问题之丰富、参与者之广泛，均前无古人。但是，在课程与教学改革的认识和推广上，我们又客观存在着简单化、"一刀切"的弊端，常怀理想模式的虚幻之念。在多样化与简单化的反复斗争中，经过实践的长期积淀，人们日渐认识到课程教学必须走多样综合之路。多样化是多样综合的基础和条件。所谓课程教学多样化，就是因地制宜、因材施教，积极探索促进学生身心全面发展的多样个性的教学样态。例如，针对学生的水平差异，开展分层教学；针对学生的不同需要，开展选课走班；针对学生特点和学校条件，灵活选择自学辅导、目标教学、探究教学、愉快教学等不同的教学模式；基于学生的需求和学校文化，开设丰富多样的校本课程；利用现代教学技术，为学生提供依据个性定制的教学资源和学习机会等。同时，课程教学的多样化是有方向和规范的，在多样化的课程教学样态背后，还有统一性和规范性。具体来说，就是要符合党和国家的教育方针、政策，要遵循课程教学的基本规律，要体现社会发展的时代要求和时代精神。而且，不同的教学样态之间需要不断整合、自我优化、取长补短、共同进步。历史实践表明，坚持多样综合原则，课程教学改革就会百花齐放，富有生机；反之，课程教学改革就会万马齐喑，死气沉沉。当前，我国课程教学面临更复杂的挑战，拥有更丰富的资源，需要坚定地走多样综合之路，努力开创百舸争流的新局面。

课程与教学观念的变革，是多种因素相互作用的结果。首先，教学论专业的创建与发展，发挥了关键作用。1981年，我国高等教育学位体系建立，在教育学一级学科内，设置了教学论专业。1997年学科目录调整，把教学论学科更名为课程与教学论专业。教学论（课程与教学论）专业的设置，为人才培养、科学研究和社会服务提供了组织平台，提升了课程教学研究的学术水平，为课程教学观念变革提供了思想源泉。上文提及的各种课程教学本体观、价值观和策略观，多为教学论专业的专家较早提出或进行了系统的论证。其次，多层次、多类型学术支持体系的发展完善，意义重大。我国课程与教学的学术支持体系，大体包括如下五类：①从事教师培养和教育科学研究的师范院校；②从事基础教育理论研究和应用转化的教育科学研究所（院）；③从事中小学课堂教学工作指导和改进探索的基础教育教研室（中心）；④从事教师培训的教师进修学校（教育学院）；⑤从事以理论与实践交流为主的教育学会组织（如小学语文专业委员会）。这五种不同类型的学术组织在课程教学观念的倡导、传播和实践应用中，互相配合，从不同侧面发挥各自特长，共同促进了课程教学观念的现代化。最后，实践变革与观念变革互相影响，是课程教学观念变革的重要机制。一方面，现代化、科学化、本土化、全面发展等重要的基本观念，一直引领着实践变革的大方向；另一方面，在实践变革的探索中，基于经验的积累和矛盾的显现，人们不断总结出与时俱进的新观念，如多样综合、整体优化、守正创新等。理论和实践的互动生成，构成了课程教学40年改革探索的基本轨迹。

## 三、真抓实干，促进课程与教学实践优化

课程教学现代化是在观念指导下积极丰富、完善和提升课程教

学实践的过程。改革开放 40 年间，我国围绕课程研发与课程管理的改进、教学活动与教学模式的完善，开展了持续的课程教学改革探索，真抓实干，促进了课程教学实践优化，取得了教书育人、立德树人的重要成就。

**(一)全面加强课程建设，优化课程体系**

所谓课程建设，就是对课程(课程计划、课程标准、课程资源)进行的各种开发、改进和管理工作。课程建设是世界各国教育改革发展的核心议题和关键领域，它关涉育人目标的具体落实、学校教育的有序运行、人类文化的传承创新、学生身心发展的水平与质量，可谓学校教育的工作枢纽和教育质量提升的战略高地。改革开放 40 年间，我国非常重视课程建设，围绕课程计划、课程标准、课程资源开发做了大量工作，加强课程管理，优化了中小学课程体系。

1. 课程计划的修订与完善

课程计划是关于学校教育内容与进程的宏观规划，即关于学校课程科目设置、课时比例分配与开课顺序安排的总体规划。我国中小学课程计划的制订，一般由教育部制定中小学课程设置的基本方案；省级教育行政部门根据本地实际情况，制定课程设置的执行方案；学校依据本省课程设置的执行方案，具体编制学校课程设置和运行的操作方案。改革开放 40 年来，我国中小学课程计划主要经历了三次大的修订与完善，分别是：①1978－1985 年，形成"六三三"学制的中学、小学课程计划。为了克服"文化大革命"造成的学校教育秩序的混乱，改革开放初期，我国围绕学制调整和课程设置问题做了大量拨乱反正工作。1978 年，我国颁布了《全日制十年制中小学教学计划试行草案》；1981 年，我国颁布《全日制六年制重点中学教学计划试行草案》；1984 年，我国颁布了《教育部关于全日制六年制小学教学计划的安排意见》。经过一段时间的调整与探索，在 20 世纪 80 年代，我国总体确定了中小学"六三三"学制，并建立了与之配套的中学、小学分段设置的课程方案（教学计划）。②1986－2000 年，我国积极探索制订义务教育与高中教育课程计划。1986 年，我国颁布了普及九年义务教育的法令，这是我国教育现代化的重要标志。在普及义务教育的新形势下，我国中小学课程计划采用了九年义务教育和三年高中教育分段设置的新机制。1992 年，我国颁发了《九年义务教育全日制小学、初级中学课程方案（试行）》；1996 年，我国颁布了《全日制普通高级中学课程计划（试验）》。③2001 年以来，我国开始了义务教育和高中教育课程计划的新探索。2001 年，为了全面推进素质教育，我国开始启动新一轮的基础教育课程改革，同年颁布了《义务教育课程设置实验方案》，在义务教育课程设置方面做了较大调整。2003 年，我国颁布了《普通高中课程方案（实验）》。2017 年，为了更好地落实立德树人新要求，结合新高考改革，我国又颁布了最新的《普通高中课程方案和语文等学科课程标准（2017 年版）》。

总结 40 年来我国课程计划的改革发展，其主要成就和经验是：①以"六三三"学制为基础，切实贯彻落实党和国家的教育宗旨，在国家层面统一规划中小学课程的基本科目、课时比例和开课顺序，为国民素质提升提供统一的标准和核心资源。②加强共同基础，保障基础学科的核心地位。语文、数学、英语等基础学科的课时得到优先保障；基于全面发展的基本理念，统筹安排科学教育、人文教育、艺术教育、健康教育等基本领域的课程科目与课时比例。③不断丰富课程形态。在坚持以学科课程、分科课程为主的前提下，把活动课程纳入课程体系，积极探索综合课程的多样形式。④适度放权，发挥地方和学校在课程建设中的主动性和创造性，逐步增强课程计划的弹性，给地方、学校一定的自主设置课程的权限，地方课程、校本课程成为整个课程体系的重要组成部分。

2. 课程标准的修订与完善

课程标准是规定每个课程科目的目标、内容及其实施要求的纲领性文件。课程标准具体解决每一门课程的目标功能定位、内容结构、掌握水平等，是课程建设的关键环节。改革开放40年间，我国非常重视课程标准的研制工作，建立了比较规范的课程标准研制的流程。一般来说，一个课程标准的研制，需要经过专家团队研发、征求意见、修改完善、官方发表四个基本环节。这种流程控制机制对于提高课程标准的科学性具有重要作用。

自1992年以来，我国课程标准一般与课程计划同步颁布，但也有课程计划不变而修订各科课程标准的特例，如2011年单独修订了义务教育各科课程标准。总体来看，改革开放40年间，我国课程标准建设取得了较大成就，主要体现在如下几个方面：①建立了完整配套的国家课程标准系统。我国建立了国家课程的统一标准，明确规定了每门国家课程的目标要求、内容结构、学业水准、实施与评价规范，为提高教育质量、促进教育公平提供了基础保障。②通过课程标准建设，积极固化、细化立德树人的时代要求。改革开放40年间，我国非常注重把人类社会发展和国家现代化建设的新要求及时转化、落实为各科课程目标。掌握"双基"、智力发展、创新意识、实践能力、立德树人等培养目标的倡导和在课程标准中的细化，体现了我国的育人追求和与时俱进的发展要求。③通过课程标准建设，探索解决现代课程的内容选择和组织问题。一方面，注意基于学科知识逻辑，构架学科内容结构；另一方面，注意把一些新的重大科技成果（如信息技术）和社会关注的重大现实问题（如环境教育、社会主义核心价值观等），及时吸纳进课程内容之中。在内容组织上，以遵循学科逻辑为主，积极探索基于心理逻辑的多样组织形式。④通过课程标准建设，指明教学和评价改革的基本方向。课程标准对课程实践、评价提出了原则性建议和要求，这些要求直接影响了学校教学和评价改革，促使我国中小学教学和评价工作朝着优质高效、生动多样、主体参与、共同发展的基本方向不断前进。

3. 以教科书为核心的课程资源建设

课程资源，即根据课程标准研发的，在课程实施中供教师和学生使用的各种教学材料，如课本、教学指导书、练习册、教学影像资料、挂图、标本、模型等。其中，最基本的课程资源是教科书，它是学生直接学习的教育内容。改革开放 40 年间，我国非常重视课程资源，尤其是教科书的建设工作，研发了一系列高水平的教科书和相关辅助资源。课程资源的种类、数量得到了极大丰富，为学生身心发展提供了比较充分的教育内容支持。

改革开放初期，国家把教材建设作为一件大事来抓，从全国各地抽调人力支援人民教育出版社编写全国统一的中小学各科教材，1980 年出版了"文化大革命"结束后的第一套全国统一使用的中小学教材。1986 年，为适应普及义务教育的新形势，我国探索建立了教材审定制度，即把教材编写和教材审定分开，除人民教育出版社外，其他社会机构、团体、个人均可以编写教材，经审查、审定合格后由学校选择使用。教材审定制度的确立，开启了我国教材"一纲多本"的多样化发展道路。20 世纪 80 年代末和 90 年代，我国针对不同地区的特点，组织编写了"八套半"义务教育教材，在教材多元化、市场化方向迈出了重要步伐。21 世纪以来，我国在新一轮课程改革中，进一步突出了教材市场化的导向，教材编写参与人员日益扩大，教材种类更加多样，教材建设呈现出规模扩张、竞争激化的新态势，而教材质量良莠不齐则经常成为人们诟病的问题。

21 世纪以来，我国课程资源供给日益成为一个庞大的专业市场。与教材出版相配套，各种相关课程资源得到了广泛而深入的开发，供学生使用的各种教辅资料持续增加。利用信息技术开发的新型课程资源，其产品形态日益丰富，如学科资源网站、智慧教室、电子书包、作业 APP、视频在线微课等。社会机构广泛参与课程资源开发，在大学选修课程、综合实践活动、传统文化等课程资源研发的热点领域，大学、社会团体、教育企业已经成为不可忽视的力量。校本课程开发如火如荼，围绕传统文化、科技前沿、艺术专长、心理健康、生涯规划、国际理解、地方特色等核心主题，我国开发了诸多校本课程资源。这些校本课程未必都很完善，但它作为课程建设的新生力量，表现出了强大的能量，拥有非常广阔的发展空间。

4. 课程理论研究与课程论学科建设

改革开放 40 年间，我国课程论学科从无到有，从小到大，课程理论研究逐步深入，这是值得充分肯定的重要成就。在 20 世纪前半叶，我国学者出版过有关课程论方面的著作；20 世纪 50 年代到 70 年代，我国课程论研究基本处于停滞状态；改革开放初期，因应课程建设实践的内在需要，以陈侠为首的部分学者积极呼吁建立课程论学科，并在人民教育出版社的基础上创建了课程教材研究所，创办了课程与教学论的专业学术期刊《课程·教材·教法》。由此，我国课程论重新起步，并很快进入快速发展的轨道。

改革开放 40 年间，我国课程论呈现出实践需要推动理论发展的明显特点。在 20 世纪八九十年代，基于课程现代化的需要，我国大量介绍、研究了国外课程理论与课程改革的进展，积极探讨课程基本原理和课程建设策略，整体奠定了课程论学科发展的基石。21 世纪以来，随着我国基础教育课程改革的深入，课程论迎来了跨越式发展的大机遇。在基础教育课程改革实践问题的推动下，围绕课程理念、课程目标、课程编制、课程实施、课程评价、课程管理、校本课程、综合实践活动课程等问题，学界开展了广泛而深入的研究，促进了课程论知识的创生与传播。在学术层面，关于课程的多层面透视逐步展开，在课程史学研究、课程社会学研究、课程改革论研究等方面，学界做了大量创造性探索。其中，以石鸥教授为首的学术团队，持续关注教科书历史发展的史料收集和学理解读，对课程史学建设做出了突出贡献。一些学者从知识社会学的视角分析教科书背后的价值倾向和价值偏见，注重揭示教科书背后的社会文化逻辑，促进了对教科书的多维理解。基于课程改革的实践，学界对课程改革的理论基础、目标选择、推进机制、效果评价等问题展开了热烈的讨论，深化了对课程改革的理性认识。

总之，改革开放 40 年间，课程建设与课程改革是我国基础教育改革与发展的核心议题。围绕这一核心议题，我们走过了一条理论与实践相互促进、在探索中曲折前进的道路。通过改革开放的全面实践，我国课程体系日益完善、课程资源不断丰富、课程理论水平逐渐提高，可谓成就斐然。当然，在前进的道路上，也有不少问题值得进一步深入研究与反思，如本土课程理论建设问题、课程市场化问题、课程改革的方向与模式问题等。在总结经验、教训的基础上，正确认识和妥善处理好这些问题，是我国课程现代化走向深入的必要前提。

### (二)持续开展教学改进，促进学校教学整体优化

所谓教学改进，就是基于育人目标追求，不断调整教学各要素的关系状况和组织结构，从而提升教学功能的过程。教学改进具有多样性、连贯性、渐进性和累积性等基本特征，是针对学校教学的具体问题而展开的教学优化行动。改革开放 40 年间，我国学校教学持续开展了教学改进探索，不断丰富、优化教学目标、教学结构、教学活动，形成了具有中国特色的学校教学模式，整体提升了学校教学质量水平，取得了很大成就。

#### 1. 持续探索学校教学目标的优化

教学目标即教学活动的预期结果，是教学活动的起点和归宿。改革开放 40 年间，我国学界非常重视对教学目标的理论研究和实践探索，围绕教学目标的准确定位和细化分解两个主要议题，做了大量工作，取得了积极成果。

通过教学改进探索，我国日益明确了教学目标的准确定位。教

学目标的准确定位问题，主要是在个人全面发展理论的指导下，如何具体把握好知识学习、技能习得、能力发展、人格养成、身心健康等多种教学目标要求的复杂关系，构建合理的教学目标序列。经过改革开放 40 年的持续探索，我国总体形成了中小学教学目标的合理定位：第一，以立德树人为本。立德树人主要解决做什么人、怎么做人的问题。培养社会主义事业的建设者和接班人，这是立德树人的总方向，具体表现为：传承中华文化，爱党爱国，追求真理，热爱科学，人格健全，诚实友善，遵纪守法，身心健康，文明有礼等。第二，以能力发展为重。能力为重主要解决会做什么、怎么做好的问题。促进学生的能力发展，是改革开放 40 年教学改进持续努力的方向。能力发展的具体追求有：提高学习能力(终身学习能力)，促进智力发展(尤其是思维能力发展)，努力提高知识应用、问题解决、沟通合作、动手操作的能力，积极发展实践和创新能力。第三，打好知识与技能基础，这是我国中小学教学的优良传统。知识与技能是立德树人、能力发展的基础，是学生适应社会生活的文化准备。在知识与技能的学习上，我国一方面强调系统地学习各学科的基础知识和基本技能(方法)；另一方面，日益重视知识技能与实际生活的联系，注重学以致用。关于教学目标定位的探索和实践过程，是在曲折中前进的，充满了矛盾斗争和激烈辩论。

　　通过教学改进探索，我国促进了教学目标的细化分解。在改革开放初期，我国引进、借鉴了以布卢姆的教育目标分类学为代表的众多教学目标分类理论，同时结合我国实际开展了教学目标分类的尝试探索。尤其是布卢姆提出的认知目标分类，在我国成为众多学校描述教学目标的基本框架。我国学者也独立建构了各种教学目标分类框架。李秉德教授主编的《教学论》一书，提出了教育目标三维结构图，三个维度分别是：由德、智、体、美、劳组成的教育目标维度，由知识、智能、价值、情意、行为组成的个性心理维度，发展水平高低维度。① 顾泠沅教授基于青浦大面积提高教学质量的实验，构建了一个由教与学行为、教与学水平、教学内容三个维度组成的教学目标体系。总体来看，关于教学目标的细化分解，形成了基于内容的掌握（发展）水平的区分机制，并努力把掌握水平用行为加以外显化，使教学目标成为可检测的行为。教学目标的细化分解，促进了教学活动精细化，具有积极意义。当然，那些高级的、内隐的情意目标能否行为化，也存在不少争议。

2. 积极改进与优化教学结构

教学目标的实现离不开教学结构的优化。所谓教学结构，就是教学诸要素相互作用关系的时空存在，主要表现为教学过程的流程安排（教学环节）和师生互动组合（教学方法与组织形式）。教学诸要素形成的某种相对的范型结构（或者说结构类型），则是教学模式。改革开放 40 年间，我国围绕教学结构的改进，开展了丰富多彩的实践探索，整体促进了教学结构的多样化、优质化。在优化常规的集体讲练模式的基础上，围绕不同教学改进的重点问题，我国形成了新的富有特色和影响力较大的教学模式集群，即质量效能取向的教学模式群、学生中心取向的教学模式群、探究建构取向的教学模式群和情意驱动取向的教学模式群。

集体讲练模式是最常见的教学模式，是常规班级授课的教学结构形态，其渊源可以追溯到赫尔巴特的五段教学法和凯洛夫的教学理论。集体讲练模式的常见流程是：课前预习、课堂导入、复习旧课、讲授新课、课堂练习、巩固总结、课外作业。常用的教学方法有讲授法、练习法、谈话法、读书指导法等。教学组织形式以班级集体教学为主，辅之以小组学习和个别辅导。改革开放 40 年间，我国广大中小学教师对集体讲练模式做了许多改进、优化探索：一是

---

① 李秉德：《教学论》，59 页，北京，人民教育出版社，1991。

合理安排讲与练的时间比例，克服满堂讲的弊端，加强练习环节，提出了少讲多练的原则；二是提高讲与练的质量，强调讲练应精要得当，强调变式练习，提出了精讲精练原则；三是改进作业环节，合理控制作业总量，丰富作业形式，提高作业的个体适应性。

学业不良是世界性的教学难题，而整体提高教学质量，促进全体学生获得学业成功，也是世界各国教学改进共同努力的重要方向。改革开放 40 年间，我国中小学围绕学业不良问题做了长期的教学改进努力，构建了质量效能取向的若干教学模式，如单元目标教学模式、成功教育教学模式、高效课堂教学模式等。这类教学模式的主要特点是：在目标上，强调整体提高教学质量，让每个学生都得到提高；在过程上，强调严谨、精细的教学流程，注意提高教学时间的利用效率；在组织形式上，针对学生差异，注意分层教学、个别指导。其中，单元目标教学模式是最典型的质量效能取向的教学模式，它借鉴了布卢姆的掌握学习思想，探索形成了严谨的"目标导向－评价反馈"的教学流程：一是诊断学生的学习起点；二是精细分解教学目标；三是按照教学目标进行达标教学；四是对单元学习开展形成性评价；五是根据形成性评价结果，组织有关补偿教学活动，直至真正实现教学目标。单元目标教学模式较好地找到了教学质量提高的抓手，操作性较强，是众多中小学实现教学改进的重要路径。

为了充分发挥学生的主体性作用，提高学生的学习能力，改革开放 40 年间，我国围绕教为学服务、把课堂还给学生这一教学改进方向做了持续努力，探索形成了学生中心取向的教学模式群，如自学辅导教学模式、主体教育教学模式、翻转课堂教学模式等。这些教学模式的共同特点是：把学生自学作为课堂教学的中心环节和起始阶段，优先保障学生的自学时间，提供有利于学生自学的课程资源支持和心理环境支持。影响最大的学生中心取向的教学改进探索，是中国科学院心理研究所卢仲衡研究员创建的自学辅导教学模式。

这一模式借鉴了斯金纳程序教学的思想，立足于学生自学能力发展和因材施教的目标追求，自主编写供学生自学用的课本、练习本和答案本，大胆改造课堂教学结构，构建了由学生自学/教师启导、提问、答疑、小结四个基本环节组成的新教学流程，改变了师生课堂互动关系，学生自学、教师指点成为课堂互动的基本形态。强调学生自主，是我国 40 年教学改革的重要主题。但是，是否所有学生、各门学科都适合以自学为主呢？学生自学的前提条件是什么？学生如何才能真正成为学习的主人？对此，我们依然需要在吸取 40 年探索的经验教训的基础上，进行严肃的理性思考。

提高学生动手能力、实践能力、合作能力、创新能力，是改革开放 40 年间我国中小学教学改进持续努力的重要方向。一方面，常规课堂教学中学生动手的机会较少，解决实际问题的经验匮乏；另一方面，社会发展迫切需要善于合作、勇于创新、执行力强的人才。为了回应这两方面的问题，我国教育系统从上到下，一直强调理论联系实际，为学生提供直接体验、操作和探索的机会，并在持续探索中形成了探究建构取向的教学模式群，如诱思探究教学模式、任务驱动教学模式、项目学习教学模式等。探究建构取向的教学模式群的主要特点是：第一，强调做中学，即通过设置问题情境、问题提出、设计方案、方案实施、成果形成、评价展示等环节，学生自己解决问题，获得结论；第二，强调方法训练，要求学生遵循"问题—方案—行动—结果"的问题解决逻辑，运用科学研究方法，如实验、文献、观察、访谈等，收集事实和证据，基于事实得出合理结论；第三，强调合作协同，主要采用小组合作方式组织探究活动，要求每个人积极参与，在讨论的基础上形成方案，分工合作，共同完成问题解决的任务。

学生厌学是普及义务教育以来世界各国共同面临的难题。改革开放 40 年间，我国中小学也广泛存在着学生学习动力不足的问题，为了解决这个问题，各地开展了各具特色的教学改进探索，如情境教学、愉快教育、幸福教育、活力课堂、魅力课堂等，整体形成了情意驱动取向的教学模式群。情意驱动取向的教学模式群的主要特点是：第一，在教学目标上，主要聚焦于学生积极情感的培育、非智力因素的培养；第二，构建和谐、温馨的师生关系，教师真诚关爱学生，尊重学生的人格、个性，积极满足学生的各种合理需要；第三，注重优化教学内容和教学过程，使教学更具吸引力；第四，为学生创造成功体验的机会，通过鼓励性评价，激发学生的成就感；第五，优化教学环境，创建友善、宽容、安全、开放的教学环境，发挥环境的感染、熏陶作用；第六，改善学生的自我观念，激发学生自我教育的力量，形成积极、正向的个性品质。情意驱动取向的教学模式群关注学生作为完整的人的精神状态和自我实现的精神力量，追求以心灵成长促进学业成功、以教学艺术焕发教学活力，代表了人文主义教学改进的新进展。

总之，改革开放 40 年来，我国中小学围绕教学改进的基本问题进行了持续探索，形成了教学结构优化的不同取向和模式，整体呈现出教学结构多样综合的可喜格局。

3. 加强教学实验，优化教学活动

改革开放 40 年间，我国掀起了教学实验研究的热潮，有力地提升了各学科教学的科学水平。20 世纪 80 年代，我国吹响了向科学进军的号角，教育界明确提出了"教育实验是教育科学的生命线"的崭新命题，倡导积极开展教学实验，深入探讨教学活动的内在规律和优化教学的有效策略，运用教学规律改进教学工作。在此背景下，各种教学实验如雨后春笋般涌现出来，形成了蔚为壮观的格局。王策三教授曾经这样描述当年(1987 年)教学实验蓬勃发展的局面："这几年我国教学实验的发展，数量不断增进，规模不断扩大，类型不断多样，水平不断提高。有各门学科的实验，有专题的实验，有综合整体实验。从规模上讲，有大型实验、中型实验、小型实验，还有所谓'微型'实验。各种实验遍布全国所有省市（除台湾省未计）、地区的各级各类学校。"①改革开放 40 年间，这是一种比较普遍的、常态的实践形态。

广泛开展教学实验探索，是真抓实干、改进教学的新举措。教学实验是一种特殊的教学实践活动，它把探求教学规律与优化教学活动融为一体，有意控制、改进特定教学要素或教学条件，寻求新的教学功能和教学结构。在教学实验大潮中，教育工作者展现出了极大的创造激情和创新能力，对诸多教学实践问题进行了有针对性的改进实践，整体优化了我国中小学的教学活动。其主要成就表现在：第一，改革整体丰富了教学活动的实践样态，在教学实验的基础上形成了多种多样的教学模式，如自学辅导、目标教学、快乐教育、主体教育等。第二，改革积累了诸多破解教学实践难题的宝贵经验，在发挥学生主体作用、培养学生学习能力、提高学生思维水平、非智力因素养成、整体提升教学质量效能等方面，提出了解决问题的多种方案，取得了重要实践成果。第三，改革激发了学校教学的创新活力，产生了极大的引领示范效应，促进了教学观念、教学内容、教学方法、教学管理的整体变革，形成了教书育人的良好氛围，取得了立德树人的良好实效。第四，改革提升了教师的教育研究意识和能力，促进了教师的专业发展，众多教师从教学实验中脱颖而出，成长为新时期学校教学改进创新的领军人物和骨干力量。第五，改革促进了教学论学科建设，教学实验论在对教学实验的反思和评价中迅速发展起来，实验研究的规范和方法得到广泛普及，教学理论汲取教学实验的营养而变得丰盈、充实。

在教学实验研究和教学实践改进的推动下，我国中小学教学活

---

① 王策三：《教育论集》，30 页，北京，人民教育出版社，2002。

动日益优化。在教学过程、师生关系、教学组织形式、教学手段、教学评价及学科教学等方面，我国均进行了实事求是的改进，取得了积极成效。第一，根据教学任务的要求和教学内容的特点，我国丰富教学环节、优化教学流程，形成并完善了讲授练习、自学辅导、问题解决、示范操作、对话交流等多样的教学过程结构。第二，积极优化师生关系，改革确立了教师主导、学生主体原则，结合实际探索出了发挥学生主体性的若干具体条件和形式，加强了师生之间的情感联系，规范了师生之间的伦理关系，师生关系日益文明和谐。第三，教学组织形式灵活变通，在班级授课制的基础上，我国积极探索和实践分层教学、走班教学、小班教学、小组合作、远程教学、人机教学、长短课时等新形式，较好地解决了集体教学与个体差异的矛盾，为学生创造了更适宜的学习机会。第四，中小学积极促进教学手段现代化，大胆探索信息技术在课程教学领域的多样应用，在计算机辅助教学和计算机辅助管理、多媒体教学、网络教学、微课开发与教学应用、教学智能化等方面开展了多姿多彩的实践尝试与改进探索，开启了教学信息化的广阔空间。第五，我国不断改进教学评价，树立了发展性评价、促进性评价的理念，重视评价的反馈功能，积极发挥诊断性评价、形成性评价在改进教学中的独特作用，细化教学评价标准，丰富教学评价方法，努力提高教学评价的科学水平。第六，中小学加强学科教学研究，探索学科学习规律，突出学科特色，构建了各个学科特色鲜明的教学结构。例如，语文学科突出听说读写，创造了集中识字、提前读写、主题阅读教学、整本书阅读教学、快速作文、研究性作文等多种教学改进方式；英语教学日益注重语言应用和文化理解；数学教学强调思维训练、计算能力和问题解决；其他理科教学突出科学建模和实验操作等。

　　课程与教学的实践改进，是持续不断的探索过程。改革开放40年间，课程教学现代化是我国课程教学实践改进的基本方向，而具体的课程教学改进实践因理论认识、实践问题、教育条件的差异，呈现出百花齐放、与时俱进、和而不同、曲折前进的格局。当前，我国已经进入了中国特色社会主义现代化建设的新时代，需要继续发挥真抓实干的优良传统，总结经验教训，坚定课程教学现代化的大方向，创造性地运用教育规律和社会条件，激发学校和教师的创造激情和活力，全面落实立德树人使命，为建设中国特色、世界一流的现代课程教学体系而奋斗。

## 四、坚持古今中外原则，形成了自主探索新格局

古今中外问题是改革开放 40 年间我国课程与教学发展变革的基本理论与实践问题。作为具有悠久历史传统的发展中国家，我国在现代化进程中一直存在着古今中外问题。这一问题关系着发展改革的方向与模式，也关联着资源和主体，是事关全局的大问题。古今中外问题是相互关联的两个具体问题：从时间上看，涉及的是古今问题；从空间上看，涉及的则是中外问题。我国 40 年的课程教学改革发展，也存在着古今中外的争议与抉择。作为课程与教学理论和实践探索的重大焦点问题之一，对于古今中外关系的处理贯穿于我国现代课程与教学体系建设的始终，并在改革开放以来的不同时期表现出不同的特点。总的来说，40 年课程与教学的发展变革继承了我国课程与教学的历史传统和优秀成果，大量引进了外国先进的课程与教学思想、理论和实践模式，同时，掀起了前所未有的自主探索高潮。坚持古今中外原则，以历史继承为基点，以学习借鉴为条件，以自主探索创新为根本，是 40 年来我国课程与教学改革探索的基本经验，也是走向辉煌未来的必然选择。

### （一）正确认识古今问题，坚持古为今用原则

在教学发展的历史进程中，特定群体对于某种教学现象或教学

问题所产生的较为稳定和一致的理解便是教学传统，而古今问题的实质就是对这些自我传统的认同与变革。具体到我国改革开放40年课程与教学的探索中，这一传统主要包含两方面内容：一是我国古代的教育教学传统，包括以儒家思想为代表的主流教学传统，以道德价值为核心建构教学目的，以严格的规范约束这个目的；以直观道德理性思维建构教学思维，以宽松的对话、启发、释放教学的想象力。还有以墨家教学思想为代表的非主流教学传统，以道德价值和科技创新价值建构教学内容和教学目的，以逻辑理性思维建构教学思维，以体行实践建构教学方法。[1] 二是自"废科举，兴学校"之后形成的现代教育教学传统，"主要是指以赫尔巴特的教育学的引入为标志的，以班级授课制为基本教育组织形式而形成的教育传统"[2]。与之相应，我国现代课程与教学体系建设中的古今问题也就涉及了如何对待我国古代教育教学传统，以及如何对待我国现代学校教育教学传统这两个层面的内容。

如果将中国现代课程与教学体系比喻为正在生长的树，那么，我国悠久的教育文化传统就是其本源之根，通过对历史传统的梳理和分析，明确其中哪些是需要坚守的，哪些是需要更易的，是现代课程与教学体系建设的必经之途。然而，我们对待传统的态度和方式总是存在些许偏颇之处。整体观之，我们常常会以否定传统的方式开启新的发展，比如，新文化运动和"文化大革命"期间就对我国古代教育传统进行了彻底的否定，大有与古代教育、儒家传统决裂的态势。当然，自改革开放以来，在经过了这两次毁灭式的批判之后，人们对古代教育教学传统已逐渐确立了一种相对理性的态度，不再简单地把古代教育等同于落后教育，而是能够有意识地挖掘其合理思想和独特经验，包括"不愤不启，不悱不发""温故而知新"在

---

① 杨启亮：《释放本土教学思想的生命力》，载《课程·教材·教法》，2011(2)。
② 罗祖兵：《教育改革："传统"与"现代"的搓揉》，载《现代教育科学》，2008(4)。

内的古代教学思想都得到了足够的重视和充分的挖掘。甚至还有一些学者，为重温古代教育传统，大力提倡书法教育、儿童读经等，姑且不论这些提法是否全然合理，它至少代表了人们对于古代教育传统的珍视与肯定。

令人奇怪的是，人们在尊重古代教育传统的时候，却又对相近的教育传统采取了轻慢的姿态。也就是说，对于我国发展现代学校教育的历程，以及由此积淀下来的现代学校教育传统，我们更多地选择了一种批评和责难的立场。在一些论者看来，继承历史传统似乎只是继承古代教育的合理思想，而赫尔巴特、凯洛夫等已经融入我国现代学校教育实践的思想，则是被切割的对象，是必须彻底抛弃的。尤其是中华人民共和国成立初期所学习和实践的苏联凯洛夫教育学，因其对现实潜移默化的影响较大，常常被视为现实弊端的源头、"传统教育"的象征，遭到无情的批判和否定。凯洛夫教育学似乎成了我国课程与教学改革的天敌。但事实上，新中国成立初期学习凯洛夫教育学时，广大学校教师的感受之一，就是好学好用。①不可否认，凯洛夫教育学确实为当时教师日常教学活动的开展提供了有益帮助，对我国课程与教学发展起到了积极的推动作用。此外，还有学者在谈到我国的素质教育建设时也表示："提倡'素质教育'，本来只是为了纠正片面追求升学率、忽视学生全面发展的偏差，并不意味着非要再次掀起一场批判既往教育的热浪。但许多人再犯了习惯性的老毛病，又以'素质教育'为名，将'文化大革命'结束后我国 20 年来的教育贴上'应试教育'的标签，这就又进入了最新一轮以批判'应试教育'为主题的自我否定的怪圈。"②可见，虽然我们已经认识到了教育教学传统的重要价值，但对于传统的理解还相对狭隘，

---

① 王策三：《"新课程理念""概念重建运动"与学习凯洛夫教育学》，载《课程·教材·教法》，2008(7)。

② 乔卫平：《论传统教育批判的三大误区》，载《教育科学》，2004(2)。

在对待现代教育传统时，又陷入了片面否定的误区。其实，古代教育传统和现代学校教育传统都是历史传统的组成部分，都是需要我们继承与发扬的。"呼吁在中国教育内部开展古今之争，并非简单地以古代今或厚古薄今，而是以这种强调'裂隙'的思维方式将教育带向其边缘状态，以求在古今教育之间保存沟通、平衡与张力。"①当然，并不是所有人都否定现代学校教育传统，在理论上一直有不少强调理性认识、合理继承的呼吁，在实践中更是不懈地进行着发扬光大现代学校教育传统的种种探索。于是，究竟如何看待中国现代教育传统，就构成了改革开放40年间课程与教学改革的一个基本论题，并出现了两种截然不同的选择。总体来看，围绕现代学校教育传统而展开的古今之争，仍将持续很长时间，并为推动课程教学变革提供内在张力。

古今之争，从根本上说，就是课程教学改革发展的新旧矛盾问题。课程教学改革的确是新旧更迭的矛盾运动过程，新旧观念、新旧方法、新旧手段之间存在着激烈的竞争和冲突。因此，如何科学认识和辩证对待新旧矛盾（古今关系），是需要深入研究的课程教学改革的重大问题。新旧矛盾问题涉及科学性、实用性、合理性等性质与价值的比较判断，也涉及相互之间功能与结构的竞争合作。通过认真总结改革开放40年的经验教训，我们可以得到科学处理古今关系的若干启示。

第一，辩证认识新旧观念、方法、手段的科学性和合理性。新旧关系、古今关系主要是事物的演进变化关系。总体来说，随着社会历史实践的不断推进，新观念、新方法、新手段体现着社会进步的新水准、新境界，代表着时代精神和发展趋向，因此，它们是富有活力的新生力量。而古老的观念、方法、手段经历了时间考验和

---

① 吴元发：《开启中国教育内部的"中西古今"之争》，载《教育学术月刊》，2016(9)。

实践沉淀，具有深厚的历史底蕴。因此，不能简单地判定：新的一定就好，老的一定落后，老的不如新的。不论对新的东西还是老的东西，都应客观、理性地具体分析，深入理解其本质、特征、属性、关系、结构、功能，尤其是要把它放在人类教育发展的整体中来评判功过得失。改革开放 40 年的实践中，在认识和处理古今关系上，一定程度上存在着两种不良倾向：一是喜新厌旧；二是抱残守缺。所谓喜新厌旧，就是一味追求新概念、新学说、新方法、新手段，而把现有的观念、方法、手段不加分析地简单否定。所谓抱残守缺，就是粗暴地拒绝新生事物，不思进取，满足于现状而害怕任何改变。这两种倾向一失于冒进，一失于保守，都没有辩证认识和科学处理古今矛盾关系，不利于课程教学的改革发展。

第二，努力建构尊重传统、兼容并包、多元共存的生态关系。历史经验和系统科学告诉我们，不论是新的还是老的课程教学理论或改革模式，都有各自不同的效能与适用条件。新旧观念、方法和手段之间，既有取代与被取代的一面，同时还有共生共存的一面，应努力建构传承与创新相结合的良好生态。在实践中，一些人认为，以新易旧、重起炉灶、推倒重来是课程教学改革的可行路径。但遗憾的是，我国课程教学 40 年改革开放探索的历史表明，这种非此即彼、从一个极端走向另一个极端的改革思维方式和行动路线，早已不适应现代课程教学改革创新的要求。事实上，在人类教育史上，在世界范围内，至今人们也没找到一种普遍适用的、十全十美的、可以包治百病的课程教学理论。即使是所谓最新潮、最先进的课程教学理论，也绝没有哪一种可以包打天下。充分尊重多种理论在课程教学改革中的积极作用，是改革发展取得实效的基本经验，也是日益为人们所认可的基本原则。

应该怎样处理好新理论、新模式与传统理论、传统模式的关系呢？具体地说，一方面，应鼓励学术自由、百花齐放、多样探索，鼓励人们从多方位、多角度对课程教学改革问题进行理论和实践探讨，不要试图以一种理论和模式（尤其是移植的外来教学理论和模式）压倒、打倒、替代其他理论与模式，而应形成一种良好的改革生态，整体丰富改革的思想理论宝库和具体改革模式；另一方面，不宜厚古薄今，当然也不宜厚今薄古，而应依照课程教学改革的根本实际与客观规律，在把握共性规律和基本价值的基础上，做到古今多种课程教学理论、教学模式融会贯通，不断调适改革策略，共同促进改革发展。

第三，深入挖掘历史资源，发扬优秀历史传统。相比于对国外课程教学理论的热情学习和借鉴应用，我们对中国课程与教学的历史传统的继承发扬还做得很不够。中国是一个具有悠久教育历史，教育思想和实践经验非常丰富的国家，历史资源是中国教育特色的遗传基因，是改革创新的前提和动力。中国课程教学的历史资源和优良传统，一方面，源自古代课程教学的悠久积淀，如教书育人、文以载道、知行合一、因材施教、言传身教、启发教学等；另一方面，来自现代课程教学的探索创新，如注重基础训练、强调系统学习、教师主导、集体教育、改革创新等。对这些中国课程与教学的优秀历史传统，需要在现代课程教学理论层面加以合理传承、转化，更需要结合实践问题在教学模式层面加以丰富、拓展和完善。学用结合，努力促进优秀历史资源变活变好。

### （二）正确认识中外问题，积极做好本土转化

中外问题是中国现代化进程中的一个基本矛盾，也是争论不休的老议题。从"中体西用"到"全盘西化"，从闭关锁国到对外开放，这些处理中外问题的思想与对策，对大多数国人来说并不陌生。中外问题的实质是力量对比，种种对策由此而生。具体而言，在现代化进程的初期，我国的经济社会发展水平远远落后于西方发达国家，对比之下，我国是绝对弱者、落后"学生"，这就决定了最初的中外

关系是不平等的，我国的主要任务是学习西方文化，壮大自己，争取民族独立。在此背景下，我国此时的教育变革就不能不比较多地借鉴西方成熟的教育教学理论，这是毋庸置疑的。[①] 但在此之后，通过民族解放运动，我国实现了民族独立，结束了半殖民地半封建社会的时代，中外关系由此发生积极变化，尤其是经过改革开放 40 年的发展，我国实力日益强大，国际地位明显提升。在这种新形势下，中外关系开始朝平等互助、互相学习、合作竞争的新方向演化，一种崭新的中外关系结构正在形成，我国在各个领域均展开了有益的自主探索。相应地，课程与教学领域的中外关系格局在这一时期也在发生积极变化，我国不再跟在发达国家身后亦步亦趋，而是更多地站在国际立场上审视本国的教育发展，逐渐获得了教育改革的主体意识。在这一过程中，有关国际化和民族化的论争成了我国现代课程与教学体系建设的崭新议题。所谓国际化，强调的是教育（包括课程与教学）要面向世界，与国际接轨，跟上国际趋势，使本国的教育成为国际教育的一部分，即"国际视野，本土行动"，并大多通过国际教育交流及国家教育合作的形式实现。所谓民族化，强调的是教育（包括课程与教学）主要应立足本国国情，在课程安排和教学实施中始终要体现国家、民族的传统和精神，努力建设具有本国特色的现代学校教育。就我国而言，一方面，在改革开放新时期，关注国际教育发展的趋势，及时了解国际教育信息，已是基本共识。1985 年的《中共中央关于教育体制改革的决定》就明确指出，我国的教育必须"面向现代化、面向世界、面向未来，为九十年代以至下世纪初叶我国经济和社会的发展，大规模地准备新的能够坚持社会主义方向的各级各类合格人才"。另一方面，"只要国家概念没有消亡，谈及中国教育就是指活生生的具有中国特殊经验的中国教育，而不

---

[①]　张书丰：《论中国传统教育教学理论的继承与弘扬》，载《当代教育科学》，2004(3)。

能指望有一个现成的西方教育可以直接拿来使用或照搬"①。因此，在我国教育国际化的进程中，民族化也是一个不可回避的关键问题。

　　要探讨国际化和民族化的论争，首先需要明晰二者的关系，实际上二者虽然代表了教育发展的不同路径，但并不存在本质冲突。促进我国教育健康发展，包括课程与教学现代化，可以说是两者的共同目标。教育民族化并不否定对外开放和国际交流的重要性，而且，恰恰是有了教育国际化，有了外来教育理念和实践经验的引入，才更凸显了教育民族化存在的必要性。因为如果仅有本民族的教育文化，也就无所谓教育的民族化问题了。二者的真正分歧在于我国在中外关系的自我定位方面，是追随他人步伐，还是寻求自主发展？是应当将我国与西方国家之间的关系视为主仆关系、师生关系，还是视为朋友关系、对手关系？对于教育国际化的倡导者而言，其在潜意识里更多地把自己看成是西方的仆人和学生，是西方思想的实践者。对此，有研究者曾指出，在我国新一轮的基础教育课程改革中，就存在着以西方发达国家的实践和陈述方式来诠释具有中国特色的课程改革举措与内容的问题，文本（text）、对话（dialogue）、社区（community）等由西方引进的概念不绝于耳，中国教育实践和理论的传统术语，以及广大教育工作者约定俗成的习惯用语却基本不见踪影②，显现出了过度推崇国外教育的意味。而倡导民族化的论者倾向于认为我国与别国是平等的，大家既是合作的朋友，也可能是竞争的对手，不能把西方教育说成是普遍性的，中国教育说成是特殊性的，任何一种文化价值系统中都有普遍性与特殊性。③ 国外教育的理论与实践可以作为我国学习借鉴的对象，但并不能成为我国

---

　　① 吴元发：《开启中国教育内部的"中西古今"之争》，载《教育学术月刊》，2016(9)。

　　② 容中逵、刘要悟：《民族化、本土化还是国际化、全球化——论当前我国基础教育课程改革的参照系》，载《比较教育研究》，2005(7)。

　　③ 余英时：《中国思想传统的现代诠释》，5页，南京，江苏人民出版社，1989。

课程与教学体系建设的支配性力量。究其根本，这两种倾向其实就是两种不同的心态，即自卑与自信、依附与自主的表露。我们当然不主张盛气凌人的狂妄自大，不能重蹈"闭关锁国"的覆辙，但在祖国日益强盛的今天，我们也需要重新思考自身的定位，是否依然要像现代化初期那样，毕恭毕敬地将国外教育理念与经验奉为圭臬？或许，是该及时调整心态了。

应该看到，教育国际化的呼吁由来已久，但在实际操作中困难重重。究竟谁代表国际教育的主流和正统？是某个国家的教育，还是某个教育流派？似乎很难定夺。在一些人的心目中，美国教育、日本教育自然是国际主流了，但这两个国家的教育本身就有很大差异；在一些人的心目中，杜威教育理论、后现代教育观自然是先进的国际教育理念了，但这些理论内外部的争议也很大，其实践表现更难以令人折服。这说明在国际教育体系中，并没有万法归宗的统一轨道，有的只是种种个性化的理论和方法。或许，这是百花齐放的大花园，百花争艳才是它的真正魅力。最近若干年，随着中华民族伟大复兴的号角吹响，我国课程教学领域日益理性地看待国外教育的理论与模式，并基于我国的基本情况和现实需要加以选择应用。由此来看，当前的中外教育关系不再是红花与绿叶的关系，而是牡丹与玫瑰的关系，理应互相欣赏、互相借鉴，扬我所长，学人所长。这也意味着中外之争的重心将逐步由国际化转向民族化，形成特色、提升实力、展现个性将主导未来发展的方向。同时，我国还应当担负起教育大国应有的责任，正如有研究者指出的那样："20 世纪 80年代改革开放以来，中国教育改革与实践的成功经验和理论成果举世瞩目。然而，中国课程与教学论在世界课程与教学论中的地位与此极不相称。"[1]如何更好地发挥我国在国际教育中，尤其是世界课

---

[1] 张传燧、石雷：《论课程与教学论的本土化》，载《教育研究》，2012(3)。

程与教学发展中的价值，也是当前需要思考的重要课题。

经历 40 年改革开放的洗礼，我国在如何科学对待和合理"改造"西方课程与教学理论问题上，既有成功的探索，也有苦涩的挫折，若干经验教训值得认真讨论。

第一，加强对国外课程教学理论与模式的整体研究。在 20 世纪 80 年代，我国对国外课程论、教学论开展了轰轰烈烈的比较研究，除热情翻译介绍外，还进行了广泛的学理研讨。我们采取兼收并蓄的态度，广泛了解、深入研究、对比分析、适度实践，较好地整体提升了我国课程教学的理论水准，对课程教学实践发挥了积极的思想启迪作用。但是，进入 21 世纪以来，我们更多的是对国外个别课程教学理论的推崇、仿效，整体比较少了，深入研究少了，在一定程度上，中国基础教育课程教学变成了建构主义、后现代主义课程教学观的试验田。盲目推崇和简单仿效的结果是：学理上疑难重重，实践上举步维艰。正、反经验说明：加强研究、整体把握国际课程教学发展的全局和趋势，是积极吸取一切人类文化的精华、合理借鉴他国的教育理论与先进成果的前提，是合理评判各家各派优劣得失的基础。

第二，在思想观念上树立主体意识。百余年来，我国在现代教学发展的过程中，在如何对待外来理论的态度上，始终存在一种挥之不去的"追随热情""引进情结"和"移植偏好"，且往往忽视内化、本土化，中国的理论与实践、教师与学生常常沦为西方种种课程教学理论的试验田。这已成为教育界的一个通病。从根本上说，这就是一种主体意识的缺位，是缺乏教育自信的表现。其特点是：不相信自己人的理论和实践，也看不起本土的历史传统，盲目相信国外的理论和实践，并认为国外的理论都是真理，可普遍推广，可直接拿来解决中国教育的种种难题。这一倾向"在新一轮基础教育课程改革中表现得尤为明显，无论是作为新课程改革理论基础的建构主义，还是新课程实施过程中所采用的教学方法都具有明显的引进和移植痕迹"[1]，缺乏消化吸收。在 2001 年启动的新课程改革过程中，人们整天接触的是漫天飞舞、不知所云的新潮概念，以及铺天盖地、玄而又玄的"后现代"话语。在生硬的"概念重建"框架下，教学活动突然变得不知所从，教师不会教书了，学生不会学习了。因此，强调"无论是土生土长，还是远道而来，每一种有价值的思想理论都能在不同的土壤里结出丰硕果实"[2]，可能只落得个一厢情愿。事实上，对于这一问题，毛泽东很早就给出了极好的回答："我们接受外国的长处，会使我们自己的东西有一个跃进。中国的和外国的要有机结合，而不是套用外国的东西。学外国织帽子的方法，要织中国的帽子。外国有用的东西，都要学到，用来改进和发扬中国的东西，创造中国独特的新东西。"[3]这些话对于我们正确对待外来课程教学理论具有重要启示。这就是要有主体意识，立足于以我为主，学有用的东西，促进自我发展。

第三，积极做好本土的具体转化工作。积极借鉴国外课程教学理论模式，关键是做好本土的具体转化工作。在这方面，有很多成功的例子。卢仲衡教授基于对程序教学理论的深入研究，创造性地开发了自学辅导教学模式，就是一个本土转化的成功案例。其一，程序教学是人－机教学，而自学辅导是人－人教学，这在原理层面就是大胆的迁移；其二，吸取其自主学习的特色策略，即自定步调、及时反馈和强化原则；其三，在课程内容组织加工上弃用适合人－机教学却不适合人－人教学的小步子原则，自编三个本子（课本、练

---

① 钟志华：《"盲人掌灯"还要走多远？——试论我国教育的本土化问题》，载《当代教育科学》，2005(24)。

② 钟启泉、有宝华：《发霉的奶酪——〈认真对待"轻视知识"的教育思潮〉读后感》，载《全球教育展望》，2004(10)。

③ 毛泽东：《同音乐工作者的谈话》，见《毛泽东同志论教育工作》，241 页，北京，人民教育出版社，1992。

习本、答案本）。还有一个很典型的例子，就是苏霍姆林斯基的教育思想，通过其学术著作而为广大中小学教师所了解、应用和转化，影响了好几代优秀教师的成长。但简单套用、囫囵吞枣、食洋不化的现象，也是客观存在的。正是基于对诸多正、反经验教训的反思，课程教学理论界日益倡导：对国外教育理论的引进，应采取科学审慎的态度，注重对其充分地消化吸收，做好本土化的改造工作。人们意识到，"拿来主义"喊过了头，"热情会热坏思想"。正如赵汀阳所描绘的，"中国的社会变化尤其迅速，花样迭出，追随各种'主义'的人们被折磨得忽喜忽悲，悲喜轮转，蔚为奇观"，但是这种种西方的理论与"主义"，对于解决中国的真实问题却不见得完全有用，"一方面是因为中国这个巨大时空有着自己的规律，很难简单套用西方的各种'主义'；另一方面则是因为整个世界在发生历史性的变化，各种现成的'主义'本来就多半跟不上形势"，因此，"思想的冷静"比"追随的热情"重要得多。① 这说明，即使是一种课程教学理论被印证为是科学的、正确的理论，并且在他国被检验为有效的，在引进过程中，我们仍然应充分考量中国的"巨大时空"和"自己的规律"，努力做好消化吸收的本土化工作。

国外课程教学理论作为人类文明发展的组成部分，有其学术价值，但这种学术价值并不等于可以直接用于论证和设计我国的课程教学。我国的课程教学改革当然应吸收国外课程教学改革的经验教训，国外课程教学理论作为这些经验教训的抽象概括，是我们了解外国经验的必要途径之一，但从国外课程教学理论到我国的课程教学改革之间，有着一系列中间环节，其中就包含对国外课程教学理论的深入系统的理解和对我国现实课程教学问题的科学分析。食洋不化现象，就是缺少在这些环节上下功夫，而补充这些环节，才能

---

① 赵汀阳：《论可能生活：一种关于幸福和公正的理论》，前言、5～6页，北京，中国人民大学出版社，2004。

真正"食"了洋营养，并且"化"于我国课程教学问题的科学研究和实践探索中。盲目地学习外国先进的东西，如果不能内化为自觉的行动，必然没有什么大的效果，甚至失败；而要实现内化，成为自觉的行动，必须花大力气，既要弄清楚外国的背景，更要分析本国的国情，特别是本国的经济基础和文化传统，找到应用的落脚点、转化的发力处。这才是科学的方法论。

### (三)立足本国实际，大力推进自主探索创新

改革开放 40 年促进了中国教育现代化，使中国教育整体进入了以自主探索创新为中心的新时代。40 年课程与教学发展变革取得的成绩，固然离不开对西方教育理论与模式的积极学习，离不开对我国悠久教育传统的挖掘继承，但从根本上说，成绩主要来自广大教育工作者的智慧和汗水。展望未来，更需要优先强调自主探索创新的重要性，努力建设中国特色的现代课程与教学体系。也就是说，在 21 世纪的国际教育体系中，中国教育必须站立起来，在融入世界的同时，创造自己独特的教育理论和实践模式。

改革开放 40 年是我国课程与教学自主探索并取得重大成就的 40 年。前人、他人的经验和智慧提高了我们认识和解决问题的起点，提供了众多可资利用的资源，这是自主创新不可或缺的条件。但是，改革、发展没有现成的答案，更不会自动取得成效。点点滴滴的进步都是广大教育工作者辛勤探索的产物。自主探索涉及课程教学的方方面面，贯穿改革开放的全过程，取得的成就也举世瞩目。其具体内容，前文已经详细介绍，这里不再赘述。

从根本上说，自主创新是我国课程与教学改革发展的必然逻辑。中国现代课程与教学体系面临的种种问题，只有依靠自主探索创新才能很好地解决。这是因为我们的问题是独特的，没有谁能提供现成的答案。例如，改革开放以来，随着农民进城务工而出现的留守儿童教育问题(农村)、外来务工人员子女的教育问题(城市)，对于

学校课程与教学提出了很大挑战；再如，大班教学与教学质量问题、统一标准与地区差异问题、均衡发展与教育特色问题、追求全面素质与残酷升学竞争问题，都是富有时代性和个性化的问题，需要认真应对。古人的教育智慧很有教益，但时变道亦变，绝不能刻舟求剑。国外的教育模式是有魅力的，但国外模式是因应国外问题而生的，未必能很好地解决我们的本土问题。指望古人和洋人指引我们走向未来，是不切实际的。一代人必须担当起一代人的责任，建设21世纪中国特色的现代课程与教学体系是当代人的责任，通过自主探索创新，解决时代问题是一种历史使命，也是各种成功的课程教学改革探索的共同经验。

课程与教学的自主探索创新，是一项综合工程。

首先，在思想观念上，我们要树立尊重本国教育的理念。由于长期扮演着追随者角色，不少人习惯于尊崇洋人的理论与方法，而对本国的东西则不屑一顾，总是吹毛求疵，似乎中国教育处处不如人，只有毒害而无建树。这种思想观念是非常有害的。我们必须学会具体地、历史地、辩证地看待中国的历史和现实，尊重广大教育工作者的智慧和辛劳。改革开放40年间，广大教育工作者历经种种艰难困苦，为中国教育发展付出了大量心血，这种不离不弃的精神值得所有人尊重；广大教育工作者在教育理论和实践探索中，为解决问题创造了不少有特色的理论学说和实践方法，这些教育探索创新行为和结果是值得尊重的。此外，我国在现代化进程中，广大教育工作者在投入严重不足的情况下，支撑起了全世界最大规模的国民教育，并保持了应有的质量，提高了国民综合素质，为社会发展输送了大量人才，这一历史性贡献更应受到所有人的尊重。即使在全球教育的比较中，中国教育也有一定特色和优势，是值得尊重的，例如，关于大面积提高教学质量的理论和实践，组织周密的学校教研制度和教研活动，强调刻苦学习、意志努力等。虽然迄今为止，我国教育依然有许多不完善的地方，但从大的历史进程来看，改革开放 40 年的教育改革探索取得的进展和成绩是令人振奋的，应该给予充分肯定。尊重本国的教育传统、教育探索和教育工作者，是推进教育自主探索创新的重要认识基础。只有学会尊重自我，才能自立自强，找到发展提高的力量之源。

其次，要切实研究中国的课程与教学问题。中国现代课程与教学体系在 21 世纪的发展问题，不可能雷同于其他国家，不可能照搬别人的经验来解决，必须独立探索。在 21 世纪，我国现代课程与教学体系的发展面临着普及提高与探索创新的双重任务，需要整体布局，有序推进。一方面，我们面临着时代发展的新挑战，需要应对知识经济、经济全球化、信息化、智能化等社会条件的巨大变化，探索课程与教学领域时代性和普遍性的前沿课题，从而提升我国教育的国际竞争力，占领世界教育的前沿领域；另一方面，基于我国教育发展不平衡的国情，我们还面临着普及现代教育的基本理论与方法的任务，需要在教育相对滞后的地区进一步传播科学的教育知识，推广先进的教育技术，促进学校规范地、科学地开展教育教学，提高教学水平和质量，从而完成教育现代化的"补课"问题。也就是说，我们既要支持先头部队开辟前进的道路，又要加快大部队的行军步伐，使他们尽快接近前沿阵地。这种一手抓创新、一手抓普及的格局，将在未来相当长时期内一直存在。针对这种格局，课程与教学理论界应进一步增强研究中国课程与教学问题的意识，切实解决中国课程与教学发展的具体问题，尤其是要重点解决一些基本问题、重大问题。例如，在教学组织形式上，虽然小班教学是流行趋势，但我们的基本格局是大班教学，理应把研究大班教学的理论与方法放在中心位置；再如，中国需要切实解决可持续发展的问题，为此，可持续发展教育就成为时代性的前沿课题，这就需要研究环境教育，更需要探讨人的可持续发展机制。课程与教学论应优先研究本国的实际问题，在解决实际问题中发展理论和技术，努力避免在空洞概念上做文字游戏，也要避免给其他国家或其他学科做简单的搬运工作。

最后，要进一步创造百花齐放、学术自由的氛围。教育既是科学，又是艺术。为了促进课程与教学的自主探索创新，一方面，我们要尊重科学规律；另一方面，我们要鼓励积极创造。改革开放40年间，我国课程与教学的改革探索有尊重科学、实事求是的成功经验，也有主观武断、脱离实际、不讲规律的挫折教训。为了更好地走向未来，我国课程与教学的改革探索要进一步贯彻落实科学发展观，努力提高科学决策水平和组织实施技术，加强对改革探索的实践检验和理论反思，从而确保各项课程与教学的改革措施有益于提高课程与教学的水平、质量、效益。在以科学精神对待改革探索的前提下，我们应在制度层面、社会心理层面创造一种大胆探索、多样探索、自由探索的氛围，鼓励所有人发挥主体性，积极研究和解决实际问题。改革开放40年的一个基本事实是：越鼓励多样综合的探索，课程与教学就越充满活力；反之，遏制多样和自由的探索，则形式主义流行，"假、大、空"泛滥。因此，面向未来，我们应继续坚定不移地坚持走多样综合的道路，激发广大教育工作者的创造热情和巨大潜能，鼓励独立自主的探索创新，为各种各样的自主探索提供相互交流借鉴的平台，通过多样探索，促进课程与教学的整体进步和提升。

总之，在一个经济全球化的时代，在中华民族伟大复兴的时代，我们要用海纳百川的胸怀拥抱世界文明，积极学习和改造国外的教育理论和方法，努力做到洋为中用；同时，也要正确处理新旧关系，扬弃历史传统，做到古为今用；而最关键的是，要把自主探索创新放在首位，切实深入研究中国自己的问题，发展自己的教育理论和模式，走出中国教育自主发展的道路。未来就在脚下，让我们勇敢前行，担当起时代赋予的历史使命，为建设中国特色的现代课程与教学体系而奋斗！

# 后　记

　　本书以《中国教育改革 30 年：课程与教学卷》为基础，总结讨论了我国改革开放 40 年中小学课程与教学领域改革发展的基本历程、主要成就和重要经验。本书沿用了《中国教育改革 30 年：课程与教学卷》的基本体例和内容框架，同时在材料、观点等方面做了较大的补充、调整与修正。首先，在全书的重点把握上，进一步突出了对改革开放 40 年课程与教学改革发展所取得的成就的提炼与分析；其次，增加了对相关问题历史沿革的简要探讨；再次，在材料应用上，补充了最近十年的新材料；最后，在思想认识上，进一步明确了中国特色现代课程与教学体系建设这一核心主题。

　　本书是一项集体创作的成果，除《中国教育改革 30 年：课程与教学卷》的编写者王本陆、潘新民、王永红、任海宾、戴双翔、霍巍外，本次编撰团队增加了三位新成员：首都师范大学汪明博士，北京师范大学教育学部博士生贾彦琪、陈婷婷。大家按照任务分工，分别对《中国教育改革 30 年：课程与教学卷》各章节内容进行了重写、修正或补充。各章作者分别是：第一章，贾彦琪、王本陆；第二章，贾彦琪、霍巍；第三章，王永红；第四章，潘新民、戴双翔；第五章，汪明、陈婷婷、潘新民；第六章，王本陆、任海宾。全书由王本陆负责筹划与统稿，陈婷婷担任编写组秘书，做了大量事务性工作。

北京师范大学教育学部、北京师范大学社会科学处和北京师范大学出版社的领导组织策划出版"中国教育改革开放 40 年"丛书，对本书的写作提供了很好的指导意见；策划编辑陈红艳老师一直跟进书稿写作，给予了有力的技术支持，并在后期编辑出版方面做了大量精细工作，在此谨致诚挚谢意！

本书在写作过程中，参考了国内外学者的大量研究成果，在此一并表示感谢。由于编写者学识、水平和精力有限，难免有种种错漏，敬请读者朋友批评指正！

《中国教育改革开放 40 年：课程与教学卷》编写组

2018 年 6 月 13 日

**图书在版编目(CIP)数据**

中国教育改革开放 40 年：课程与教学卷/王本陆,王永红等著.
—北京：北京师范大学出版社,2019.2
(中国教育改革开放 40 年/朱旭东主编)
ISBN 978-7-303-24408-9

Ⅰ.①中… Ⅱ.①王… ②王… Ⅲ.①教育改革－成就－中
国 ②课程改革－成就－中国 ③教学改革－成就－中国 Ⅳ.①
G521

中国版本图书馆 CIP 数据核字(2018)第 272656 号

营 销 中 心 电 话　010-58805072　58807651
北师大出版社高等教育与学术著作分社　　http://xueda.bnup.com

ZHONGGUO JIAOYU GAIGE KAIFANG 40 NIAN：KECHENG YU JIAOXUE JUAN
出版发行：北京师范大学出版社　www.bnup.com
　　　　　北京市海淀区新街口外大街 19 号
　　　　　邮政编码：100875

印　　刷：北京盛通印刷股份有限公司
经　　销：全国新华书店
开　　本：710 mm×1000 mm　1/16
印　　张：21.5
字　　数：298 千字
版　　次：2019 年 2 月第 1 版
印　　次：2019 年 2 月第 1 次印刷
定　　价：99.00 元

策划编辑：陈红艳　　　　　　　责任编辑：周　鹏
美术编辑：王齐云　　　　　　　装帧设计：王齐云
责任校对：段立超　　　　　　　责任印制：马　洁

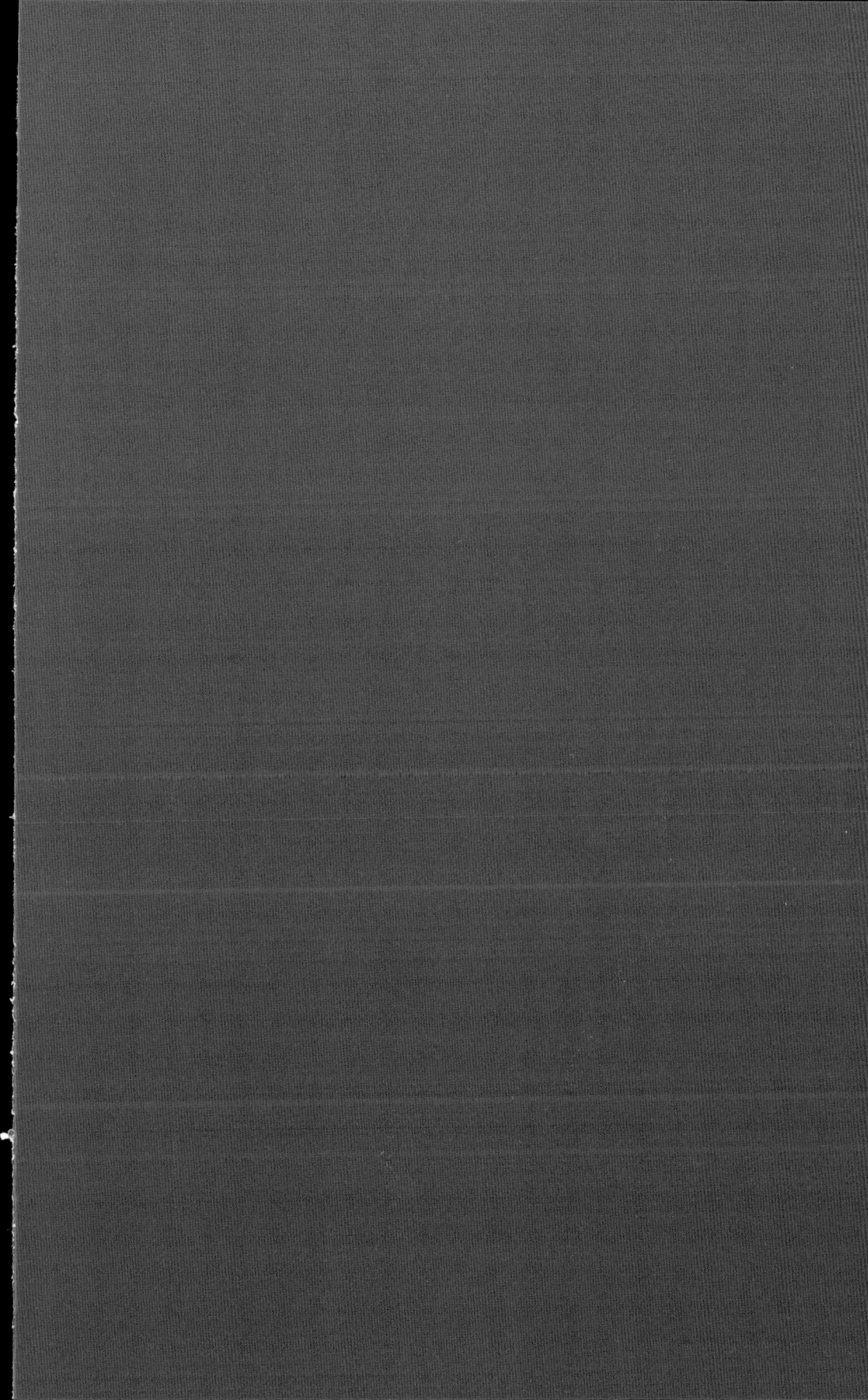